国家社会科学基金项目阶段性成果
宁夏大学博士科研启动基金项目

宁夏大学优秀学术著作丛书

社会博弈与策略均衡
—— 以Y市电表厂家属区拆迁安置为例

罗强强 / 著

中国社会科学出版社

图书在版编目(CIP)数据

社会博弈与策略均衡:以 Y 市电表厂家属区拆迁安置为例/罗强强著.
—北京:中国社会科学出版社,2015.12
ISBN 978-7-5161-7422-7

Ⅰ.①社… Ⅱ.①罗… Ⅲ.①房屋拆迁—研究—中国
Ⅳ.①F299.233.3

中国版本图书馆 CIP 数据核字(2015)第 309480 号

出 版 人	赵剑英
责任编辑	郭晓鸿
特约编辑	席建海
责任校对	韩海超
责任印制	戴 宽

出　　版	中国社会科学出版社
社　　址	北京鼓楼西大街甲 158 号
邮　　编	100720
网　　址	http://www.csspw.cn
发 行 部	010-84083685
门 市 部	010-84029450
经　　销	新华书店及其他书店
印　　刷	北京君升印刷有限公司
装　　订	廊坊市广阳区广增装订厂
版　　次	2015 年 12 月第 1 版
印　　次	2015 年 12 月第 1 次印刷
开　　本	710×1000　1/16
印　　张	14.75
插　　页	2
字　　数	228 千字
定　　价	56.00 元

凡购买中国社会科学出版社图书,如有质量问题请与本社营销中心联系调换
电话:010-84083683
版权所有　侵权必究

谨以此书献给我的家人

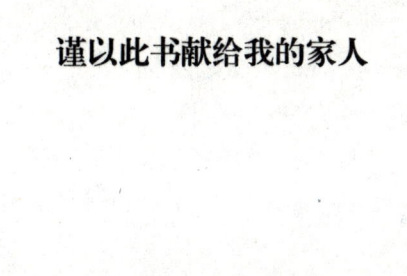

目 录

序 …………………………………………………………（1）

第一章 绪论 ………………………………………………（1）
  第一节 问题的提出 ……………………………………（1）
  第二节 选题意义 ………………………………………（5）
  第三节 文献回顾 ………………………………………（7）
  第四节 核心概念与分析框架 …………………………（19）
  第五节 研究方法 ………………………………………（27）
  第六节 选点与进场 ……………………………………（30）
  第七节 本书结构与观点 ………………………………（34）

第二章 拆迁"场域" ………………………………………（38）
  第一节 "场域"理论及国企改革 ………………………（38）
  第二节 电表厂发展历程 ………………………………（40）
  第三节 事件缘起 ………………………………………（53）
  第四节 多元利益主体 …………………………………（58）
  第五节 小结：政策变迁与利益互动 …………………（62）

第三章 依法博弈 …………………………………………（65）
  第一节 住户：围魏救赵 ………………………………（65）
  第二节 开发商：寻求裁决 ……………………………（69）
  第三节 住户：诉诸法庭 ………………………………（73）

第四节　小结:结构、权力与技术 ································· (92)

第四章　依势博弈 ·· (96)
　　第一节　依势博弈 ·· (96)
　　第二节　开发商的策略 ·· (98)
　　第三节　被拆迁户的策略 ··· (104)
　　第四节　小结:资源动员与话语建构 ······························ (120)

第五章　策略均衡 ··· (124)
　　第一节　政府部门和开发商:民生工程 ·························· (124)
　　第二节　住户:集体行动的困境 ··································· (126)
　　第三节　策略均衡 ··· (146)
　　第四节　小结:利益协调与策略均衡 ······························ (147)

第六章　结论与反思 ·· (152)
　　第一节　结论:社会博弈 ·· (152)
　　第二节　讨论:依法抗争、以法抗争、依势博弈 ··············· (157)
　　第三节　反思:为何舍法求法? ···································· (162)
　　第四节　不足之处 ··· (164)

参考文献 ··· (166)
附录一　事件进程表 ··· (180)
附录二　部分访谈资料 ·· (183)
后记 ·· (218)

序

20世纪90年代以来，随着我国经济的高速增长和城市化进程的加快，旧城改造、征地拆迁等以前所未有的速度和规模向前推进。这一全国性"工程"，其改变的不仅是中国各地的空间结构，还有既有的利益格局。利益调整必然引发深层次的社会矛盾。旧城改造、征地拆迁所引发的社会矛盾正以各种形式上演，成为中国社会转型过程中一道独特的社会景观。在某种意义上，这道景观是探测中国社会转型的深度和广度、触摸其艰巨性和复杂性的一个窗口或切片。也即因为如此，越来越多的学者将目光停留在这道景观上，试图窥测其中之堂奥，相关论著遂纷纷涌现。罗强强博士的专著《社会博弈与策略均衡》正是这一研究领域的新成员。

《社会博弈与策略均衡》以Y市电表厂政策性破产后，因遗留的房屋拆迁改造问题而引发的纠纷为例，讲述和分析了在后单位制时代，原子化的居民在社会转型过程中如何策略性地与当地政府部门、开发商等展开较量来维护自身利益，在数次博弈之后最终达到策略均衡的故事。作者以叙事为经，以理论为纬，试图通过对地方政府、开发商和居民等行动者的博弈策略与复杂互动展开社会学研究，在某种程度上达成对"拆迁政治"的某种解释性理解，以便由此得出对社会行动的过程与效果的因果性说明。在此基础上，作者指出，在利益博弈时代，如何进行政治改革，规范政治制度，使政治能够适应社会经济的快速发展是当前加强社会治理的一项重大任务。

应当说，罗强强博士在书中所讲的故事在当下中国几乎每天都在发生，稍微了解国情的读者想必对书中的故事都不会感到陌生。然而对于这样人人熟知的故事进行学术研究却具有极大的挑战性。挑战主要来自两个方面：一是学术研究与经验常识如何实现"决裂"，二是在既有研究较为丰富的基础上如何实现"创新"。无论是前者还是后者都是横亘在研究者面前的巨大障碍。如果说一项研究只是以学术的语言讲述了普通人尽知的故事和道理，而未能从经验常识中发现被遮蔽的规则或规律，那么这样的研究既不能在学术共同体内进行真正有意义的交流，也无法在学术共同体外获得所谓的"社会效益"。同样，如果一篇研究不能在既有的研究基础上有所深化、拓展或者开掘出新的问题，那么这样的研究也只能沦为浪费资源的重复性研究。以此而言，学术研究注定是充满艰辛和挑战的。罗强强博士勇于接受挑战，并努力跨越横亘于面前的两大障碍。

在一般性的常识中，拆迁改造是一项政府和开发商因政绩和利润驱动而借助现代化、城市化等话语所实施的工程，且常因其工程补偿不合理而引发居民的抵制。自然，地方政府、开发商和居民围绕拆迁改造展开了一场复杂的博弈。由于信息不充分或者利益立场之故，常识性理解往往放大某些信息而有意无意地阉割、遮蔽、扭曲或压抑另一些信息。如此，常识性理解完成了对拆迁改造的构图，将某种意识形态巧妙地隐匿其中。事实上，从地方政府、开发商和居民的话语中，我们不难发现三者之间的话语形成了一座巴别塔，彼此相互指责、难以沟通。即使在学术研究中，围绕拆迁改造也形成了左与右两大阵营。那么，究竟应该如何理解拆迁政治？罗强强博士认为，研究应秉持"价值中立"的原则而不应热情地充当弱势群体的所谓"代言人"，因为这样不仅掩盖了事实真相而且会加剧地方政府、开发商和居民之间的对立和紧张。事实上，学术研究中的道德激情固然能给人以敢于"为民请命"的知识分子形象，但同时也失去了作为学者的独立性。至少在资料收集和分析中，我们能够感觉到罗强强博士有意识地绕开道德陷阱，将揭示真相作为论著的核心旨趣之一。这种旨趣的追求从资料收集可见一斑。

罗强强博士先后跟随被拆迁户代表一起前往 Y 市信访局进行信访，目睹了信访部门的现场接待活动。在被拆迁的家属区，作者不仅目睹了拆迁乱象，更是深入坚守在那里的一些老人家里，实地观察了他们的生产和生活状况。再到后期，作者深入开发工地了解情况，并且到最后几位"钉子户"家庭了解他们的日常生活情况。在进行实地观察的同时，作者对政府人员、上访代表和开发公司的主要负责人进行了深入访谈。作者在初稿写作之前，曾于2010年2月、2010年10月、2011年10月到11月进行了时间跨度较长的田野调查，收集到丰富、翔实的第一手资料，同时借助于政府文件、新闻报道等二手资料实现了对整个事件前因后果的准确把握。罗强强博士正是在地方政府、开发商和居民之间努力收集相关信息，方在一定程度上避免了因信息不对称而陷入某种价值立场。《社会博弈与策略均衡》有颇多可称道之处，其最大的"可称道"或许就在于资料的翔实和细节的展现。在当下诸多拆迁政治的研究中，能够做到如此全面、详尽地占有资料的论著也许并不多见。在大词当道的学术界，不畏艰难、不怕烦琐、不惧寂寞地走进田野观察、记录这个世界、这个时代、这个社会发生了什么，留给后人的又何尝不是一部难得的信史？不唯如此。罗强强博士利用扎实的田野资料，充分吸收前人的研究成果，选择"社会博弈"和"策略均衡"为概念工具，以多元话语为分析框架，以政治过程为理论视角，试图把宏大的改革史与微观的个人生命史有机结合起来，说明来自国家上层的制度变革是如何影响一个人乃至一个企业的变迁。显然，罗强强博士并未满足于资料收集或者仅仅讲述一个中国故事，而是希望通过个案来反映中国社会的深层次问题。在一定意义上，罗强强博士实现了其学术旨趣。

序言作者有义务指出：罗强强博士的这本著作有其优点，但其中依然存在值得重新讨论的一些问题，尤其是西方理论与中国经验的结合问题。众所周知，社会学东渐中国已有百余年的历史。百余年间，社会学中国化一直是困扰中国社会学的一道难题。从严复到孙本文、吴文藻再到费孝通，几代社会学者参与推动社会学中国化。何谓"社会学中国化"？吴文藻在《社会学丛刊》总序中开宗明义地指出："以试用假设始，以实地证言终。理论符合事实，事实启发理论，必须理论与事实揉和一起，获得一种新综合，而后现实的社会学才能植根于中国土壤之上，又必须有了本此眼光训练出来的独立的科学人才，来进行独立的科学研究，社会学才算彻底的中国化。"在吴文藻看来，欲实现社会学中国化须满足两个基本条件：一是社会学研究应植根于中国经验，研究中国社会发展过程中出现的问题或现象而不是止于西方社会学的翻译和评介；二是研究者应具有本土眼光、独立意识和科学素养而非唯西方是瞻，食洋不化。做到第一点也许不难，难的是如何以本土眼光和独立意识诠释中国经验。本土眼光绝不意味着学术上的闭关锁国，罔顾西方社会学已有的理论与方法。当代中国社会学者已然拥有了一定程度的理论自觉，但真正做到理论自觉却是一个艰难的过程。真正的理论自觉植根于对中西文明的深入理解和中西经验的深刻把握，否则所谓的理论自觉将不免沦为一种口号或遥远的愿景。在这个意义上，罗强强博士运用政治过程理论和社会博弈、策略均衡等概念尚未完成有深度的前提批判。当然，这种现象在中国社会学领域较为普遍，远非本书作者个人之问题。在社会学发展的过程中，我们或许应该重温费孝通等老一代社会学家的研究，从其学术遗产中获得某种启迪、某些滋养。

  上述评价是否允当，读者诸君自有评判。在此有必要交代序言作者与本书作者的关系。罗强强2009年考入中央民族大学社会学系攻读博士学位并选择我作为他的指导老师。由于是在职跨专业攻读，其艰辛不难想象。在三年博士研究生期间，罗强强克服种种困难，取得了优异的成绩并于2010年荣获"宝钢优秀学生奖"，同年成功申报国家社科基金项目。这些为博士研究生顺利毕业奠定了坚实的基础。罗强强于2012年6月通过答辩，获得博士学位。在答辩会上，各位答辩委员对其博士学位论文给予了较高的评价，同时也指出了诸多不足。罗强强——记下并表示会严格按照意见认真修改。众所周知，在现有的出版体制下，出版一本书或许并不难；在现有的学术评价体系中，书的出版可能会带给作者一些有形无形的"好处"。这样的出版体制和学术评价体系难免对学者产生一定的影响。这种影响无疑会扰乱学者的心境，难以耐得住寂寞和孤清。令人欣慰的是，罗强强并未急于出版其博士学位论文，而是对论文进行了认真的修改和完善。毕业三年间，罗强强多次重返田野地点，对经验资料进行补充或核实。即使在游学美国期间，罗强强仍在念兹在兹地修改他的博士学位论文。几经修改后，罗强强把书稿寄给我，希望我在书的前面说几句话。翻

序

阅书稿,从中可以看出罗强强的辛勤努力和学术上的进步,这令我欣喜、欣慰。《诗经》有云:"瞻彼淇奥,绿竹猗猗。有匪君子,如切如磋,如琢如磨。"事实上,学问有如人格修养,需经过艰苦而持久的切磋琢磨方能达到一定的境界。在这个意义上,学问只有起点没有终点,每一位志于学的人都需要保持"在路上"的状态,需要和同行同好切磋琢磨。书的出版在某种意义上是一个邀请,邀请读者和作者面对共同的问题进行更加深入的讨论。在切磋琢磨中,学问之花或将悄然开放,芳香四溢。

包智明

2015 年 5 月 1 日于中央民族大学

第一章 绪论

第一节 问题的提出

深入基层、体察民意一直是社会学的专业要求与学科使命。2010年年初，笔者先后数次前往Y市[①]人民政府督办局（Y市信访局）进行社会调查，一是期望能对近年来当地群体性事件的总体情况有所把握，二是希望能发现一些典型的个案，进行深入剖析。正是在这个过程中，Y市人民政府督办局（Y市信访局）工作人员现场接待一群年近七旬老人的情景进入了我的视野，也触发了笔者的兴趣。根据现场观察的情况和信访老人们提供的一些线索，笔者查阅了一些当地媒体的报道，进一步了解了这一事件的整个过程。官方媒体对此报道如下：

N电机有限责任公司（以下简称"电机厂"）下属的电表厂是Y市人民熟知的一个企业，2005年12月21日电机厂破产后，电表厂196户住平房的职工为拆迁安置问题闹心不已。今年4月8日上午，记者来到这个家属区，看到许多临路的平房已被拆得七零八落，四五排平房侧面均写着斗大的"拆"字，垃圾随处可见。破旧的家属区平房与周边高楼形成了鲜明的对比。

据了解，这片平房建于20世纪六七十年代，大部分平房面积在30—40平方米，最小的仅20平方米。在这里，196户共上一个旱厕，

[①] 遵照学术惯例，文中出现的人名、地名均系匿名化处理的结果。

吃自备水井发黄的水，自己烧煤炉取暖，生活条件很艰苦。

2005年年底，在Y市经济委员会的监督下，由YG房地产开发有限公司以1850万元收购原电表厂厂区22.46亩土地（包括地面上和地下的一切设施）和该家属区可供开发的38亩土地，共计60.46亩。电机厂、YG房地产开发有限公司及监督方——Y市经济委员会三方签订了《收购协议》。协议明确规定，YG房地产开发有限公司在接收企业上述资产后，首先"对所购38亩土地的现有196户公有住房按Y市房改发字〔2001〕第05号文件精神进行危房改造，按现行房改政策予以安置，并按Y市市区公有住房出售管理暂行办法办理"。该《收购协议》明确表示："凡原来未参加过房改购房的职工家庭，所承租的危旧住房拆迁改造后，所安置的住房不应该等同于无偿分配，应允许职工按届时的房改售房政策参加房改。"企业的破产清算，给家属区196户职工享受房改政策的住房安置带来了希望。

从2005年收购后，直到2008年7月14日，开发商才贴出了"拆迁安置方案"。让职工们吃惊的是，开发商不再是YG房地产开发有限公司，而是BF房地产开发有限公司。更重要的是，方案中只字不提按房改政策给予安置。196户职工到相关部门上访后，到2008年10月22日，才第二次贴出"拆迁安置方案"。职工们认为，这一方案实质上是按拆一还一进行房改的，超出面积至45平方米的部分按2200元/平方米（结合楼层系数）付费；超出45—55平方米的部分按市场价每平方米优惠300元（结合楼层系数）；超出55平方米的部分按市场价购买。2009年2月12日，开发商按此方案进行强行拆迁时，与阻拦的职工发生冲突。

4月8日，Y市经济委员会负责协调此事的工作人员介绍，BF房地产开发有限公司与YG房地产开发有限公司实际是父子公司。YG房地产开发有限公司因没有业绩被BF房地产开发有限公司合并。他们接到反映后，先后开过三次协调会，因《收购协议》上只有"按现行房改政策予以安置"的说法，而没有标注细节，导致职工的说法无以为证。而且，现在Y市经济委员会参与清算的人员全部调离，对当时的情况无法还原。

按 2004 年《关于调整 Y 市市区新建公有住房出售优惠市场价和市场价的通知》及房改的相关政策，职工们给记者算了一笔账：如有 30 年工龄的职工 LYX，家住一间 20 平方米的房子，按一般职工进行房改，买 65 平方米的新房只花 44560 元；而按照开发公司给出的《房屋拆迁安置补偿协议》算，要掏 148120 元，二者相差近 10 万元。

昨天，BF 房地产开发有限公司办公室相关负责人告诉记者，妥善安置职工是政府的事，企业只能按合同办事。

据了解，2005 年，家属院附近的地价已增至 50 万元/亩，为了安置职工，电机厂将 60.5 亩地加地面上的配电室、房产等一并"打包"卖了 1850 万元，至少少卖了 1000 万元。职工们认为，这么大一片地，以这么低的价格出售，是国有资产流失。

——《×××报》2009 年 4 月 10 日

4 月 29 日，BF 房地产开发有限公司向 Y 市住房保障局提出申请，要求按照该公司上报的《房屋拆迁安置补偿协议》与原 N 电机有限公司家属区的职工签约；5 月 6 日，Y 市住房保障局为双方调解未果；5 月 15 日，Y 市住房保障局下达了《行政裁决书》，裁定 N 电机有限公司家属区职工按照《房屋拆迁安置补偿协议》与 BF 房地产开发有限公司签约，否则将强制拆迁；6 月 5 日，N 电机有限公司家属区的 196 户职工将 Y 市住房保障局告上法庭。

原定 8 月 4 日开庭。8 月 3 日，职工们突然接到法院通知，开庭日期推至 8 月 20 日，同时要求将 BF 房地产开发有限公司作为"第三人"一并起诉。

昨日在法庭上，N 电机有限公司的 196 户职工以 2005 年 11 月 22 日 Y 市人民政府召开的市长会议决定，N 电机有限公司、YG 房地产开发有限公司和监督方——Y 市经济委员会三方签订的《收购协议》中"YG 房地产开发有限公司接受 N 电机有限公司电表厂区内 60.5 亩土地后不得再转让或联合开发"为依据，确认 BF 房地产开发有限公司并非 N 电机有限公司 60.5 亩土地的使用权人，不具备申请开发拆迁的资格，因此 Y 市住房保障局向 BF 房地产开发有限公司下发《开发拆迁许可证》是错误的。请求撤销被告于 2008 年 7 月 31 日作出的拆许字 [2008] 第 026 号《房屋拆迁许可证》。

——《×××报》2009 年 8 月 21 日

翻开报纸，全国各地因为房屋拆迁纠纷引起的利益博弈事件屡见不鲜。为此，最高人民法院下发了《关于坚决防止土地征收、房屋拆迁强制执行引发恶性事件的紧急通知》（以下简称《通知》）。《通知》中谈到，一些地方在土地征收、房屋拆迁强制执行中引发的恶性事件屡屡发生。有的被执行人以自焚、跳楼等自杀、自残方式相对抗，有的以点燃煤气罐、泼洒汽油、投掷石块等方式阻挠执行，有的聚众围攻、冲击执行人员酿成群体性事件，有的法院干警不当使用武器致人死伤，等等。这些事件虽属少数或个别，但引起的社会关注度极高，造成的社会影响极为恶劣，其中的教训也极为深刻。

总之，改革开放尤其是 20 世纪 90 年代以来，伴随着经济的快速增长和社会的急剧变迁，中国主要集中在房屋拆迁领域的新型社会矛盾和冲突逐渐增多，引起政府、学术界的高度关注。综观这些社会矛盾冲突或纠纷，虽然表现形式不同，但本质上都是当事人、开发商、政府、司法部门等不同社会主体的利益博弈导致利益关系的不平衡，都反映了这些利益博弈的特定后果。尤其是，"许多可能会严重干扰社会和谐目标实现的因素还未能获得充分关注，这些因素来源于参与经济建设和社会发展过程的各利益方基于追求自身效益最大化而进行的博弈所导致的低效率均衡。这种低效率均衡的后果是现实中时有群体性社会矛盾纠纷和个体性违法、犯罪事件发生"[①]。正如孙立平判断，中国已经进入了一个"利益博弈时代"。"在这样一个时代中，政策往往就成为各方利益博弈的结果。特别是当市场成为资源配置的基本机制的时候，利益的分配已经不是单纯地取决于国

---

① 彭小兵：《博弈论是解决社会矛盾冲突问题研究的重要工具》，《经济学消息报》2008 年 8 月 8 日。

家的意志，而是国家、市场和社会之间的利益博弈。就一个具体的事件而言，涉及的利益群体越多，分配的利益越多，博弈的程度也越高。"①

目前，随着我国经济的快速发展，城市化进程的加快，旧城改造的数量也在不断增多，相伴而生的"房屋拆迁"浪潮不断涌现。棚户区改造、城市房屋拆迁过程中各种复杂激烈的纠纷使其已经演变为当代中国最易激发矛盾、引起冲突的领域之一。生活在这种环境下的普通大众，始终面对被拆迁的风险，这些风险让人们产生焦虑与不安。与此同时，"伴随着科技的进步，抽离化机制将个人经验的许多部分发展为专业技术，个人再无法依据传统或习俗的力量对事物作出决定，这更让人们感到无所适从"②。这种新的失范状态已经在中国大地上造成了经济社会中极端悲惨的景象，各种各样的冲突和混乱频繁产生出来。在具体的房屋拆迁博弈中，"那些较强的势力就会在与弱者的对抗中独占上风，使后者屈从于它的意志。但是，这种被征服者虽然暂时屈从了强力统治，却没有诚心的认同感"③。

因此，在这种新形势下，如何从学理的角度研究和探讨我国房屋拆迁过程中的利益矛盾及其产生原因，探索化解利益矛盾、平衡利益关系的途径就成为一个十分重要的课题。本书以发生在Y市的电表厂家属区拆迁安置为个案，运用社会学的一些理论与研究方法来剖析房屋拆迁引起的冲突，借助描述利益博弈的动态过程，分析各方利益主体的种种博弈策略，力图揭示"断裂社会"背景对行动者博弈策略选择的影响，以及动态博弈背后所隐藏的权利运作模式、特点及其原因，分析底层社会的人际关系和权利关系，以期能够对社会转型时期中国社会建设有所裨益。

第二节 选题意义

一 理论意义

从社会学的发展历史看，社会转型过程中的社会秩序问题一直是社会

---

① 孙立平：《中国进入利益博弈时代》，《经济研究参考》2006年第7期。
② [英]安东尼·吉登斯：《为社会学辩护》，陶传进译，中国社会科学出版社2003年版，第40页。
③ [法]涂尔干：《社会分工论》，渠东译，上海三联书店2005年版，第15页。

学关注的重要话题之一。当代中国正经历着深刻的社会转型，既要实现由农业社会向工业社会的转型，又要实现由计划经济向市场经济的转轨以及向社会主义市场经济体制的转型，由单一性社会向多样性社会转型，由人治社会向法治社会的过渡转型。在这种转型过程中，利益博弈是一个观察中国社会变迁的大窗口，所有政治、经济、文化与社会的变化都能通过利益博弈反映出来。这给社会学家观察和解释社会提供了良好的天然平台。诚如英国社会学家布赖恩·特纳所言，"社会学理论家们面临着的一项巨大挑战，就是一方面提炼出个体社会行动与宏观结果之间的模型，另一方面提炼出宏观结果与个体行动之间桥梁的模型。将个体社会行动与社会结果（不一定是合乎意图的）连接起来的机制常常是很复杂的，涉及许多行动者，错综复杂的各种模式的策略性互赖与参数性互赖"[①]。房屋拆迁过程中的利益博弈涉及许多行动者，对这些行动者的博弈策略与互动展开社会学的研究，或许能够实现对社会行动的某种解释性理解，以便由此得出对社会行动的过程与效果的一些因果性说明。所以本书从互动博弈的角度来研究中国转型时期房屋拆迁过程中的利益博弈与策略均衡，对于理解和剖析社会转型时期中国经济快速发展和社会矛盾频发的深层原因提供了一点经验积累，对于丰富底层社会研究、社会结构理论、社会冲突理论和社会互动论都具有重大的理论意义。

二 实 践 意 义

在拥有13亿多人口的中国，是否拥有房子对于普通百姓来说具有至关重要的意义，并成为民生发展的标志与人权保障的核心问题。随着中国现代化进程的不断推进，拆迁几乎成了近年来部分城市管理的一大社会问题。俗话说，"百姓听拆紧张，城管见拆头疼，法院为拆犯愁"。尽管中央政府已经出台许多政策限制各种名目的强制拆迁，但是许多地方因拆迁而引发的矛盾纠纷频繁发生，有的地方甚至酿成恶性事件，严重影响了社会的稳定与百姓的福祉，妨碍了社会的健康发展。据有关统计显示，20世纪

[①] ［英］布赖恩·特纳：《社会理论指南》，李康译，上海人民出版社2003年版，第291页。

90年代以来，与旧城区拆迁有关的各类问题成为群众信访反映的焦点之一。仅"2011年上半年，部、省、市、县四级12336国土资源违法举报中心共受理线索38469个，比上年同期上升13%。其中，反映土地领域违法违规的25346个，约占66%。已办理的3801个国土资源领域违法违规线索中，作为重大违法违规线索办理的45个，约占1%。从所受理的线索中发现，群众集体上访比重较大，增势明显。上半年，国土资源部受理集体访分别占来访起数与人次的28.3%和65%，同比增加57.5%和62.8%。征地拆迁问题成为群众信访的新热点。部分城镇居民、企事业单位反映国有土地上房屋拆迁及补偿等问题明显增多"①。因此，积极开展房屋拆迁改造过程中的利益博弈与策略均衡研究，不仅能够探索出化解房屋拆迁矛盾的机制，更有助于规范政府、拆迁人、被拆迁人的行为，建立起完善的决策监督制度，促进社会和谐发展。

第三节 文献回顾

研究中国拆迁问题，必然要涉及拆迁人和被拆迁人的关系，不少学者从博弈理论和维权抗争理论出发，探讨这两者之间的关系。目前既有的研究成果大多围绕这一视角展开，涉及拆迁博弈、群体抗争及其策略。本节将对围绕着拆迁博弈、群体抗争根源和集体行动的策略等既有研究进行简要的梳理，以明确自己的位置，为后文展开分析打下基础。

一 拆迁中的博弈关系

房屋拆迁中的利益博弈研究一直融合了多学科的维度，其中以经济学和法学的视角较为集中。学者们对引发双方博弈的动因，提出了以下三种主要的观点。

（一）利益冲突说

利益是人类社会所有历史活动的根本动因，是推动着人们实施其实践

---

① 杨章怀：《国土资源部：征地拆迁成信访新热点》，《南方都市报》2011年7月30日。

活动和策略行为的直接动力。马克思很早就指出"人们奋斗所争取的一切，都同他们的利益有关"①。当前中国社会结构分化异常，不同阶层有着不同的利益诉求与需求。在房屋拆迁过程中，被拆迁户的最大利益是得到合理的补偿，但这一利益能否得到满足，要看拆迁户与补偿实施者——政府和开发商之间利益博弈的结果（李怀，2005；朱东恺、施国庆，2004；王学军，2003；冯玉军，2007）。因此，拆迁过程中各方对于利益的权衡是引发房屋拆迁冲突的主要动因。在某种意义上，补偿不到位、安置不合理是导致房屋拆迁中各利益主体冲突的直接原因（方耀楣、王兵团，2006；叶依广、闵一峰，2005；何虹，2006；李钟书、翁里，2004；颜毅艺、于立深、蔡宏伟，2004）。

（二）政府角色混乱说

正确处理政府与市场的关系，是界定政府职能的重要前提，也是解决当前房屋拆迁矛盾的核心问题。在房屋拆迁过程中，政府本应扮演公共物品的提供者、公私利益的协调者、中介机构的监管者和弱势群体的保护者等角色。但是在现实的房屋拆迁过程中，政府却对商业性拆迁和公益性拆迁中的"公共利益"的界定标准模糊。作为有权依照既定的法律来裁决一切争执的公正的裁决者，政府有时候直接或间接地参与房屋拆迁工程，既当运动员又当裁判员，在很大程度上导致了房屋拆迁博弈的复杂性和多变性。加之政府监管工作的缺位和部门之间的相互推诿，往往导致违规违章拆迁、暴力拆迁、强制拆迁等恶性事件的发生（施国庆，2005；户邑、彭小兵，2005；彭小兵、唐川，2009）。

（三）利益集团说

自从20世纪90年代初房地产开发以来，房地产利益集团渐渐形成，这一庞大的利益集团大致包括土地管理机构、建设管理机构、城市规划管理机构、房地产管理机构、税收系统、房地产开发商、某些地方政府及其官员，除此以外，还有为这一利益集团保驾护航的其他权力机构，甚至依附这一集团获益颇多的律师、媒体等。因此，面对被拆迁户的利益诉求和

---

① 《马克思恩格斯全集》（第1卷），人民出版社2007年版，第196、292页。

博弈，整个利益集团早就结成了默契的联盟，从而使被拆迁户在博弈过程中没有竞争优势，被逐步地边缘化（孙立平，2005；彭小霞，2009；户邑、彭小兵，2005）。

二 群体抗争根源研究

一个迅速变迁的社会，往往伴随着复杂的利益、观念和结构性的变化与冲突。1978年以来的改革开放，一方面促成了中国经济的显著发展，另一方面也引发了中国社会在各个领域巨大而迅速的变迁。在这一进程中，随着利益格局的不断变化和互联网的发展，人们的思想观念也发生了深刻变化。当社会利益格局重新调整时，各个群体的维权抗争行为也不断地生成和发展出来。可以说，改革开放以来社会结构与经济结构不协调的矛盾成了关系全面建成小康社会、实现共同富裕、构建社会主义和谐社会的核心问题。一方面，中国经济快速发展，民众的福祉也大幅度提高；另一方面，也出现了各种类型的弱势群体或被自认作弱势群体的大规模抗争活动。随着这些群体抗争在中国日渐泛滥和常态化，学者们对此给予了高度关注，并从各个不同的角度分析了发生根源，例如裴宜理指出传统社会关系或者独特的地域特征是群体抗争的根源；李培林等人指出阶级意识或者申冤意识对他们的影响较大；李连江等人则认为规则或权利意识是他们抗争的直接原因；佟新等人认为当代群体抗争是革命传统或者社会主义文化传统的延续，等等。[①] 本书将相关研究的观点总结概括为以下几种。

（一）社会心理失衡说

该理论认为，在社会转型时期农村的各种利益主体出现分化，利益冲突加剧并且变得常态化，而与此同时，国家还没有建立起与之相对应的社会利益均衡机制。这种状况导致强势群体对处于弱势地位的民众进行侵害和剥夺时，处于弱势的民众会有强烈的被剥夺感和不公平感，具有相似感受的人就会产生相似的想法和情绪，并且这种负面情绪具有很大的社会建构性，很容易形成群体的极化，表现出共同的反应。同时，弱势群体对于

---

① 黄冬娅：《国家如何塑造抗争政治——关于社会抗争中国家角色的研究述评》，《社会学研究》2011年第2期。

"负面诱因"无法从正常的国家体制渠道寻求资源以获得合理的解决,于是弱势群体所有不安、不满的情绪经日积月累,致使民众企图从体制外的管道来抗议某种制度或决策。这个时候,民众的社会失衡心理便会对群体性事件的发生起到助燃作用。

(二) 结构断裂说

该理论认为,经济社会发展不平衡而导致社会结构断裂是群体性事件发生的重要原因。改革 30 多年来中国的经济体制改革、经济结构调整和经济发展已取得了空前的成功,但相应地,社会体制改革、社会结构调整和社会事业发展则相对滞后一些。目前中国出现的社会阶层、城乡二元结构和社会保障机制等的断裂,其结果导致部分社会成员被抛弃于社会结构之外[①]。而且,"改革开放以后很长的一段时间,政府在试图扮演一个'经济型政府'的角色,取代了企业家群体以及相关职业群体的位置。所以不可能将公共投入的重心放在基本民生改善方面,必然导致公共投入优先顺序的颠倒"[②]。在此种情形下,思想意识的混乱、价值观念的偏离、利益诉求的抗争等各种矛盾冲突交织在一起,聚积到一定的程度便会引发群体性突发事件。

(三) 社会控制机制弱化说

该理论认为,在新旧体制交替转型过程中,不同社会群体的价值观念、行为方式和社会关系发生变化,出现了许多新情况、新问题和新矛盾,必须建立相应的社会控制机制与之相适应并有效发挥其作用。但是在社会转型过程中,由于社会结构的频繁转换,社会价值观与社会行为方式也会随之发生变化,产生了许多新的价值观和行为方式。这些新的价值观和行为方式超出了原有的社会规范的约束范围,但是还没有与之相对应的社会规范约束这些行为方式,这样社会秩序容易出现规范真空与控制失灵的状况。[③] 当各种问题和矛盾相互交错、相互影响、日趋激化,社会运行机制不能及时有效地进行调整和控制时,就必然导致大量社会失范行为的

[①] 孙立平:《失衡——断裂社会的运作逻辑》,社会科学文献出版社 2004 年版,第 5 页。
[②] 吴忠民:《公共投入的优先顺序不宜颠倒》,《科学决策》2005 年第 2 期。
[③] 郑杭生:《社会学概论新修》,中国人民大学出版社 1994 年版。

发生，严重时引发群体性事件。

这些研究对于分析社会转型时期各方利益博弈提供了丰富的参考资源，但是大部分研究依然只是从单向度视角进行分析，缺乏立体的、多元的视角，诠释拆迁中的群体性行为理据不足。

三 维权抗争的策略研究

所谓维权抗争的策略或技术实际上就是指社会抗争的手段或技术，要探究的是其运行机制，通常我们可以说是维权抗争的逻辑。学者们从不同的视角对此进行了大量的研究，本书主要总结概括为以下几个方面。

（一）关系视角下的行动策略

学者们一直认为中国社会是一个关系社会，而西方社会是一个团体社会。费孝通在《乡土中国》中就很形象地讲，中国乡村社会人际关系是一种"差序格局"，以自己为中心，然后就像一块石头扔进宁静的池塘泛起一圈圈涟漪，一圈一圈推出去，愈推愈远。在这样的熟人或半熟人社会中，民众的行动逻辑是基于一定关系基础的，这类结构里的维权抗争的策略选择一般会顾及彼此之间的关系。邻里抬头不见低头见，所以仅针对乡村干部或民间纠纷而引发的维权抗争，农民倾向于运用乡土社会特有的一套程序来进行处理，例如宗法、礼治秩序、长老统治等。相对而言，如果这类抗争活动在一个陌生的社会结构里，其行动逻辑与熟人社会或半熟人社会的行动逻辑不尽相同。陌生的社会结构关系松散，彼此没有期待，也缺乏承诺，维权抗争一旦发生，其策略选择往往是以最可能成功地实现目标为准则。[①] 因为目标实现后，当事人可能再也不会与对方发生经济利益和社会往来。吴毅在对一起石场纠纷的研究中也发现，在乡村社会中形成了以权力和利益为核心的关系网络。所以当农民在现实生活中遭受利益侵害时，除了受通常所讲的"利益"和"观念/情感"影响之外，还必然要受制于他们生活于其中的集权力和利益于一体的人际关系网络。可

---

① 刘燕舞：《基于利益表达的农民集体行动研究》，社会学视野网，2008年10月16日。

以说,"乡村社会中形成的这种根深蒂固的'权力—利益的结构之网'已经越来越成为影响和塑造具体'场域'中农民选择维权策略的更加常态和优先的因素"[①]。

即使是在城市社区,诉求各方关系网络的建立、巩固和发展利用也是影响底层社会维权运动发生及其结果的重要因素。一方面,中国依旧是个威权主义的国家,这导致了当底层的利益受到侵害时,底层的民众缺乏正常的利益诉求表达渠道,同时正常的法律诉讼渠道也很难解决他们的问题。但是另一方面,中国国家行政体系又处于一种相对"分裂"的状态,这又给底层的维权抗争提供了一定的"政治空间"和"政治机会"。维权抗争中的各方利益主体都会想方设法利用各种关系网络,通过各种手段动员上级政府和普通市民支持他们的维权行动,以此来达到实现自身利益最大化的目的。石发勇认为,正是中国底层维权运动的结构性转化保护了公民权益,促进社会空间发育,而且实际上增强了国家权威和合法性。[②] 施芸卿认为,在中国现行的体制背景和法律的框架下,民众必须抓住营造机会空间的潜在资源进行积极的建构,才能将现有的机会结构转化为维权运动真正可以利用的机会空间。[③]

(二)工具范式下的行动策略

斯科特所著的《弱者的武器》堪称农民抗争领域的经典。作者通过对马来西亚农民反抗的日常形式,例如偷懒、装糊涂、开小差、假装顺从、偷盗、装傻卖呆、诽谤、纵火、怠工等低姿态的反抗技术的探究,揭示出农民与从他们那里索取超量的劳动、食物、税收、租金和利益的那些人之间的平常却持续不断的斗争的根源。斯科特认为,农民利用非正式的网络在一定程度上避免了直接冲突,实现了自我保护。这些低姿态的反抗技术与农民的社会结构非常适合,有利于理解农民对于保护自身利益而和统治

[①] 吴毅:《"权力—利益的结构之网"与农民群体性利益的表达困境》,《社会学研究》2007年第5期。
[②] 石发勇:《关系网络与当代中国基层社会运动——以一个街区环保运动个案为例》,《学海》2005年第3期。
[③] 施芸卿:《机会空间的营造——以B市被拆迁居民集团行政诉讼为例》,《社会学研究》2007年第2期。

秩序所作的一切隐蔽斗争。这种日常形式的抗争，虽然影响较小，但是从长远来看，日积月累，最终会改变或缩小国家对政策选择的范围。①

不过，茨韦格的研究表明，自农业集体化之后，农民反抗的行为已经逐步从隐藏走向了公开，他们开始试图利用国家政策来保护自己的合法权益，对抗地方干部的腐败行为。李连江、欧博文通过具体的访谈研究发现，中国农民除了投票、投诉、与官员接触、行政诉讼等制度性的政治参与，以及个人或集体的暴力或非暴力反抗以外，许多地区出现了一种新型的农民抗争——以政策为依据的抗争（policy-based resistance），或者称其为依法抗争。这些农民对于中央政府的信任高于地方政府，因此他们援引有关的政策或法律条文抵制地方政府各种各样的"土政策"和农村干部的独断专制和腐败行为，以促使政府官员遵守有关的中央政策或法律。②

通过对湖南衡阳农民抗争的研究，于建嵘对农民抗争特点重新进行了梳理。他认为，在1992年以前，农民的抗争形式大体可以归结为被西方学者称为"弱者武器"的"日常抵抗"，这种抵抗主要以个人为行动单位，因而不需要计划或相互协调，利用的是隐蔽的策略，以不与权威发生正面冲突为特征，是一种有关个人直接利益的"机会主义"抗争。而自1992年至1998年，农民的反抗可以归结为李连江和欧博文提出的"依法抗争"或"合法的反抗"，但是自1998年以后，农民的抗争实际上已进入了"以法抗争"阶段。农民在抗争过程中不仅有自己的利益代言人，而且通过各种方式在区域范围内建立了相对稳定的联络方式和社会网络；他们不仅援引国家法律，而且目标非常明确，以县乡政府为抗争对象。于建嵘把这种抗争形式上升到了政治性抗争的高度，认为这是一种旨在宣示和确立农民这一社会群体抽象的"合法权益"或"公民权利"的抗争。③尽管这种解释框架有一定的说服力，但是在现有的制度下，中国社会抗争的组织化程度仍

---

① ［美］詹姆斯·斯科特：《弱者的武器》，郑广怀、张敏、何江穗译，译林出版社2007年版。
② 李连江、欧博文：《"当代中国农民的依法抗争"》，载吴国光编《九七效应：香港、中国与太平洋》，（香港）太平洋世纪研究所1997年版，第141—169页。
③ 于建嵘：《当代中国农民的以法抗争》，载吴毅编《乡村中国评论》，山东人民出版社2008年版。

然很低，还不具有查尔斯·蒂利所说的模式化的特点。可以说，"以法抗争"概念夸大了农民抗争的政治性，且由于合法性困境的存在，农民不可能表现出强烈的政治性。从表面上看，社会抗争的重要形式仍然是欧博文与李连江所说的"依法抗争"[①]。实际上，抗争者仍然固着于底层，进行的仍然是以具体利益表达为核心的"依法抗争"。当然，也有学者批评"依法抗争"过于注重抗争者的利益考虑，而忽视了抗争行动的道德逻辑；过于注重对多方互动关系的考察，却忽视了其意外后果的重要性。[②]

"如果说'合法性困境'构成了研究中国社会民众抗争的一个基本前提，那么'法权抗争'则成为当前中国政治体制下民众维权抗争的基本运作形态。"[③] 陈鹏在研究城市业主维权时将这种抗争具体化为"上访维权""诉讼维权"和"立法维权"。因为城市业主大多是具有较高文化水平、职业地位和社会声望的精英群体，所以在维权抗争的整个过程中，业主们围绕"法"来开展维权抗争，他们通过不断学法、懂法，凭借着对法律的熟娴进而巧妙地以法律为抗争依据在上访中来维护自身的合法权益。在诉讼维权中，民众会直接拿起法律武器，通过民事诉讼、行政诉讼和行政复议等形式来捍卫自己的合法权益。甚至在某些特定环境中，业主会通过公民联署等多种形式积极地参与和影响法律的制订、修订、颁布和实施过程，让自身的利益诉求通过合法渠道表达和反映出去。这种抗争从形式上看是一种利益博弈，但是在现实中却起了重建公民与国家之间的法律契约关系的作用。

我们必须正视的是，随着社会的快速转型，利益诉求的对象已经呈现多元化的倾向，由过去单纯地针对基层政府转变为针对各利益主体。同时"法"在维权抗争中面临着十分尴尬的局面，民众宁可选择上访也不愿意去寻求司法救济。经验表明，"要使自己的具体问题纳入政府解决问题的议事日程中，就必须不断运用各种策略和技术把自己面临的困难转化为国

[①] 谢岳：《社会抗争：国家性变迁的民间反应》，《当代中国研究》2008年第2期。
[②] 吴长青：《从"策略"到"伦理"：对"依法抗争"的批评性讨论》，《社会学研究》2010年第2期。
[③] 陈鹏：《当代中国城市业主的法权抗争——关于业主维权的一个分析框架》，《社会学研究》2010年第1期。

家本身真正重视的社会秩序问题。这种问题化的技术既体现在上访的话语实践中,也体现在与之相联的非话语实践层面"[①]。因此,民众在维权抗争中经常会选择合适的机会智慧性地将自身身份"弱化",以弱者身份作为武器来组织实现博弈,采取非暴力不对抗的方式来博取同情与理解。当然,在必要的时候他们还会综合运用应星所讲的"说""闹"和"缠"等问题化技术,甚至会将自己的历史经验、情感资源和道德理性与现实境遇相结合进行"以理抗争"或者"依势博弈",通过"借势""造势"和"用势"达到解决问题的效应[②]。

景军在对中国大川和高阳农村环保抗议的研究中,充分展示了底层民众是如何借助中国传统文化来进行环保抗议的。他认为根植于中国历史和文化传统的抗争"剧目",如血缘关系、大众宗教、道德关怀和关于正义的古代传说等在动员底层抗议者的过程中扮演了重要的制度和符号资源。[③] 当这种环保抗争与社会价值体系和表征形式达成共鸣的时候,这种抗争是最有效的。而在这些价值体系和表征形式中,死亡仪式、宇宙信仰和历史传下来的道德故事等起到了重要的社会动员作用。这些文化剧目的运用在一定程度上改变了乡村的权力关系,削弱了农村干部的政治基础,并导致了集体行动的出现。

(三)改革话语中的行动策略

1997年9月召开的中共十五大决定对中国的国有企业进行彻底的改造。从此,国家开始通过破产、倒闭、出售、兼并和股份制改造等手段对众多的中小型国有企业进行改制。因为利益和地位的贬损,工人集体抗争行动有了大量的增加。近年来,一些学者开始关注城市中大量出现的工人和居民的集体抗争策略。

马克思的"阶级"概念成了国内外研究中国工人抗争的一个重要分析工具。其实,在工人阶级内部也存在差异性,因此在研究时我们有必要做

[①] 应星:《大河移民上访的故事》,生活·读书·新知三联书店2001年版,第317页。
[②] 董海军:《塘镇社会:乡镇社会的利益冲突与协调》,社会科学文献出版社2008年版。
[③] Elizabeth J. Perry and Mark Selden. *Chinese Society: Change, Conflict and Resistance*. London and New York: Routledge, 2000: 208.

好概念界定与分类标准，否则研究的结论在一定程度上很难清楚地解释工人内部不同群体之间行动方式与思想意识上的差别。根据吴清军的研究，国有企业工人内部因身份不同而明显地分化为四个不同的利益群体，即国企退休职工、全民所有制固定工、全民所有制合同工以及国有企业内部的集体企业工人。面对市场化改革，在同样的体制环境下，不同的工人阶级群体因为身份、生存压力、再就业能力以及制度设计等因素的不同，导致他们在维护自身利益时会选择不同的行动策略。[1]

李静君研究发现，在国有企业的重组和改造过程中，当工人遭受下岗、失业或者其他不公平待遇时，一方面，他们会运用工人阶级最原始的反抗形式，诸如停产、罢工、公共示威、上街游行、堵路和在政府门前静坐等进行反抗；另一方面，他们也会通过法律途径维权，要么依据国家有关劳工权益的法律法规来维护自身权益，要么通过劳动争议仲裁和请愿等制度化渠道来寻求相关部门的协助，从而也显现出一定的法权意识。[2] 中国工人阶级这种维权抗争的策略与中国劳动的制度和劳动力的社会性生产有着紧密关系。"社会主义的社会合同"，即共产主义政权用稳定的雇用关系、养老金和社会福利来换取工人阶级在政治上的默许[3]，使他们成为国家实现社会的工业化乃至现代化以及社会稳定的重要力量。但改革开放后，随着企业的不断改革，工人们逐渐感到企业管理者和当地政府违反了他们的诺言，背弃了他们之间最重要的从物质到象征意义的义务关系。这时，工人们生存境遇的双重性决定了工人在集体行动时表现出对现存的社会秩序既支持又批判，在行动策略上出现了顺从与反抗并存的特征。

赫斯特和欧博文具体研究了当代中国退休工人的不满和抗议。他们认为退休工人对毛泽东时代十分怀念，既是源于生存危机，也显现出某些道义经济学的因素。但是综观中国城市中发生的工人示威活动，大部分是工

---

[1] 吴清军：《国企改制中工人的内部分化及其行动策略》，《社会》2010 年第 6 期。
[2] 陈鹏：《当代中国城市业主的法权抗争——关于业主维权的一个分析框架》，《社会学研究》2010 年第 1 期。
[3] Lee, Ching Kwan. *Against the Law: Labor Protests in China's Rustbelt and Sunbet. Berkeley and Los Angeles*. California: University of California Press, 2007: 71.

人自发的集体行动,目前的维权抗争仍局限于维持生存伦理。[①] 作为生存型理性行动,下岗/失业工人集体抗争行动的动因是工人基本生存环境或条件的破坏或者利益损失,它以工人原本所拥有的生存资源的被剥夺为主要内容。佟新结合《资本论》的相关理论,将生存资源细分为耗损性生存资源和产出性生存资源。他认为,耗损性生存资源是指直接用于支付工人本人及其家庭日常生活部分开支的现金或弥补日常生活部分用度的实物。产出性生存资源即工人共同拥有的、构成工人所在生产单位进行生产和再生产的全部资产,这两种财产的剥夺使工人在产权改革阶段生发出深刻的不安全感,并最终将工人推向了采取抗争性集体行动的道路之上。[②] 工人们在为他们反对企业改制的抗议活动进行辩护时,主要诉诸的是旧的社会主义理论中关于国有企业所有权的概念以及政府有关企业改制的规定。他们对社会主义文化传统的认同,有效地发挥了其文化动员的作用,并成为工人解释其生活境况的框架。

当他们意识到自己留恋的、赖以生存的传统国有企业已经分崩瓦解时,他们就会把在市场经济改革中遇到的生活境遇与社会主义条件下的个人权利观念和国家观念相连接,并积极地从过去的话语中构建出符合时代的新话语。[③] 在抗争的方式上,反对改制的抗议活动不仅像下岗职工的抗议活动一样,经常采取上街游行的斗争方式,另外,它还采取了下岗职工无法采取的斗争方式,即占领工厂,这种斗争方式象征性地揭示了抗争的焦点是企业产权的归属问题。[④]

总之,关系视角下提出的"权力—利益的结构之网",工具范式下提出的"日常抵抗""依法抗争""以法抗争""法权抗争"和"依势博弈",以及阶级话语背景中提出的"生存理性"等行动策略都已经成为当前研究中国社会抗争的经典性概念。尽管这些行动策略在以往的研究中具有一定

[①] 陈峰:《下岗工人的抗议与道义经济学》,香港中文大学中国研究服务中心,2000年。
[②] 唐军:《生存资源剥夺与传统体制依赖:当代中国工人集体行动的逻辑》,《江苏社会科学》2006年第6期。
[③] 佟新:《延续的社会主义文化传统——一起国有企业工人集体行动的个案分析》,《社会学研究》2006年第1期。
[④] 陈峰:《国企改制与工人抗争》,香港中文大学中国研究服务中心,2003年。

的学术解释力，但是目前来看仍存在着较大的拓展空间，这是因为：第一，从理论意识来看，目前有关的维权抗争大部分依然从国家与社会的二元视角出发去思考问题，这样容易把"国家预设为恶，其研究最终均指向国家政治的维系与重构"①，从而有可能遮蔽国家与社会诸关系以及国家能力的某些重要方面，也有可能遮蔽"社会"的丰富形态及其内部的复杂构成。研究真实的中国社会及其维权抗争逻辑，既不能简单地套用西方理论与研究范式，也不能一概地抛弃西方经验和理论的参照价值，而必须根植于中国自身的历史文化和传统之中，从中国社会改革和变迁中建构和确定问题意识、概念、视角、分析框架乃至中国气派的理论体系②。第二，由于受底层研究视角的影响，"日常抵抗""依法抗争"和"以法抗争"等概念主要解释的是"弱势群体"针对强势群体的抗争，侧重点在于展现"弱势"一方的行动策略，而忽视了事件另一方的利益表达和行动策略。其实，在不同的具体维权抗争中，强势与弱势是相对的，政治资本强的并不一定文化资本强，文化资本强的并不一定拥有较强的经济资本。维权抗争的效果和后果取决于利益各方的互动结果，而不仅仅是由行动者一方面能够决定的。另外，在研究过程中，任何利益相关者一方的表面陈述都可能无法客观公正地深究事件的本质，这与社会科学研究"价值中立"的伦理是相悖的。与此相反，博弈视角不仅"扩展了个体理性行动理论的范围，纳入了行动者在自己行事时还考虑其他行动者行动的那些情境"③，而且能够动态地呈现出维权抗争谱系的完整图景。第三，研究者目前主要对中部和东部地区维权抗争的过程、策略、机制等进行分析，而对西部民族地区的关注度不够。而中国幅员辽阔，各地区社会、文化都有不同的特征，因此某些地区的观察与研究不一定能够代表或说明其他地区的状况。特别是西部民族地区，自从西部大开发政策实施以来，经济社会获得了不同程度的发展，但是伴随利益格局的调整也引发了一系列的社会冲突，有的甚至

---

① 尹利民：《策略性均衡：维权抗争中的国家与民众关系》，《华中科技大学学报》2010年第5期。
② 肖瑛：《从"国家与社会"到"制度与生活"：中国社会变迁研究的视角转换》，《中国社会科学》2014年第9期。
③ ［英］布赖恩·特纳：《社会理论指南》，李康译，上海人民出版社2003年版，第290页。

与民族、宗教等因素黏合在一起，由普通的经济利益冲突升级为涉及民族、宗教因素的重大群体性突发事件。因此，充分认识和准确把握西部民族地区的突发事件的预防和处理机制，是全面认识中国现状与推动当前国家"一带一路"向西发展战略的重要组成部分。

本书在吸取前人研究成果的基础上，主要以一个西部地区破产企业的维权抗争为例，分析了在后单位制时代，原子化的居民在社会转型过程中如何策略性地与当地政府部门、开发商等展开较量来维护自身利益，在数次博弈之后最终达到策略均衡的故事。在经济利益纷争中，当相对强势的利益集团在"生存博弈"中获得更多的利益，并且严重威胁到原子化居民的利益时，"道德博弈"作为"生存博弈"的协调机制的功能也开始发挥作用。这时候原子化的居民通常会消失到无知之幕的背后去重构道德体系，利用大字报、骂街、问题社会化等手段，通过"道德博弈"对强势对手在"生存博弈"中破坏了的社会结构进行重建，从而在博弈过程中获得自身的利益最大化，同时也维持了中国底层社会的稳定结构。本书把宏大的改革史与微观的个人生命史有机结合起来，说明来自国家上层的制度变革是如何影响一个人乃至一个企业的变迁，充分展现了社会转型过程中破产企业的行动者和行动机制。通过对这一过程的深入分析，将不仅使我们对改革过程中房屋拆迁有进一步的认识，而且将引导我们去深入理解斗争与妥协的动态结合在博弈过程中的重要性。

第四节 核心概念与分析框架

一 核心概念

（一）社会博弈

博弈的思想在我国古代就已经产生，春秋时期孙武在《孙子兵法》中论述的军事思想和治国策略，就蕴含着丰富而深刻的博弈思想。冯·诺伊曼和摩根斯坦1944年出版的《博弈论和经济行为》被看作博弈论历史的起点。该书在总结以往成果的基础上提出了博弈论的一般框架、概念术语和表述方式，并且逐步把博弈论从数学领域推广到经济学领域。

20 世纪 80 年代以来,博弈论得到了前所未有的发展,先后有三次诺贝尔经济学奖授予在博弈论与经济应用方面有突出贡献的学者,使博弈论成为世界范围内的研究热点,博弈论也逐步趋于完善和成熟。博弈论所研究的是各理性的利益相关者之间的对抗、竞争或在面对一种局面时的对策选择行为,以及策略选择时的相互影响以及它们之间的利益冲突与吻合关系。它试图将研究内容数学化、理论化,以更确切地理解其中的逻辑关系,为清晰地描述与解决现实问题提供理论工具。博弈包含六个要素:第一,利益相关者,即博弈中进行决策并承担结果的参与者;第二,策略,即各利益相关者选择的内容,可以是方向、取舍的选择,也可以是连续的数量水平等;第三,得益或得益函数,即利益相关者行为、策略选择的相应后果或结果;第四,博弈次序,即利益相关者行为、选择的先后次序或者重复次数等;第五,信息结构,即利益相关者对彼此行为和最终利益的了解程度;第六,行为逻辑和理性程度,即利益相关者是依据个体理性还是集体理性行为,以及理性的程度等。

"博弈论是深刻理解经济行为与社会问题的基础。在社会学研究领域有许多微观—宏观机制具有一套复杂的策略结构,我们可以通过动态博弈的分析,阐明策略性情境的性质,从而对每一个理性行动者可能采取的行动策略作出预测。"[1] 在房屋拆迁过程中,信息的使用者非常广泛,包括政府部门、开发商、被拆迁人等,这些利益相关者各自掌握的信息是不同的,在效用最大化的驱使下,信息优势方便会利用有利的信息使自己获利,而处于劣势的一方则会采取各种手段去获取更多的信息,以便作出更为合理的决策。而在信息搜集和利用的过程中,每个利益相关者所采取的行动方案不仅要考虑到各种可能出现的情况,还要考虑到其他利益相关者可能采取的对策。信息使用者的需求各不相同,而信息本身又是不完全透明的、不对称的,这必然引起各利益相关者之间的冲突与对抗。

在现代生活中,理性人都追求着自身的利益最大化,而资源的稀缺性导致人们在生存博弈(game of life)中往往出现社会分配的不公平和贫富

---

[1] [英]布赖恩·特纳:《社会理论指南》,李康译,上海人民出版社 2003 年版,第 290—291 页。

两极分化。"这时，作为社会稳定机制的道德博弈（game of moral），就认为出现了可以存在的'原初状态'，社会的贫穷使得社会演化出现了新一轮循环的任何社会变革都具有相应的道德诉求。"[1] 显然，"博弈中的弱势群体要消失到无知之幕的背后去重构道德体系，就必须使他们所感受到的不公正程度足够大，使得他们认为社会已恢复到道德重建的原初状态"[2]。可以说，博弈理论强调通过互惠策略，促进各利益相关者之间的合作，形成基于个体理性的集体理性结局，最终形成社会的道德共识。社会博弈的概念是在批判和借鉴肯·宾默尔提出的"生存博弈"和"道德博弈"的基础上形成的，它是指在涉及直接相关利益的博弈中，各方当事人出于自身利益考虑而采取各种策略维护自身利益。当博弈中相对弱势群体无法在"生存博弈"中获取比较公平的社会分配时，他们通常认为社会已恢复到道德重建的原初状态。作为具有一种正义感能力的有理性的个人，他们往往会消失到无知之幕的背后去重构道德体系，回到原初状态中去借助"道德博弈"，然后再按照罗尔斯的正义二原则来确定原初状态中的分配原则。这样，就可以使他们在"不可更改的体力和心理的逻辑约束"的限定中同时进行生存博弈，从而促成各利益相关者之间的合作，最终形成一种社会的道德共识，维持社会的稳定发展。社会博弈强调人不仅是"理性人"，而且还是社会人。人们在现实生活中不仅受经济利益的驱动，同时还受情感和规范的驱动。

（二）策略均衡

在博弈论中，策略是参与者如何对其他参与者的行动作出反应的行动规则，它规定参与者在什么时候选择什么行动。当个人效用或个别组织的利润取决于其他人及其他组织的行为时，猜测对手反应据以决定最佳策略，就变得十分重要。这里讲的策略均衡实际上就是博弈论里的优势策略均衡，即不管其他人采取什么策略，每个博弈者都会有一个对自己来说最有利的策略所构成的一个策略组合。策略均衡与纳什均衡是有一定的区别

---

[1] 石磊、钱勇：《论中国传统社会超稳定结构中的道德博弈和生存博弈》，《上海财经大学学报》2005年第1期。

[2] 同上。

与联系的。在策略均衡中,不管对手做什么,自己所能做的是最好的;而在纳什均衡中,自己所做的是给定对手所做的前提下,自己所能做的是最好的,在给定自己所做的前提下对手所能做的是最好的,从二者的关系可以看出,优势策略均衡是纳什均衡的一个特例,一个优势策略均衡首先是一个纳什均衡。

二 分析框架

分析框架是以科学研究的思维方式研究问题的切入点。一个人看待某个问题所采取的角度将深刻影响到他所接受、倡导和执行的解决方案。如果选择的视角不当,那么,从一个完美的理论所推导出来的最符合逻辑的政策建议反而会给身边的某个问题提供完全错误的答案。因此,选择合适的分析视角对于研究的结论至关重要。本研究主要有两个分析视角。

(一)多元话语的分析框架

中国社会学重建以来,一直占据中国社会学主流地位的分析路径,基本上都是"结构—制度"分析,例如历史唯物主义、结构功能主义、新制度主义等。到了 20 世纪 90 年代,"国家与社会"理论又被引入中国,一时间成为当代中国研究的一个主流分析框架。在西方学术界的主流话语中,"国家与社会"可以表述为,"个人从身份制的、血缘或地缘性的共同体获得解放;在旧的共同体瓦解的基础上,取而代之的是直接以个人(市民)为基本单位的新的社会结合形式"[①]。受此框架的影响,许多研究中国基层社会秩序尤其是社会变迁的学者,自觉或不自觉地用诸如权力与权利、官治与民治、地方政府与基层社会的冲突与调适等一些概念来观察基层政治的变迁,也提出一些特别有影响力的学术概念,例如杜赞奇的"经纪体制"、黄宗智的"内卷化"、萧凤霞的"村庄细胞化"等。这种形成于西方土壤之中的"国家与社会"分析框架在实践中习惯于把社会与国家塑造成对立面,认为两者之间就是一种此消彼长的零和博弈关系。

进入 20 世纪 90 年代以来,受到后现代理论的影响,国内一部分学者

[①] 王亚新:《评论:内在的理解与冷静的批评》,载张静《国家与社会》,浙江人民出版社 1998 年版,第 91 页。

把注意力转向底层研究，他们希望在中国本土化的基础上丰富和扩展中国社会学者的研究工具，因此，"在方法论上引入'策略行动'分析视角，以动态的视角来分析事件的过程，试图从根本上颠覆传统的'国家—社会'二元分析框架"[①]。以孙立平为代表的一批学者在这方面做了大量的尝试努力，也产生出了一批经典的研究，例如强世功的《"法律"是如何实践的——一起乡村民事调解案的分析》，孙立平、郭于华的《"软硬兼施"：正式权力的非正式运作的过程分析》，马明洁的《权力经营与经营式动员——一个"逼民致富"的案例分析》，应星的《大河移民上访的故事》等。但是正如张静所言，我们必须认识到的是：这种强调动态的"过程—事件分析"所得到的研究结果也只是研究者们在预设的话语体系中运用特定的概念、陈述和修辞建构的结果，未必是对社会世界"真实奥秘"的真实再现。

因此，本研究在借鉴前人研究经验的基础上，综合"结构—制度"分析和"过程—事件分析"的优点，采用一种多元话语的分析框架。在这种分析框架中，本研究想从宏观的结构和制度变迁来观察和解释当前的社会博弈现象，展现出个人行动策略背后的制度逻辑。同时，本研究还尝试着注入历史和文化的因素，从历时的维度去分析日常生活中那些非制度性的博弈技术与逻辑。本书涉及的破产国有企业的房屋拆迁案例，因为它涉及拆迁、被拆迁方和监督方三方的利益关系（见图 1-1），既需要我们从国有企业改革的宏观背景中去理解制度变迁对个体生命历程的影响，也需要我们从社会行动者的能动性作用入手，通过对微观的策略性权利关系的分析，揭示结构和制度因素对个人行为的刺激、指引和限定，以及个人在这种结构与制度下的策略行动，从而在这种利益博弈过程的动态分析中去发现各种社会因素、事物与环境之间的并非必然的联系，展现博弈过程中国家与社会各种因素与力量之间的隐秘与微妙的状态。所以，运用这种多元话语分析的视角来分析维持社会秩序正常运行的各种权力关系，不仅能够提供分析中国社会与国家政治互动的基本概念和途径，而且能够比较恰当地揭示中国社会转型中社会矛盾频发的真实原因，并提出解决这些问题的

---

① 郑卫东：《"国家与社会"框架下的中国乡村研究综述》，《中国农村观察》2005 年第 2 期。

有效办法。

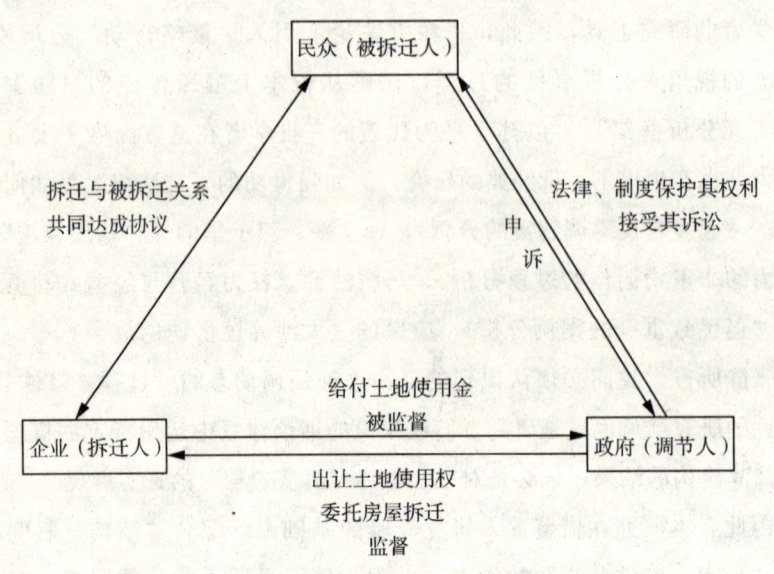

图 1-1　多元话语分析框架下的房屋拆迁过程

（二）政治过程分析视角

政治过程论的理论可以追溯到查尔斯·蒂利。他在对传统集体行动理论进行批判的基础上提出了政体模型和动员模型[①]。后来，麦克亚当在对美国黑人运动的研究中对这一理论作了进一步的完善和发展，并正式提出了政治过程的名称。这个方法从 20 世纪 90 年代以来开始流行于国际学术界，目前成为一个研究社会运动和集体行为的主导性的理论范式。

政治过程论强调，"社会运动是一种政治，而不是心理现象；社会运动从产生到消失是一个连续的过程，而不是一连串发展阶段。因此，要解释社会运动，要能够解释其全部的过程，而不能只是解释其中某一个阶段"[②]。该理论虽然同意权力集中在少数拥有制度性资源者手中，一般的民众很难维护和扩张自身的利益，但是该理论同时认为，这种状况不是一成

---

①　参见谢岳、曹开雄《集体行动理论化系谱：从社会运动理论到抗争政治理论》，《上海交通大学学报》2009 年第 3 期。

②　Doug McAdam. *Political Process and the Development of Black Insurgency，1930—1970．*Chicago and London：The University of Chicago Press. 1982：36.

— 24 —

不变的，而是随着政治形势的变化不断变化的，如果处于弱势地位的群体能够找到和抓住政治机会，他们就有可能改变这种政治格局。在政治机会出现时，弱势者能否能效地组织起来，取决于是否有组织作为动员基础，以及弱势者是否能形成集体行动意识。在麦克亚当看来，这种崛起与受压迫人口的组织性，受压迫人口对于挑战成功可能性的集体评估，以及外在政治环境中的政治结盟情况这三种因素有关[①]。

运用政治过程论来研究本书案例中所涉及的利益博弈是很有解释力的。其理由如下。

首先，政治过程论的核心要点在于研究的视角，即把这种博弈过程视为一种政治现象。在目标方面，人们参与这场博弈过程是因为他们在现实中遭遇了不公平的待遇，他们的利益诉求并不像其他群体那样可以轻易地通过制度内的渠道实现，他们只能通过这种集体努力才能改变这种不公平的现状；在后果方面，集体行动总会对社会产生影响，使得政府对原有的制度设计做出相应的调整，因此在客观上也会导致社会资源的分配格局发生一定的变化。（见图1-2）这样，在集体行动与政治之间不断相互塑造的关系中，国家（政府）就成为理解体制外集体行动的核心变量[②]。应该说，从政治过程论的视角来研究中国社会转型时期利益博弈的特殊性是比较恰当的。

其次，政治过程以追求利益为中心。利益是人们结成政治关系的出发点。不管在经济市场还是政治市场上，人都是理性经济人，不仅在经济市场上追求自身利益的最大化，而在政治市场上同样追求利益最大化。可以说，这种政治过程的个人主义理论是对传统政治理论假定政府是服务型政府，没有自己的任何私利可图的最大颠覆。事实上，"政府是由个人组成的集体机构，也有自己的特定利益。政府和普通公民一样，在政治生活中都通过理性的计算，力图以最小的成本实现最大的收益"[③]。在制度设计中，政府往往会通过理性的计算，为自己的利益着想，这样容易导致寻

---

① 王振寰、瞿海源编：《社会学与台湾社会》，台北市巨流图书公司1999年版，第430页。
② 宋维强：《转型期中国农民群体性事件研究》，华中师范大学出版社2009年版，第31—32页。
③ 包雅钧：《政治过程研究的兴起及分析视角》，《东方论坛》2006年第1期。

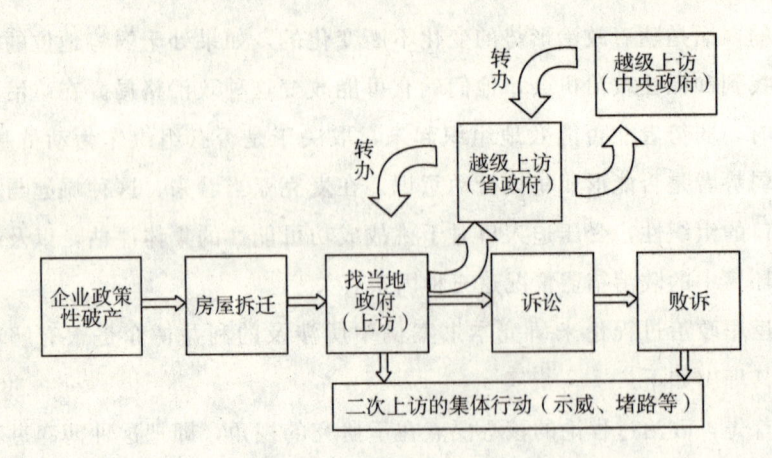

图 1-2 房屋拆迁过程中利益博弈的政治过程

租、公共产品过量供给或供给成本过高等不良现象的出现。而且在现实的政府决策中，政府内部的关键人员的个人偏好很容易转换成社会决策的依据，直接影响着决策的效果和资源的分配。

最后，政治过程论强调行为者与政府之间的互动关系。"以群众与精英互动为核心，这即是政治过程论的基本关怀。"[①] 当前人们对政治过程的研究产生了大量研究成果。一类可以概括为狭义的政治过程研究，这类研究集中在少数能掌握资源的精英群体在制度政治渠道内所发起的有组织的变革，而这类研究显然忽略了非制度的政治行为。而另一类则把政治过程看成政治生活的动态过程，即政治过程就是一个从利益表达到利益综合再到利益实现的完整过程。当前的社会博弈，弱势的一方常常希望将自己的利益诉求以合法方式传达给政治体系，以期能够获得政治体系的利益调节与分配。但是由于利益诉求表达渠道的不畅通，人们往往更愿意选择非制度性或非法的方式，例如某些政治机会进行游说、上访引起政治体系的关注。尽管这种方式不一定能够取得他们预期的效果，但是从客观上或多或少会引起政治体系的注意，他们把相同的利益需求集中起来，或者把不同的利益需求协同起来，形成若干政策方案，并把

[①] 宋维强：《转型期中国农民群体性事件研究》，华中师范大学出版社 2009 年版，第 33 页。

方案提交给决策中心，以期得到承认和采纳的过程[①]，最终的政府行为是利益集团作用的结果。

第五节 研究方法

一 研究策略与田野调查

本书的研究方法属于广泛意义上的实地研究，"即在自然环境下，使用实地体验、开放型访谈、参与型和非参与型观察、文献分析、个案调查等方法对社会现象进行深入细致和长期的研究；其分析方式以归纳为主，研究者在当时当地收集第一手资料，从当事人的视角理解他们的意义和他们对事物的看法，然后在此基础上建立假设和理论，通过证伪和相关检验方法对研究结果进行检验。研究者本人是主要的研究工具，其个人背景及其与被研究者之间的关系对研究过程和结果的影响必须加以考虑；研究过程是研究结果中一个不可或缺的部分，必须详细加以记载和报道"[②]。这种研究方法最大的优点是研究者能够亲临调查现场，直接观察到处于自然状态下的研究对象，能够收集到比较详细、深入的资料，能够实地观察研究对象的社会行为的具体表现和过程，能够深刻"理解"被研究对象的价值观念和行为方式，试图再现社会生活的"原生态"。

没有实证研究支撑的规范性研究容易被某种价值判断左右，丧失其客观公正性，而选择典型的个案虽然不能以小见大，发现事物发展的规律，但是至少可以验证理论假设，激活学术灵感。从研究类型上讲，本研究就是属于这种典型个案研究。笔者通过解剖和分析一个破产国有企业因破产遗留的房屋拆迁安置问题引起的冲突，从而探讨社会转型中形成的复杂的社会结构与社会关系。就笔者所调查的地区而言，因土地征用、房屋拆迁而引发的此类事件比比皆是。笔者只是选取了其中一个个案进行细致的研究。按照学术惯例，本书中所涉及的地名、人名均采取了匿名化处理。

本研究始于 2010 年，调查工作主要集中于 2010 年 2 月、2010 年 10

[①] 包雅钧：《政治过程研究的兴起及分析视角》，《东方论坛》2006 年第 1 期。
[②] 陈向明：《社会科学中的定性研究方法》，《中国社会科学》1996 年第 6 期。

月、2011年10月到11月。之所以跟踪时间跨度这么大，一方面是能够收集到翔实的第一手资料，另一方面是通过历时观察能够对整个事件的前因后果有详细的把握，从而能够更好地还原和呈现事物的真相。

2010年2月为田野调查的第一阶段，主要集中在对事件背景材料的收集上。主要收集到了从2005年年底到2010年这一时段，即从企业破产到后来如何引发冲突这一阶段的背景材料。这一阶段，笔者还深入上访代表家中进行半结构式访谈，走访一些住户，观察他们的生活环境和日常生活，对背景资料进行了补充。2010年10月为田野调查的第二阶段，这一阶段主要由笔者的一个学生完成。她主要观察和了解事件的最新动态，并且在此基础上完成了她的本科毕业论文。2011年10月到11月为田野调查的第三阶段。这一阶段主要对原有住户中的三类人进行了访谈。一类是仍然坚守阵地的"钉子户"；另一类是已签订合同等待回迁的住户；最后一类是已签订合同选择二手房安置的住户。同时也对这起事件中的维权律师进行了深度访谈，对政府相关职能机构和开发公司通过不同方式进行了调查。涉及的政府机构主要有Y市经贸委（现为工业与信息化局）、住房保障局、国土资源局。政府部门的负责人和开发商的负责人对有些涉及敏感问题的话题都不愿意接受访谈，笔者只能运用收集到的政府文件和政府与开发商、住户之间的合同等材料进行补充说明。

具体的资料收集方法包括观察、深度访谈、半结构式访谈。资料分析方法主要采用过程—事件分析法。

二　资料收集方法

（一）观察法

笔者先后跟随被拆迁户代表一起前往Y市信访局进行信访，目睹了信访部门的现场接待活动。在被拆迁的家属区，笔者不仅目睹了拆迁乱象，更是深入坚守在那里的一些老人家里，实地观察了他们的生产和生活状况。再到后期，笔者深入开发工地了解情况，并且到最后几位"钉子户"家庭了解他们的日常生活情况。

（二）访谈法

本课题将对下列三组人进行访谈：（1）政府人员；（2）了解情况的上访代表；（3）开发公司的主要负责人。对于特别合作、了解情况的受访人将至少进行两轮访谈。第一轮是开放性访谈，鼓励被访问对象畅所欲言。该轮访谈的主要目的是发现所有相关的问题，特别是现有研究设计没有注意到的问题。这轮访谈也将有助于建立受访人对研究者的信任。第二轮访谈是半开放的。根据对第一轮访谈的分析，"量体裁衣"地拟定对各个受访人的采访问题。本研究中面访的对象主要是住户代表。政府人员和开发公司的负责人通过电话进行了辅助性调查，一些被拒绝回答的问题根据当时的文件或会议纪要进行了补充。

三　资料的分析方法

本研究主要采用过程—事件分析法。如孙立平指出的那样："真实的事实，或真实的逻辑，有时候只是在事件当中才能呈现出来，这也就意味着我们可以看到一种'结构上的不可见性'，就是说有一些东西的确在起作用，但如果不是在实践的过程中，它就不能够呈现出来。"[①] 由此可见，对于一些更适合用"讲故事"的形式来表达的内容，人类学叙事很可能是最容易在动态中揭示事物"隐秘"内容的一种研究方法。它的特点是将研究的对象转化为一种故事文本，当作一个事件性过程来描述和理解，对于描述方式强调一种动态叙事的描述风格。所采用的策略是力图将所要研究的对象由静态的结构转向由若干事件所构成的动态过程，并将过程看作一种独立的解释变项或解释源泉。之所以要采用这种分析技术，是由于静态结构分析所存在的局限性。因为在静态的结构中，事物本身的一些特征，其内部不同因素之间的复杂关联，以及这一事物在与不同的情境发生偶遇时所可能发生的种种出人意料的变化，并不是当然地存在于既有的结构之中。相反，只有在一种动态的过程中，事物本身的微妙逻辑和机制才能展现出来，才可以看到许多"不可见"的、微观层面上的社会运作，对其中

[①] 孙立平：《"过程—事件分析"与当代中国国家农民关系的实践形态》，《清华社会学评论》（特辑），鹭江出版社 2000 年版。

的逻辑进行动态的解释。

这种方法很像是一种"故事社会学"。如果把故事或者事件看成一个过程，那么故事或者事件怎样在特定的社会制度中运作，就不可避免地包含了社会学的一些基本命题。以往单纯的故事或者事件分析只会告诉我们故事或者事件的影响，而把"过程"引入故事或者事件分析之后，人类学叙事就可以将整个事件看作一个过程，关注的焦点转移为故事或者事件是如何运作发展的，又是如何影响底层社会日常生活的。这样，就可以清晰地看到故事或者事件背后的那些更为微妙的底层生活逻辑和机制。因此，这种叙事研究方法对于试图分析故事或者事件当中的文化与权利关联来说更为适合。具体到本研究，房屋拆迁过程中各方的博弈应当被视作或者说就是一个事件的发展过程，形形色色的参与人、利益主体围绕着这一事件展开互动。通过这样一种动态关系的观察，可以看到政府、开发商、住户是如何进行博弈，以及博弈背后的权利关系。

当然，任何研究方法都不是十全十美的。这种对事件分析的细致性和整体性兼具的方法论跳出了因果关系的传统思维视野，虽然具有很强的解释力，但它的一个不足之处是过于强调偶然性、强调人的策略性，而忽视了制度对主体选择的限制约束。因此，本研究尝试了在事件的每一个发展阶段，都以一个比较抽象和宏观的分析作为每一章的小结，尽量做到微观的动态叙事和宏观的理论分析有机结合，这样的解释策略或许能够弥补冗长叙事的不足之处。

第六节　选点与进场

一　调查点确定

在实地研究中，研究单位的选择不仅直接与研究主题有关，而且承载着研究者的方法论反思。本研究选取 Y 市电表厂作为调查点，基于以下几点原因。

第一，电表厂始建于1964年，像全国其他的国有企业一样，它经历了从20世纪80年代初开始的国有企业改革，尤其是在1993年第二轮经济改革开始后,依循中央政府"抓大放小"的方针,国有企业改革走上了企业改制和政策性破产的"快车道",电表厂也不例外。可以说,电表厂是整个中国国有企业的缩影。企业改制和政策性破产引发了全国大规模的工人群体性事件。因此,在这一背景下选择电表厂进行研究具有特殊的历史意义。

第二,社会学研究者不仅要秉持"价值中立"的态度,更要在社会转型过程中运用自己的丰富知识去分析热点问题,以科学的态度冷静而热情地为弱势群体说话,追求事实的真相。费孝通在学术生涯中为我们在这方面树立了榜样。他"不是为研究而研究",而是为指导行动而研究。他反复申明:"我有一条,就是积极投身到沸腾的社会实际里去,尽自己最大的努力追踪和探索社会主义现代化的进程,记下人民群众的创造,为我们的党和政府作决策提供参考。"[①] 电表厂196户离退休老人上访几年未有音讯,冬天仍然住在拆得破烂不堪的平房里。作为一名社会学研究者,笔者觉得自己有责任和义务去研究事件背后的深层原因,更有责任和义务为社会治理与社会建设提供决策咨询,真正发挥人文社科研究人员在服务地方经济发展和国家战略方面的智库作用。

第三,从研究的可行性方面讲,由于笔者对电表厂拆迁上访事件的关注时间较长,从而与被拆迁户中的上访代表,以及他们的维权律师结识并建立了信任关系。他们出于各种考虑对笔者的访谈比较配合和支持。同时,媒体对电表厂的事情进行过多次报道,所以比较容易获得可靠的第一手资料。

二 如何进场

实地研究中,"研究者一定要深入所研究对象的社会生活环境,且要在其中生活相当长时间,靠观察、询问、感受和领悟,去理解所研究的现象"[②]。因此,以何种方式进入调查点,找到合适的线人并获得他们的信任,往往决定着调查资料的获得情况和最终的研究质量。

实地研究的研究者进入现场的过程通常要依赖某些"局内人"或"线

[①] 张雨林:《学习费孝通教授的研究思路和方法》,社会学人类学中国网,2006年4月25日。
[②] 风笑天:《社会研究方法》,中国人民大学出版社2001年版,第239页。

人"的帮助。郑欣将其总结为借助第二现场、政府渠道、熟人关系,以及对敏感话题的曲线闯入等几种。① 笔者的进场,应该算是属于既"隐蔽"又"公开"的,也是比较自然的。"隐蔽"是因为笔者并没有告知对方自己参与其中的目的是做学术研究,"公开"是因为2010年第一次接触到上访代表时,就已经表明了自己的身份。因为笔者身份的特殊性,所以他们主动邀请我去拆迁实地看看他们的家属区,了解他们的真实情况。在不断的接触过程中我们建立了相互信任的关系,当然他们对笔者抱有一丝的期望,希望笔者能通过一些渠道把他们的情况反映给相关政府部门;2011年,笔者再次深入调查点时,过去被拆得破烂不堪的家属区已经被"轰隆隆"的挖掘机声笼罩着。笔者历尽千辛万苦找到了已经搬迁离开家属区的一些代表,可是此时他们对笔者的到来有着一丝丝的防备和不欢迎,后来经过一些关键线人的大力引荐,以及笔者的耐心解释,他们最终答应接受笔者的访谈,帮助回顾了整个事件的过程。

三 调查点概况

电表厂位于 Y 市 XQ 区 SL 南街,始建于 1964 年,拥有土地面积 9.8 万平方米。其中有近 3 万平方米是工厂职工及家属居住生活区,房屋多为平房,少部分为二层简易楼,均始建于 20 世纪 60 年代,其房屋建筑简易,设施简陋,常年失修,居住条件十分艰苦。1992 年,电表厂因经营不好亏损严重,被 HN 电机厂兼并,改厂名为 N 电机有限责任公司。N 电机有限公司于 1996 年建成投产,2001 年由自治区移交 Y 市,当时是隶属于 Y 市的国有企业,主要从事电动机、潜水电泵、仪品仪表、电度表等产品的生产制造、销售和维修。公司一厂两地经营,共占地 17.87 万平方米,其中厂区占地 9.58 万平方米。当时有职工 1201 人,其中在职职工 633 人,离退休职工 538 人。1998 年,作为自治区现代企业制度试点单位改制为国有独资公司——N 电机有限公司,属中型一类企业。

---

① 郑欣:《田野调查与现场进入——当代中国实证研究方法探讨》,《南京大学学报》2003 年第 3 期。

第一章 绪论

"八五""九五"期间，公司累计投资3500万元进行了技术改造，工艺制造水平和产品质量大幅度提高，已进入全国电机行业的前列；特种电机和水泵产品也陆续打入日本、韩国及东南亚市场。

1998年，公司产品通过ISO 9001国际质量体系认证。产品多次荣获省、部级优名牌产品、著名商标称号，2001年电机产品被中国社会调查事务所评为"中国公认名牌产品"。出口桩工耐振电机2000年被国家经贸委评为"国家级新产品"。公司被授予自治区级技术开发中心和自治区电机产品技术监督检验站，形成了一定的产品设计和开发、生产制造及监视和测量能力。

企业连续14年保持了不同程度的盈利，其中1999年和2000年由于房地产增效，综合经济效益曾经创造全国电机行业第2名和第13名的良好业绩。但是由于资产结构不合理和地处西北市场条件的制约，以及经营管理不善，公司工业品的产值、销售收入、回款一直徘徊在3000万元左右，工业增加值一直在1000万元左右，劳动生产率人均达不到4万元，低于行业平均水平。后来，公司以变卖设备及土地而生存，开始干起房地产生意。2002年，公司将约7万平方米（原电表厂占地）全部建成商品住宅楼并全部对外出售，原电表厂职工因被兼并而受歧视，住宅楼绝大部分配给HN电机厂职工。而原电表厂职工至今仍在老生活区占地2万多平方米的平房内，居住者均为建厂初期的老职工，其中有离休老干部，还有数十名高、中级职称的工程师、经济师、会计师，还有部分积极响应党的号召，于1970年由天津电表厂支边建设的一大批仪表工程技术人员和老技术工人。2005年，企业经过改制非但没有收到好的效果，反而背上了沉重的债务，最终在政府主导下实施了政策性破产[1]。其中，电表厂剩余100余户的住

---

[1] 政策性破产，是指在实施国有企业破产中，根据《国务院关于在若干城市试行国有企业破产有关问题的通知》（国发［1994］59号）、《国务院关于在若干城市试行国有企业兼并破产和职工再就业有关问题的补充通知》（国发［1997］10号）为依据，由政府主导、法院实施的有计划有步骤的破产行为；又称计划内破产，是指国务院有关部门确定的纳入国家破产兼并计划并享受相应优惠政策的国有企业的破产。其实质更接近于行政关闭程序，只是借破产法之名义行之，并利用破产法中"破产程序终结后，未得到清偿的债权不再清偿"的规定，免除了关闭企业的债务责任。这就意味着国有企业政策性关闭破产后，原有的金融债权将成为坏账。

房安置问题也被纳入了企业破产方案之中。

第七节 本书结构与观点

本书共计六章。

第一章为绪论。

第二章，在介绍国有企业改革的大背景下将重心聚焦到"政策性破产"的电表厂，在此基础上借用布迪厄的"场域"理论介绍了电表厂房屋拆迁前的各方利益主体所占据的位置。这一历史背景展现出，自从 20 世纪 90 年代开始，国家通过放权让利、发展企业自主权、鼓励各种形式的经济发展和国有企业的私有化过程，将市场关系扩展至社会生活的各个领域。其中国家通过破产重组等手段对中小型国有企业进行改制就是一个典型的例子。客观地讲，这一进程触及了社会结构的深刻变革，取得了不可否认的成效，但也引发了深刻的社会危机。企业改制还对工人的利益造成了制度性的侵蚀，导致工人在丧失国家的有效保护，又没有自己的组织的情况下，日益成为"市场鞭子"和管理者专制的受害者。这样一个利益格局重新调整的过程，必然也是各方利益相关者激烈博弈的过程。在这种"后单位制"时代，原电表厂的住户被卷入这场房屋拆迁改造纠纷从本质上仍然是国有企业改革推动社会利益格局和社会分层向纵深分化的一部分。

第三章，本章借用"依法博弈"的概念对各方的互动策略进行了分析。综观这次围绕"法"而展开的生存博弈的整个过程，我们发现，话语运作只不过是权力的表征形式而已。在中国现有的政治生态中，法律的运作首要是遵循政治的逻辑，因而是通过法律应用的细节和熟练技术表现出可操作性。具体而言，在地方政府与住户的博弈中，地方政府自然既是博弈规则的设计者，又是这场博弈的仲裁者。加上地方政府在市场化过程中角色的多重性，以及地方政府领导体制的复杂性，导致政策的制定与执行断层，一旦出现问题，各级政府便会相互通气，保护政府内部的利益和谐，而民众的利益问题在这个过程中则成了一个面子工程。就地方法院与地方政府的关系而言，法院的领导体制并非垂直管理，这样导致法院在人权、财权等环节受制于地方党委和政府,这种制度使法院的司法活动必然受行政指令的影响,对于涉及政府的行政案件,法院必然是三思而后行。在法院与住户的博弈中,因为住户诉讼的对象是地方政府部门,所以法院手中握有国家权力分工体系网络所赋予的强大法律权力首先不是用于处理案件,而是用于维护法院自身的利益,以攫取更多的社会资本和稳固自身权利。住户与开发商表面上都是法律地位平等的主体,然而,他们在法律"场域"中所占据的位置并不相同,这就决定了博弈各方拥有的资本也是不相等的。尽管开发商在法律事实面前明显失理,但是他们有着雄厚的经济资本的支持,因此,面对住户们的诉讼,开发商先后采用了委托代理、诉讼主体异议等方式,充分使用了权力施展极力拖延等博弈策略。而政治资本和经济资本都相当匮乏的住户处处难以抵挡开发商的谋算,在依法博弈过程中没法获得比对方更多的信息,这就注定了在"生存博弈"中住户们没法占据先机,获得胜利。

第四章,在博弈过程中,不管是强势还是弱势的一方,总是试图援用一切可能的道义资源最大化地实现自己的利益,从而使拆迁安置方案在多种原则中得以呈现,而这亦使强权本身成为影响安置方案的一种力量。开发商运用暴力、财力和权力造成了博弈主体力量的差异和复杂的关系格局。正是在此基础上,才使得体现公平逻辑的原则不能成为拆迁安置的唯一准则。可以说,利益相争的生存博弈使得既有的收益和利润的规则趋于破坏,如果强势集团不能合理地说服原子化的居民其权力滥用的合理性,那么,住户们就会开始相信曾经说服他们的道德基础正在遭到破坏,从而重建新的道德秩序。就参与此次维权抗争的住户们而言,企业的破产使他们早先的归属感消失了。在与政府、开发商等诸多部门的博弈中,他们也被迅速地边缘化。无奈之时,他们不得不把行动引入自己熟悉的"场域",逐步地开始把个人的问题上升到一个社会、道德和正义的层面。

第五章,伴随着博弈的进一步发展,我们发现国有企业政策性破产后,房屋拆迁改造安置问题已经转换成了一场政府、开发商与住户围绕着"安置"展开的"讨价还价"的过程。地方政府作为企业破产时的"监督方",虽也有"监督方"的困难,但整个项目中存在大量的寻租空间。开发商虽然是替政府处理企业破产后续问题，但是毕竟"房政是政府的事"，而开发商是以盈利为目的的。住户虽可"占便宜""制造麻烦"，但终究处在较低的"谈判"地位。问题在于，为什么明明是本应享受房改政策的住户会有种种的"曲折"？为什么相对于其他类似性质的拆迁安置纠纷，电表厂住户的维权抗争最后能够取得成功？

最直接的原因是开发商在这个周旋过程中获得了比预期更大的利益。不管是否获得国有企业工矿棚户区改造的中央补贴，但是改变原有的设计规划，增加容积率就意味着利润的成倍增加。这是开发商愿意作出让步的基本前提。相对而言，住户们也是经过理性计算的，过去只住二三十平方米的房子，今天能享受到一刀切的65平方米的房政安置政策，对他们中的大多数来说是知足了。因为参照工龄计算，每位住户基本上是不缴纳一分钱就能直接住进新楼房。相对于这种"生存伦理"，住宅小区的容积率什么的对于他们来说是第二位的。对于那些打着各种理由阻止拆迁的"钉子户"来讲，他们在特定的时期都获得了在博弈过程中比较满意的安置补偿。地方政府也深知在发展话语统摄官方主流话语的情况下，地方的经济增长、城市化进程等都是地方政治精英最重要的"造福一方"的政绩表现。正是在这样的理性计算中，地方政府、开发商，还有住户在各自让渡了一部分利益的情况下各自又获得了比原先更加理想的收益，最终让这场持续五年之久的房屋拆迁改造纠纷画上了一个圆满的句号。

第六章为结论部分，我们从社会博弈的视角对"后单位制"时代原子化居民的维权抗争逻辑有了一个比较完整的认识。电表厂破产后拆迁改造项目是由不同"场域"组成的。在生存博弈过程中，那些拥有优势资源和较高社会地位的人就能统治这一"场域"，并获取相应的利益。当国家的触角在具体的空间中不断深入的时候，我们发现"国家既不会像经济学家所说的那样，必然成为社会生活的监督者，也不会像社会主义者所说的那样，变成经济机器的一个齿轮"。电表厂房屋拆迁改造纠纷案便是一个很明显的例子。地方政府借着国家政策性破产的名义顺理成章地完成了企业的破产，并以安置解决破产企业职工的名义将国有土地交给开发商进行拆迁改造。开发商在向政府缴纳了土地转让金之后，便知道土地开发志在必得。本是民生工程的项目最终在开发商的操作下演变成赤裸裸的商业交易。失去单位庇护的下岗或退休职工们只能临时性地组织起来维护自身的利益。这个时候，由政府部门直属的专业拆迁公司产生了，开发商再以合同的形式邀请专业拆迁公司去完成任务。他们的任务就是拆毁别人的房屋，赶走屋子里的人。为此，他们发展出了种种技巧、手段。政府借开发商把自己与拆迁的事情切割开来，开发商则借拆迁公司把自己与拆迁的事情切割开来。当住户拿起法律武器去维护自己的权益时，法院的审理必须与执政党对全社会的领导密切联系在一起。因此面对政府的行政不作为时，法院只能运用自己熟悉的法律知识和技术协助政府和开发商强制被拆迁人完成拆迁。就这样拆迁成了一个不可逆的过程，形成了名副其实的"转型陷阱"，即在国有企业改制、房屋拆迁过程中形成了一个既得利益集团，他们"往往是权力与市场手段的交替结合使用，在权力手段方便的时候使用权力手段，在市场手段方便的时候使用市场手段"。他们试图形成使其利益最大化的"混合型体制"，由此导致了经济社会发展的畸形化和经济社会问题的不断积累。无奈之时，住户们不得不把行动引入自己熟悉的"场域"，结合自己的人生经历和现实境遇，通过重建道德秩序来推动政治体系调整利益分配格局，从而实现自身利益最大化。

第二章 拆迁"场域"

第一节 "场域"理论及国企改革

每个人都生活在不同的社会空间之中。布尔迪厄认为社会空间中有各种各样的"场域"。布尔迪厄将一个给定的空间中的"场域"分成了两种"生产场域",一种是"限定的生产场域",另一种是"大规模的生产场域"。限定的生产场域是与场域本身的特殊化共同扩展的,而大规模的生产场域是社会场域的扩大。可以说,场域是布尔迪厄社会学研究的基本概念。他认为"一个场域可以被定义为在各种位置之间存在的客观关系的一个网络,或一个构架。正是在这些位置的存在和它们强加于占据特定位置的行动者或机构之上的决定性因素之中,这些位置得到了客观的界定,其根据是这些位置在不同类型的权力(或资本)。占有这些权力就意味着把持了在这一场域中利害攸关的专门利润的得益权的分配结构中实际的和潜在的处境,以及它们与其他位置之间的客观关系"[①]。由此可以看出"场域"的一些结构特点。首先,"场域"是为了控制有价值的资源而进行斗争的领域。当资源成为斗争的对象并发挥"社会权利关系"作用的时候,它就变成了一种资本的形式。其次,"场域"是由在资本的类型与数量的基础上形成的统治地位与被统治地位所组成的结构性空间。布尔迪厄反复强调"场域"中的位置是由不平等的资本分配而不是位置的占据者的贡献决定的。他认为,建构性的行动者或行动者的系统,可以被描述为众多的

---

① [美]华康德:《实践与反思——反思社会学导引》,李康译,中央编译出版社 1998 年版,第 133 页。

第二章 拆迁"场域"

力量,这些力量通过其存在、对抗或者组合,决定其在特定时代特定时刻的特定结构。反过来,每个行动者都通过其在"场域"中的特定位置得到界定,它的位置特征就是从这个"场域"中获得的,因而不能被等同于内在特征。再次,"场域"把特定的斗争形式加诸行动者。占据统治地位的既得利益者与处于被统治地位的挑战者,都首先接受了一个心照不宣的前提,即斗争的"场域"是值得追逐的,这个游戏是值得玩味的。最后,"场域"在很大程度上,是通过其自己的内在发展机制加以构建的,因而具有一定程度的相对于外在环境的自主性。①

布尔迪厄在提出了"场域"的概念时,提出了一个与之相对应的概念——"惯习"(habitus)。"惯习"是随着个人不断接触社会环境,经过日积月累而被逐渐灌输进一整套的性情倾向,这种性情倾向较为持久,也可转换,将现存的社会环境予以内化,并在个体身上打上经过调整型塑的惯性和外在现实约束的痕迹。"场域"型塑着惯习,惯习成了某个"场域"固有的必然属性。

从20世纪80年代初开始延续至今的国有企业改革,其实就是国有企业工人逐步"被社会边缘化"的过程。尤其是"在1993年第二轮经济改革开始后,依循中央政府'抓大放小'的方针,国有企业改革走上了企业改制和政策性破产的'快车道'。但是,在如此重大的改革过程中,从中央到地方的各级政府官员们仍然是在'摸着石头过河'的心态下出决策,他们既没有对这种改革后果的充分前瞻,更缺少可供操作的规范性政策。在将3000余万国有企业工人驱离工厂之后,大批中小国有企业或被贱价出售或被关闭破产"②。国有企业改制和政策性破产直接导致数量众多的"单位人"被迫走出工厂,变为"社会人"。急剧的社会变迁导致在单位外还没有形成新的社会组织,这些"社会人"缺乏组织的庇护,适应社会的变革还需要一个较长的过程。在这个过程中必然会出现个人游离

---

① [美]斯沃茨:《文化与权力:布尔迪厄的社会学》,陶东风译,上海译文出版社2006年版,第142—146页。

② 中国劳工通讯:《从"状告无门"到"欲加之罪"——对工人集体行动演变过程的分析》,《中国劳工权益保障研究系列报告》2008年第3期。

于社会组织和群体之外的原子化现象,工人只能选择集体行动来维护自身的利益。

因此,在本研究中,拆迁户、开发商与政府三者的关系在正式博弈之前已经有了隐约的定位,原子化的个体需要面对的是地方政府与开发商。正是在这种空间中被卷入的众多行动者和复杂社会关系都被一一地展示出来。而且,这些背景性因素本身就是事件的一部分,如果不加以交代,我们就不能理解后续博弈过程中个案所发生种种变化与更广阔社会大"场域"的紧密联系,更无法理解各方为何会选择不同的策略并出现如此的博弈结果。

第二节 电表厂发展历程

早在多年前,米尔斯就意识到,"随着社会发展进程的加快,人们越来越多地觉得私人生活充满了一系列陷阱。他们感到在日常世界中,战胜不了自己的困扰,而这种感觉往往是相当正确的:普通人直接了解及努力完成之事总是由他人生活的轨道界定,他们的视野和权力要受工作、家庭与邻里的具体背景的限制"[1]。其实,个体的这种人性困扰往往和历史的变迁与制度的冲突有着紧密的关系。所以我们要想理解电表厂住户的这种人生境遇的变化,就要超越这些变化本身,置身于宏观的社会背景之中去理解历史与个人的生活历程,以及在社会中历史与个人之间的联系。这不仅是社会学的使命与前景,而且实现这个使命与前景也是经典的社会分析家的标志。

从1966年建立到2005年12月底正式宣布政策性破产,N电机有限公司旗下的电表厂走过了近50年的历程。这是一家非常典型的国有企业,在其发展过程中,国家关于国有企业的绝大部分政策都在该工厂中留下了痕迹,特别是自1978年之后,电表厂差不多执行了每一项关于国有企业改革的政策,可以说在它的发展历程中随时都能找到中国国有企业发展的影

---

[1] [美]米尔斯:《社会学的想像力》,陈强、张永强译,上海三联书店2005年版,第1页。

子。电表厂执行了利润包干的经济责任制、承包责任制、股份制改革以及建立现代企业集团改革等企业改革政策；电表厂的工人在整个改革过程中差不多经历了所有国企职工所要经历的制度变迁，如，劳动关系改革、工资制度改革、社会保险与福利制度改革以及"下岗分流"与失业"买断"政策，等等。可以说，电表厂的发展历程从侧面反映了整个国企改制的政策变迁过程。因此，本节梳理了电表厂的发展历程，不仅可以帮助我们清晰地辨识出国家政策在具体执行过程中的整个动态过程，而且可以透视国家政策对个体生命历程的影响。

一　发展困境

1985年，电表厂和其他国有企业一样，执行了国务院1984年5月颁布的《关于进一步扩大国营企业自主权的暂行规定》。这项规定扩大了电表厂10项自主权，包括生产经营计划权、产品销售权、产品价格权、物资选购权、机构设置权、人事劳动管理权、工资奖金使用权和联合经营权等。自1986年之后，电表厂开始实行厂长承包责任制。在这期间，国务院为建立这项改革制度颁布了两项改革政策，分别是1986年9月的《全国所有制工业企业厂长工作条例》（以下简称《条例》）与1986年12月的《关于深化企业改革增强企业活力的若干规定》（以下简称《规定》）。《条例》明确规定，企业的法定代表人是厂长，负责代表法人行使职权。厂长有企业经营管理工作的决策权和生产指挥权；有对企业中层干部的任免权；有对职工的奖励、惩罚权；有对不合理摊派的拒绝权，等等。在这个《条例》中，企业厂长的中心地位得以确定。《规定》要求全面推行厂长（经理）负责制；厂长对企业负有全面责任。自20世纪80年代后期实行厂长承包负责制以来，彻底确立了厂长在工厂内的核心地位。

虽然政府将经营权下放给企业，但是作为国家所有权代表的各级政府，出于维护国家权益不受损失的需要，仍然管理其投资的企业，因此政府的职能也没有完全从国有企业中撤离出来。1992年，电表厂经营不好，连年亏损严重，最终迫于市政府的压力被HN电机厂兼并。本来两个企业产品差别太大，一个生产电表仪器，一个主要生产电机，所以合并非但没能起到互补的作用，反而使兼并后电表厂的所有生产机床等设备积压在原 HN 厂区的仓库中，直到企业改名为 N 电机有限责任公司才恢复生产。虽然 N 电机有限责任公司在政府的扶持下被确定为自治区现代企业制度试点单位，改制为国有独资公司，属中型一类企业，但是企业兼并导致本来人浮于事的企业背上了越来越沉重的包袱。这可从企业的脱困思路与意见中略见一窥。

……

二　目前企业面临的主要困难

（一）历史包袱沉重

1. 现欠工行贷款本息 7160 万元、财政借款 310 万元，计 7470 万元。

2. 欠 HN 养老保险金 230 万元，欠 YC 养老保险 70 万元，欠 HN 失业保险 60 万元（电表分厂尚未参加），计 360 万元。

3. 欠 HN 国税 150 万元、地税 45 万元，欠 YC 地税 85 万元，计 280 万元。

以上各种欠款累计 8110 万元。

4. 由于经济能力的原因，HN 的医保、YC 厂的失业保险，两厂的工伤保险、生育保险和住房公积金都没有办理。

5. YC 家属区现有危旧平房住户 206 户，HN 家属区有 80 户，由于市里统一规划，YC 家属区修路增加待拆户 52 户，计有 338 户需拆迁重建，需补贴 1000 万元以上。

6. HN、YC 家属区现有 400 多户尚未进行房改，前期所收 650 万元住房集资款已用完，房改时办理各项手续还需补交近 300 万元。

7. 工业产品外欠应收账款 2700 万元，1996 年以前的计有 1000 万元，预计形成呆死账最低在 500 万元以上。

（二）资产结构不合理

1. 公司总资产 1.3 亿元，可利用于生产经营性资产实际不到 50%，每年工业产品产值、销售一直为 3000 多万元，固定费用支销过大，致使公司十几年来一直止步不前。

2. 公司一厂两地，管理重叠，生活福利设施占用资产大，补贴多，企业办社会负担重。

（三）职工思想相对滞后

尤其是20世纪60年代西迁的老职工，对企业利用自有土地变现、增资减债、安置和改善职工居住条件、发展新产品不理解，对新建的600多元/平方米的房改房和620元/平方米的经济适用房亦不想接受，以此为导火索，去年曾使前任董事长提前退休，虽经近几年新班子大量的思想工作，仍有小部分人不能理解。

（四）前期遗留问题较多

一是劳资纠纷。由于前期公司对政策吃得不透，许多自行离职和除名职工离厂手续有缺漏（主要是处理决定手续未送达），有些职工利用政策强迫索取补偿金，虽经市经贸委、市劳动局领导帮助协调，事情基本平息，但难保不出现反复，如果在短期内支付100万～200万元，将会致使企业停止运行。

二是现有职工住房，由于前后政策的差异和企业理解程度的差异，有缺手续、欠交费用现象，导致今后房改将会有很大难度。

三是"九五"技改未能预期达产，企业新增2000万元贷款包袱难以消化，新增财务费用、管理费用每年近400万元。

三 企业改制及脱困的思路

1. 利用现有家属区土地改善职工危旧住房，同时将一部分变现解决房改资金和住房公积金。

2. 电表厂区土地开发变现，力争解决2000万元贷款本息，减轻债务负担，恢复信用等级。

3. 用二到三年时间完成电机、电表、水泵三大产品的更新换代，力争国际市场有新突破，实现新、优、特、精，电机创国家名牌。

4. 精减高效，不断淘汰落后生产力，拟将铸造、电表零件加工，部分通用工装模具等工序下马，由社会专业化协作解决，人员转向其他岗位，利用土地开发的契机，迅速扩大产品生产销售规模，五年实现产销5000万元。

5. 不断推进现代化管理手段，企业内部机制按改制要求不断调整。

6. 由于企业的债务包袱沉重，贷款、税金、各种保险，很难享受优惠政策。企业改制时主要问题是：资产评估、剥离非生产经营性资产、减员增效、生产基地合并等问题。由于改制后的目标是争取二板上市，所以改制为股份有限公司比较合适，还须创造一定的外部条件和产品条件（二板上市企业要求有国家级新产品的项目和科研院所参与，正在运筹当中）。

7. 改制前除做上述准备，拟于近期对资产进行重新评估、分类，在征得政府主管部门意见后，制订公司改制方案，争取两至三年实施。①

在公司领导看来，资金短缺已成为制约企业生产经营和职工生活的关键环节，并且对企业的生存发展构成了严重的威胁。因此，他们改制的一个重要决策就是通过开发厂区土地与变卖机器设备，实现资本变现。其实，公司早在 1998 年 6 月 22 日就成立了房地产有限公司进行房地产开发来弥补企业生产的不足。2002 年，公司将电表厂占地约 7 万平方米的场地全部建成商品住宅楼对职工进行分配和对外出售，但是原电表厂职工因被兼并等原因而受到区别对待，绝大部分房子被分配给原有的电机厂职工。

二　走向破产

2002—2006 年，工厂除了主要的厂区以及现在仍然进行生产的机器没有变卖之外，大部分可以变现的资产都出售了。当然，在工人的眼中，企业资产变现属于国有资产流失，尤其是 20 世纪 60 年代支宁支边的老职工，他们对于一手创建的企业怀有深厚的情感，对领导利用企业自有土地变现、增资减债、安置和改善职工居住条件、发展新产品的做法不理解不支持，对公司新建 600 多元/平方米的房改房和 620 元/平方米的经济适用房的做法更不能接受，并以此为导火索不断地向政府部门上访，曾使当时的

---

① 摘自《N 电机有限责任公司关于深化改革企业脱困工作思路和意见》。

公司董事长提前退休。

2005年，根据当地企业改革和兼并领导小组《关于N电机有限公司实施政策性破产的通知》文件精神，在保证破产职工安置资金到位的前提下，N电机有限公司拟在年内实施破产与重组。根据《中华人民共和国企业破产法》（试行）等法律文件规定，以及自治区人民政府办公厅转发的《〈自治区劳动和社会保障厅等部门关于自治区属国有工业破产企业职工安置意见〉的通知》和《中共Y市市委、市政府关于深化企业改革的指导意见》文件精神，Y市经贸委向市政府提出了N电机有限公司破产重组改制方案请示。政策性破产的理由如下。

（一）市场狭小，产品竞争力差，生存艰难

N电机有限公司的主要产品为电动机、潜水电泵，全国厂家众多，竞争激烈，全国大大小小的电机厂有300多家，达到规模以上的就有80多家，而该地区市场较小，周围省市的电机厂发展较快，其规模产量、市场占有率都比N电机有限公司大，该公司的产品大部分须到外地找市场，不得不在全国各地建立经销网点，而电机所需材料，须到外地采购，本地没有制造厂家，采购费用、运输费用、资本费用、制造成本、销售费用的提高，生产规模的偏小，远距离销售，资金回笼慢，造成产品竞争力差，而电表产品更是由于同处一个城市的两个生产企业的竞争，其资金实力、市场占有都弱于对方，现生产已处于停产状态，职工大部分待岗休息，所以生存较为艰难。

（二）包袱沉重，欠债较多

电机厂、电表厂两厂建厂国家投入资金仅1564万元，除了建厂房及简单设备外，没有其他任何资金收入，仅能搞简单的生产加工，且生产能力仅能达到电动车年产量1万千瓦左右，电表1万只左右。按经济学理论，没有规模生产，不可能提高效益，因此公司除了向银行借贷流动资金4000万元外，又利用"八七""九五"改造，向银行借贷3000万元技术改造资金，但是技术改造由于资金的限制，一些关键设备没有达到技术标准的要求，同时由于市场周期的波动和市场需求量的影响，技术改造没有达到预期的目的，应还的技术改造款没有能力偿还，技术改造资金、流动资金相互调用致使银行利息越滚越大。企业由于资金的影响,生产规模不能扩大,只能维持简单的再生产,根本无力偿还银行的利息,更谈不上本金。企业除了欠银行本金合计6218万元,还欠交职工各种养老保险、医疗保险、失业保险等300多万元,国税、地税、增值税、营业税等300多万元,职工住房公积金无力缴纳,公司房改也无法顺利进行。

(三) 亏损严重

企业几年来亏损严重,由于产量达不到规模,制造成本偏高,市场价格上不去,致使企业产品毛利润较低,不能弥补日益增高的销售、管理、财务费用,故亏损较大,每年都用变现的土地收入弥补,三年来弥补3000多万元。另外还存在一定的潜亏因素。

(四) 资金紧张,生产经营受到很大影响

企业由于欠债较多,利息又不能按期归还,银行信誉较低,没有其他的融资渠道,生产资金相当紧张,眼前的一些市场机会没办法抓住,电机生产时断时续,没有持续生产,而电表职工维持在待岗等活的状态。

(五) 设备落后

企业当时使用的设备有一部分是20世纪60年代建厂初期配置的,这一部分早已报废,尤其是电表的仪器仪表及试验设备已无使用价值。电机制造方面,虽然企业在"八五""九五"技术改造中添置了一些设备,但由于资金的限制,很多关键加工设备缺乏,有的还是二手设备,达不到规定的技术标准,对生产率的提高和产品质量有很大影响。

企业面临严重的资金不足,无力通过技术改造扩大电机生产规模和电表创造效益,无力偿还和减轻不断增加的债务,因此只有借助申请实施计划内的政策性破产来化解这一问题。

三　政策性破产

经过几年的企业改制,N电机有限公司非但没有走出困境,反而使得债务越发沉重。截至2005年9月底,经NTH会计师事务所资产评估,剔除剥离福利区房屋净值884万元,历史上形成的应收及呆坏账损失1789.8万元,其他应收款内部往来虚挂及不能收回的1587.8万元,历史上形成材料盘亏损失 61.7 万元，产成品盘亏损失 38.2 万元，投资损失 500 万元，会计制度改革遗留问题 72 万元，共计 4933.68 万元。企业资产为 8095.9 万元，其中固定资产净值 2157 万元，流动资金 5522.3 万元，无形资产 16.4 万元，长期投资 400 万元。截至 2005 年 8 月 31 日，企业对账面流动资金的情况进行清理，对影响账面流动资的因素进行剔除，企业的流动资金变动为电机厂的账面共有流动资产为 1817.3 万元，电表厂的账面流动资金实为 348.3 万元，合计为 2165.6 万元。在此形势下，工厂只能走上政策性破产的道路。

2005 年 12 月底，主管部门 Y 市经济委员会审核通过了电机公司破产重组方案，对电机公司实施计划内政策破产，并且推荐 YG 房地产开发有限公司承担电表厂家属区的拆迁改造工作。

……YG 房地产开发有限公司是个较有实力的房地产开发公司，该公司成立于 2001 年，拥有房地产专业中高级工程师、职工经营人员 29 人，现已形成房地产开发的规模能力。近年来，已经开发面积达 10 万平方米，并达到优良工程，现后期已动工工程和设计方案工程达 12 万平方米，今后将依托××能源发展煤化工、天然气化工等替代石油，具有很好的发展前景，经与 YG 房地产开发有限公司协商，YG 房地产开发有限公司不仅参与新公司的生产经营，同时作为房地产开发企业，可进一步对原电机有限公司家属区进行改造，解决危旧房屋对安全的隐患，造福于民，为政府分忧。[①]

2005 年 12 月 7 日，Y 市市长会议正式讨论通过了电机公司破产重组方案。会议决定将电机公司电表厂区内 60.5 亩土地变更为商业用地，协商决定出让给 YG 房地产开发有限公司用于房地产开发，出让价为 1650 万元（包括该出让土地上的供暖设施、变电室以及 NX 公司 XA 物业公司资产），YG 房地产开发有限公司要按相关政策负责安置出让土地上的 228 户住户，

---

① 摘自《关于上报 N 电机有限责任公司破产重组改制方案的请示》。

接续 XA 小区的物业管理，承担实施集中供暖后 XA 小区并网增容费和改造费用；负责安排原 NX 公司 XA 物业公司和锅炉公司符合劳动条件的职工，并签订劳动合同，保障其合法权益。具体出让协议由市经委会同电机公司破产清算组与 YG 房地产开发有限公司签订，由经委监督实施。具体的内容可以从市长会议纪要中反映出来。

……会议认为，N 电机有限公司在企业生产经营十分困难的情况下，企业领导班子带领全体职工扎实工作，企业保持了一定的发展势头，确保了职工生活和生产的正常进行，维护了企业和社会的稳定。当前要抓住国家批准实施破产重组的机遇，解决企业背负的沉重包袱，轻装上阵，以加快企业发展。

会议决定：1. 市经委等有关部门要会同企业尽快核实 N 电机有限公司及其所属各企业资产情况，委托具备专业资质的评估机构进行评估。2. N 电机有限公司电表厂区内 60.5 亩土地变更为商业用地，协议出让给 YG 房地产开发有限公司用于房地产开发，出让价为 1650 万元（包括该出让土地上的供暖设施、变电室以及原 NX 公司欣安物业公司资产），YG 房地产开发有限公司要按相关政策负责安置出让土地上的 228 户住户，接续 XA 小区的物业管理，承担实施集中供暖后 XA 小区并网增容费和改造费用；负责安排原 NX 公司 XA 物业公司和锅炉公司符合劳动条件的职工，并签订劳动合同，保障其合法权益。具体出让协议由市经委会同 N 电机有限公司破产清算组与 YG 房地产开发有限公司签订，由经委监督实施。……6. N 电机有限公司其他未转让资产的处置，根据资产评估结果另行报政府研究。

会议要求，市经委及市直有关部门要抓紧实施 N 电机有限公司破产重组工作，尽快兑现职工身份置换费用，同时要做好职工的宣传解释工作，确保该公司破产重组工作顺利实施。[①]

[①] 摘自《关于 NXQ 机器厂 N 电机有限公司和 NXR 生物工程公司破产重组及深化改革的会议纪要》。

市经委及市直属有关部门组成了电机公司破产清算小组开始实施电机公司破产重组工作。首先，市经委负责与 YG 房地产开发有限公司签订《YG 房地产开发有限公司收购 N 电机有限公司部分资产的协议》。协议规定，YG 房地产开发有限公司出资 1650 万元，收购电机公司的部分资产。YG 房地产开发有限公司在支付电机公司破产清算小组 1650 万元后，由电机公司破产清算小组在两个月以内按协议出让方式将土地证及相关手续办理在 YG 房地产开发有限公司名下（YG 房地产开发有限公司不再支付土地出让金）。协议明确规定："YG 房地产开发有限公司接受上述资产后，不得再行转让或联合开发。"并且要对所购 38 亩土地的现有 196 户公有住房按 Y 房改发字［2001］第 05 号文件精神进行危房改造，按现行房改政策予以安置，按 Y 市市区公有住房出售管理暂行办法办理。应该说，企业的破产清算给家属区 196 户职工享受房改政策的住房安置带来了希望。这些要求在收购协议中写得一清二楚。

YG 房地产开发有限公司收购 N 电机有限公司部分资产的协议

甲方：N 电机有限公司破产清算组

乙方：YG 房地产开发有限公司

根据 Y 市人民政府《关于 NXQ 机器厂、N 电机有限公司和 NXR 生物工程公司破产重组及深化改革的会议纪要》（2005·49 次）精神，甲乙双方本着公平自愿、诚实信用、平等互利、等价有偿的原则，经充分协商，就乙方收购 N 电机有限公司（以下简称电机公司）资产一事达成如下协议共同遵守。

一 乙方出资 1650 万元，收购甲方公司的部分资产，资产具体为：现有某厂电表厂区土地 22.46 亩（土地征用号：Y 市国用［2005］第 08455 号）及土地上的电表总装楼、综合办公楼、NX 公司办公楼（不含临街门面房）、锅炉房、变电室、给排水供暖管网设施、XA 小区公共设施资产和电机厂 Y 市家属区可开发的 38 亩（土地征用号：Y 市国用［2005］第 08456 号土地，地号 3-7-112，含 NX 房地产有限公司 3-7-3-号土地），乙方支付甲方 1650 万元后，由甲方在两个月以内按协议出让方式将土地证及相关手续办理在乙方名下（乙方不再支付土地出让金）。乙方接受上述资产后，不得再行转让或联合开发。

二　乙方接受企业上述资产后需完成以下工作：

1. 对所购 38 亩土地的现有 196 户公有住房按 Y 市房改发字 [2001] 05 号文件精神进行危房改造，按现行房改政策予以安置，并按 Y 市市区公有住房出售管理暂行办法办理。对已房改的 32 户按拆迁政策进行妥善安置。

2. 电机公司破产后，其原 Y 市家属区 XA 小区的水、电、暖及物业由乙方按照相关规定接续管理并进行改造和日常维护（小区的基本电费及线损电费由乙方承担），保证 XA 小区和电机公司家属区居民的正常供给和使用。今后如锅炉房、变电室等进行拆迁，家属区水、电、暖等需接入公网的，增容费、管网改造费和其他费用由乙方承担。

3. 乙方要按照双向选择，择优录用的原则，尽可能安排欣安物业公司和锅炉公司符合劳动条件的职工，并签订劳动合同，保障他们的合法权益。

……

七　本协议在 Y 市经委等市政府相关部门监督下实施。

八　本协议未尽事宜另行协商。在协商过程中所形成的文字材料，一经双方签定确认便自动成为本协议的补充内容，与本协议具有同等法律效力。如在履行过程中出现争议，双方应本着有利于实现协议目的原则友好协商解决。

九　本协议一式六份自各代表人签字后生效。

　　　　　　甲方：N 电机有限公司破产清算组代表人（签字）
　　　　　　乙方：YG 房地产开发有限公司代表人（签字）
　　　　　　监督方：Y 市经济委员会代表人（签字）

同时，Y 市经委代表政府与开发商办理了移交手续，移交书明确写道："自本移交书各方签字盖章生效之日起，所发生的一切事宜均与移交方无关。"通过这种文件的形式,政府彻底将电表厂的拆迁改造工作交给了YG房地产开发有限公司。这种移交,从某种意义上讲是政府彻底地甩开了电表厂这个沉重的包袱,把一切关乎民生的事情交给了市场。

2007年4月6日,Y市国土资源局与YG房地产开发有限公司签订了《国有土地使用权出让合同》。合同规定:"受让人应当按照合同给定进行开发建设,超过合同约定的动工日期满一年未动工开发的,出让人可以向受让人征收相当于土地使用权出让金20%以下的土地闲置费;满两年未动工开发的,出让人可以无偿收回土地使用权;但因不可抗力或者政府、政府有关部门的行为或者动工开发必需的前期工作造成动工开发迟延的除外。"[1] 并且特别备注:"土地出让金已包含在N电机有限公司破产收购价里,不再缴纳。该宗地套型建筑面积90平方米以下住房(含经济适用住房)面积所占比重,必须达到开发建设面积的70%以上。"[2] 从而满足电表厂职工的拆迁安置。为了能够更好地监督开发商实施拆迁安置,Y市国土资源局与YG房地产开发有限公司又签订了《国有土地使用权出让合同补充协议》。YG房地产开发有限公司同意在2009年4月6日前完成项目施工建设,并申请竣工验收。具体内容如下。

国有土地使用权出让合同

……

第二章 出让土地的交付与出让金的缴纳

第三条 出让人出让给受让人的宗地位于规划路以北红花渠18米保护范围以东,宗地编号为   ,宗地面积大写贰万叁仟零柒拾壹(23091)平方米,其中出让土地面积为大写贰万叁仟零柒拾壹(23091)平方米。宗地四至及界址点座标见附件《出让宗地界址图》。

第四条 本合同项下出让宗地的用途为城镇混合住宅。

第五条 出让人同意在二〇〇七年四月六日前将出让宗地交付给

---

[1] 摘自Y市国土资源局与YG房地产开发有限公司签订的《国有土地使用权出让合同》2007年4月6日。

[2] 同上。

受让人，出让方同意在交付土地时该宗地应达到本条第三款规定的土地条件。……

第十三条　受让人同意在二〇〇七年十月六日之前动工建设。

不能按期开工建设的，应提前30日向出让人提出延期申请，但延期时间最长不得超过一年。

……

第六章

第二十九条　任何一方对由于不可抗力造成的部分或全部不能履行本合同不负责任，但应在条件允许情况下采取一切必要的补救措施以减少因不可抗力造成的损失。当事人迟延履行后发生不可抗力的，不能免除责任。

第三十条　遇有不可抗力的一方，应在二十四小时内将事件的情况以信件、电报、电传、传真等书面形式通知另一方，并且在事件发生后十五日内，向另一方提交合同不能履行或部分不能履行或需要延期履行理由的报告。

……

第三十三条　受让人应当按照合同给定进行开发建设，超过合同约定的动工日期满一年未动工开发的，出让人可以向受让人征收相当于土地使用权出让金20%以下的土地闲置费；满2年未动工开发的，出让人可以无偿收回土地使用权；但因不可抗力或者政府、政府有关部门的行为或者动工开发必需的前期工作造成动工开发迟延的除外。

……

出让人：Y市国土资源局　　　　受让人：YG房地产开发有限公司

注：①土地出让金已包含在N电机有限公司破产收购价里，不再缴纳。

②该宗地套型建筑面积90平方米以下住房（含经济适用住房）面积所占比重，必须达到开发建设面积的70%以上。

通过这种委托—代理关系，市政府指使相关部门完成了对电表厂的破产工作,也在这种利益重组的过程中对原有企业职工的利益进行了一定的考虑,特别是通过正规文件的形式对未参加房改的 100 多户的拆迁改造安置进行了详细的补充说明。但是,当无形的国家意志转变成主观的政府行为时,客观的国家利益目标则也会转变为掺杂诸多政府代理人的主观意愿,这也为国有企业内部负责人的行为倾向提供了更多的借口。正是在这样的背景下,一个发展半个世纪的国有企业悄然破产了,然而,带给生活在其中的职工们的却是一系列的后遗症。

第三节 事件缘起

国家的退出必然导致市场空间的加强。正如卡尔·波兰尼所指出,"与一种自身特有的动机——交换或交易的动机——相联系的市场模式,是能够创生一种特定制度的,这种制度就是市场。从根本上讲,这正是由市场控制经济体系会对整个社会组织产生致命影响的原因所在:它意味着要让社会的运转从属于市场。与经济嵌入社会关系相反,社会关系被嵌入经济体系之中。经济因素对社会存续所具有的生死攸关的重要性排除了任何其他的可能结果"[①]。电表厂的拆迁安置恰恰应验了卡尔·波兰尼的预言。

一 等待"被"拆迁

四周全是平房,砖头裸露在外,每两排房子间隔不到一米,家属院没有安装路灯,家属院里只有一个公共厕所,最远的一排平房离公共厕所近 200 米。这里,住着近 300 位平均年龄达 65 岁的老人。

地面塌陷鼓包、墙皮发酥掉皮、墙体多处出现裂缝、屋顶漏雨,像这样的危旧房屋就在 Y 市 XQ 区 SL 南街原电表厂家属院。居住在这里的居民大都是原电表厂的退休职工,其中有条件的相继搬出,没条件的只能继续留守。目前,还有 80 多户居民仍住在这些危旧房屋

---

① [匈牙利] 卡尔·波兰尼:《大转型:我们时代的政治和经济起源》,冯钢、刘阳译,浙江人民出版社 2007 年版,第 50 页。

中。为了安全，他们自己想办法用木板、水泥、钢筋等来加固墙体。①

这是电表厂家属区拆迁前给人们的深刻印象。虽然电表厂家属院地处 Y 市城市中心区，相距 SL 南街主道路只有百米的距离，但这里的居住环境、卫生条件、安全设施、治安状态与和谐文明的城市建设要求很不相称。

电表厂家属区始建于 20 世纪 60 年代，占地近 3 万平方米，房屋多为平房及少部分二层简易楼。至今已有 40 多年的历史。其房屋建筑简易，设施简陋，常年失修，房屋陈旧不堪，墙基已潮湿腐朽，多处墙体已倾斜裂缝，房屋基础过于低洼，室内雨水倒灌，房顶普遍漏雨……致使全部房屋均为高度危险住房，如果遇到异常天气，可能会对住户的生命财产造成严重的威胁，其安全隐患不可忽视。由于居住条件太差，以至有些有条件的住户设法投亲靠友，或者暂时在外借住，并将住房出租，没有其他出路的住户依然居住在这里。例如年过七旬的老技工 XYT 和 CTT，每天都要去离家二三十米远的公共卫生间。因长年没有修建，这座卫生间气味难闻，而且里面的卫生条件极其恶劣，老人们不小心就有可能滑进粪坑。不仅如此，住户常年的生活饮水极不卫生，水中虫蚁、黑渣子随处可见。那些租住户均为外来务工人员、小商小贩和其他闲散人员。因无人对居住区进行管理，使得家属区内卫生、治安条件极差，打架斗殴、偷窃窝赃、卖淫嫖娼事件时有发生，搞得家属区内的原居民人心不安。

企业破产后，一些老人经常跑到相关部门询问拆迁改造的进展情况，可是开发商一直没有动静，住户们甚感困惑。为了能使这些老职工居住条件得以改善，缩小居住条件差距，他们也曾经给相关部门写信反映过情况，可是一直没有音讯。直到 2008 年 7 月 14 日，有人在家属区大院里贴出了《原 N 电机有限公司家属区拆迁安置方案》（以下简称《拆迁安置方案》）。但是让住户们吃惊的是，开发商不再是 YG 房地产开发有限公司，而是 BF 房地产开发有限公司。更让他们吃惊和不安的是，《拆迁安置方

---

① 摘自当地报纸《FZX 报》2008 年 11 月 13 日。

案》中只字未提按房改政策给予安置。《拆迁安置方案》的内容如下。

原N电机有限公司家属区拆迁安置方案（第一次）
四 拆迁安置办法
……实行①货币补偿安置；②原地期房有偿安置；③原地期房有偿安置。承租人自愿选择一种。
（一）货币补偿安置
1. 公有住房承租人（平房、简易楼）不要求安置住房的，按被拆迁住房面积，每平方米1100元实行货币补偿，同时解除承租人的租赁关系，货币补偿后不再安置住房。
2. 选择货币补偿的，被拆迁人在完成房屋搬迁、腾空并签订协议、交房后，由拆迁人一次性付清补偿费。
（二）异地现房承租安置
1. 被拆迁房屋面积不足40平方米的，在Y市XQ区购买二手房，按现行住房建筑面积增加10%安置，产权归拆迁人。由原房屋承租人承租，原房屋承租人与拆迁人重新签订房屋租赁合同。
2. 超安置面积部分由房屋承租人按市场价购买。承租人按市场价购买的部分，产权归承租人所有。
（三）原地期房有偿安置
实行"等面积有偿安置、超面积限量优惠扩购"的原则安置。
1. 被拆迁房屋面积大于50平方米的，安置房与拆迁房屋等面积部分按1380元/平方米，结合楼层系数购买；超面积至55平方米部分按1880元/平方米，结合楼层系数购买；超出55平方米的部分按市场价每平方米优惠300元购买（市场优惠价），购买后房屋产权归拆迁户所有。
2. 被拆迁房屋面积小于50平方米的，安置房屋与被拆迁房屋等面积按1380元/平方米，结合楼层系数购买；超出面积至50平方米的按1680元/平方米，结合楼层系数购买；50平方米至55平方米的部分按1880元/平方米，结合楼层系数购买；超出55平方米的部分按市场价优惠 300 元购买。购买后房屋产权归拆迁户所有。

3. 市场优惠 300 元/平方米购买的面积限定为最多 10 平方米，再超出部分按市场价购买。

4. 楼层系数

楼层	一	二	三	四	五	六
楼层系数	1	1.05	1.12	1.05	0.95	0.85

BF 房地产开发有限公司贴出的这份拆迁安置方案，实质上已经与《YG 房地产开发有限公司收购 N 电机有限公司部分资产的协议》的规定发生了巨大的偏离。而且拆迁安置方案要求住户们"在完成房屋搬迁、腾空并签订协议、交房后，由拆迁人一次性付清补偿费"，住户们认为这与国家"先安置，再拆迁"的拆迁安置条例不相符，有损他们的利益。

196 户住户到市经委上访后，由当时的监督方市经委出面调解，BF 房地产开发有限公司董事长满口承诺按收购协议执行拆迁安置，可是到了 2008 年 10 月 22 日，BF 房地产开发有限公司贴出第二次《拆迁安置方案》。这一方案提出安置房屋与拆迁房屋等面积安置，超出面积至 45 平方米的部分按 2200 元/平方米（结合楼层系数）购买；超出 45 平方米至 55 平方米的部分按市场价每平方米优惠 300 元（结合楼层系数）购买；超出 55 平方米的部分按市场价购买。2009 年 2 月 12 日，BF 房地产开发有限公司按照第二次《拆迁安置方案》进行强行拆迁，并与阻拦的住户发生冲突。

二 开发商：金蝉脱壳

住户们一时被眼前的情况搞糊涂了，他们拿着当时的《收购协议》四处探听事情原委。原来 YG 房地产开发有限公司的法定代表人，也是当时收购协议的签订人是 WTM。而 BF 房地产开发有限公司的法人代表是 WBC。WBC 与 WTM 是父子关系。YG 房地产开发有限公司在按照当时的收购协议取得土地使用公证后，于 2007 年 10 月 26 日作出公司法人的变更登记，这样 YG 房地产开发有限公司和 BF 房地产开发有限公司的法人代表均由 WBC 一个担任。然后，BF 房地产开发有限公司以公司的发展和统一管理为由，经过两个公司的股东会议决议程序，BF房地产开发有限公司吸收合并了YG房地产开发有限公司。这些都可以在相关的文件中查阅。

Y市国土资源局：

BF房地产开发有限公司和YG房地产开发有限公司法人均属一人，为了公司的发展和统一管理，经两个公司的股东会议决议，决定BF房地产开发有限公司吸收合并YG房地产开发有限公司。YG房地产开发有限公司同意接受BF房地产开发有限公司吸收合并。申请将YG房地产有限公司原有的Y市XQ区SL南街56号土地产权：Y市国用〔2007〕第18114号、地号3-7-111；Y国用〔2007〕第18115号、地号3-7-137；Y国用〔2007〕第18116号、地号3-7-138变更在BF房地产开发有限公司名下。

特此申请，请批准为盼。

BF房地产开发有限公司
二〇〇七年八月三十日

吸收合并公告

为了贯彻落实自治区党委政府关于促使我区房地产开发企业横向联合、优势互补、资产重组、做大做强，适应房地产市场快速发展和行业整体提升的目的。经BF房地产开发有限公司股东会决议，YG房地产开发有限公司股东会决议，决定BF房地产开发有限公司将以2007年11月30日为基准日，吸收合并YG房地产开发有限公司。请BF房地产开发有限公司及YG房地产开发有限公司的债权人，自公告之日起四十五日内向公司提出清偿债务或者提供相应担保的请求。债权人未在上述期限内行使上述权力的，公司将按照法定程序进行吸收合并事宜。特此公告。

YG房地产开发有限公司
BF房地产开发有限公司
二〇〇七年十二月二十四日

随后，BF 房地产开发有限公司向 Y 市国土资源局提出土地使用变更申请，要求将原 YG 房地产开发有限公司名下的电表厂的土地产权：Y 市国用［2007］第 18114 号、地号 3-7-111；Y 市国用［2007］第 18115 号、地号 3-7-137；Y 市国用［2007］第 18116 号、地号 3-7-138 变更在 BF 房地产开发有限公司名下。2008 年 2 月 14 日，市国土资源局将 YG 房地产开发有限公司土地使用权证转让给 BF 房地产开发有限公司。7 月 31 日，BF 房地产开发有限公司顺利拿到了［2008］第 026 号拆迁许可证。住户们认为，开发商采取偷梁换柱之法取得电表厂土地受让权。YG 房地产开发有限公司与 BF 房地产开发有限公司之间的吸收合并协议关系，名义上是吸收合并，实为转让开发，获取高额利润。开发商的举措已经违背了电机公司破产时资产重组而产生《会议纪要》和《收购协议》的内容。从土地使用权变更申请和吸收合并协议内容看，吸引合并协议签发日期为 2007 年 12 月 28 日，申请将 YG 房地产开发有限公司土地证变更在 BF 房地产开发有限公司名下的日期为 2007 年 8 月 30 日。申请之时，两公司并未召开股东会也并没有签订吸收合并协议。住户们基于这条线索怀疑开发商涉嫌作假。正是这样的情况引发了这个前后持续五年之久的利益博弈过程。

第四节　多元利益主体

本节通过对各利益主体对资源的占有形式、支配能力、利益趋向和行为方式等方面的划分，从而揭示出各利益主体的结构关系，并通过对利益冲突的分析，挖掘出空间变化背后的原动力。同时，在不同的背景下，利益主体的力量对比和博弈格局也在发生改变，对此的梳理有助于发现其中的内在逻辑。

一　地方政府

这里的地方政府主要是指市一级的职能部门。学者研究认为，当前的地方政府已经兼具服务型政府与经营型政府的双重身份，即地方政府一方面需要执行中央政策，尤其是有强约束力的政策，履行其服务型的职能；

另一方面也会为谋求地方发展和保障地方利益而与中央争利。"尤其是 1994 年分税制改革后,地方有了更加强烈的发展欲望,同时也具备了一定的斡旋空间。地方政府已经不是单纯的国家政权的代表者,而是成了依附于国家而又独立于国家利益的社会行动者。""地方政府依靠直接的行政权力和管理程序,包括制定地方政策实现其利益。在空间上施加影响的方式除了直接的土地征收、储备、供应以外,还包括建设区域性基础设施,通过规划控制土地使用性质和强度,进行项目审批,项目直接投资,划定各级开发区等。"[①] 在地方经济社会发展过程中,地方政府常常既是裁判员,又是运动员。

在本研究中,直接涉及的地方政府部门主要有三个,分别是 Y 市工业信息化局（原市经贸委）、住房保障局（原市房管局）、国土资源局（原市土地局）。Y 市工业信息化局是当年企业破产时的清算领导小组组长单位,并且负责监督收购协议的执行情况。它的主要职责就是协调解决工业经济运行中的重大问题并向市人民政府提出意见和建议,贯彻实施国家、自治区工业产业政策。研究拟定全市工业产业结构调整的方向、发展规划和具体政策并组织实施等。在本案例中,Y 市工业信息化局主要负责电表厂的破产,以及破产后职工安置和相关政策的解释工作。Y 市住房保障局的主要职责是贯彻执行国家关于房地产市场管理、房屋产权产籍管理、住房制度改革、社会保障性住房管理、房地产开发经营管理工作,审核房地产开发企业、物业管理企业、房屋中介机构的资质,依法规范和管理房地产企业、物业管理企业、中介机构的经营行为,规范拆迁行为,负责全市公有住房的出售及全市住房货币化补贴分配。负责管理全市房改、物业专项维修、供热保障统筹等有关资金,监管住房公积金。在本案例中,住房保障局主要负责对房屋拆迁许可证的发放和审核工作。Y 市国土资源局的主要职责是贯彻实施有关法律、法规、规章,执行国家国土资源发展规划、战略；研究拟定 Y 市有关国土资源管理的政策、规定和办法,并监督实施；编制并组织实施全市土地利用总体规划、土地利用年度计划、土地整理复

[①] 王海卉：《乡村地区利益博弈与空间重组——以苏南为例》,博士学位论文,东南大学,2009 年,第 46 页。

垦开发规划和其他专项规划、计划；参与审核 Y 市城市总体规划；负责地籍管理工作；承担节约集约利用土地资源的责任。贯彻执行国家土地开发利用标准；管理和监督城乡建设用地供应、政府土地储备、土地开发和节约集约利用工作；负责土地评估机构资质审查；负责全市土地资产、土地市场管理工作；会同相关部门制定全市土地市场管理的政策、措施，规范土地市场交易行为等。在本案例中，市国土资源局的主要职责就是进行土地规划，审查开发商的资质，核实情况，发放或撤销土地使用证等。

二 开发商

本研究涉及的 BF 房地产开发有限公司注册于 1999 年。注册资本 2000 万元，固定资产 5000 万元，流动资金 7000 万元，总资产为 1.2 亿元，资质等级为二级。公司下设一室五部，包括办公室、成本核算部、工程部、售房部、物资部、前期部。集团公司当时有各类专业技术管理人员 382 人，其中高级工程师 44 人、工程师 140 人、助理工程师 172 人、一级建造师 12 人，二级建造师 10 人。

公司已通过了 ISO 9001 认证，具有完善的质量保证体系，商品住宅销售中实行了《商品住宅质量保证书》和《商品住宅使用说明书》。2004 年，公司被 Y 市工商局评为"诚信单位"；2005 年，公司被消费者协会评定为"诚信单位"；2005 年，公司被当地企业家协会评为"科学管理、持续发展"优秀企业；2005 年 3 月，公司被消费者协会评为（2005—2006）年度"诚信单位"；2006 年，公司被 Y 市人民政府评为（2004—2005）年度"守合同、重信用"单位；2006 年 8 月，公司被企业家协会评为"优秀诚信企业"。公司目前被全国工商联推荐为"全国民营企业文化建设先进单位"。2007 年 2 月，被 Y 市房地产管理局评为"信用等级 AA 企业"。

三 被拆迁户

在市场经济中，人们的基本行为动机是相同的，都在追求利益最大化，但面对同一事件，人们对机会成本和收益的主观评价是不同的，因此造成市场中人们行为的差异性。正因为每个人都有自己的利益盘算，所以很难形成集体共同意志,这就客观上需要精英代表他们、动员他们参与集体行动。在本研究中,按照当时政策需要享受房改政策的住户共计196户,但是由于当时住户是由原电表厂物业管理科负责上报,所以至今除了开发商以外,其他人都不知道每户人家的详细情况。目前因为利益受损而上访的大约有90余户。这些人大部分是退休、下岗的老职工。此处我们主要介绍一下博弈过程中集体行动的带头人[①]。根据李连江和欧博文对农村抗议带头人的研究,"他们在集体行动过程中起到了塑造集体诉求,征募积极分子,动员大众,设计和协调抗议活动以及组织跨社区的抗争等作用"[②]。可以肯定地说,博弈过程中指导思想与具体策略的运用,以及博弈的效果都集中体现在带头人的身上,所以在被拆迁户部分很有必要介绍几位典型的行动带头人的情况。

HYY,男,1934年12月5日出生,汉族,祖籍陕西省,系N电机有限公司退休工程师,住址为Y市XQ区SL南街电表厂家属院平房。HYY原来在当地农业机械化学校上学,后来毕业留校工作。1969年前后他被借调到当地干校,那个时候他自己所在的农业机械化学校因各种原因没有什么发展前景,他便决定去爱人的单位,即本研究所谈到的N电机有限公司电表厂。他从1969年一直工作至退休。他是个比较直率的人,喜欢路见不平拔刀相助,尤其是对于企业破产后房屋拆迁安置这件事,他觉得极不合理。所以他是最早的上访带头人,后来在他的带动下,住户们渐渐地组织起来募集款项,印刷宣传资料,选举上访代表,提起诉讼等。他也是整个住户的诉讼推举代表人之一。

YWK,男,1938年7月25日出生,汉族,祖籍上海市,系Y市经贸委退休干部,住址为Y市XQ区SL南街电表厂家属院简易楼。1961年毕业于当时的西安交通大学,1964年来到电表厂工作。当时,第一工业机械部要筹办电表厂,他是当时的三个筹建人之一。他业务能力很强,40多岁时就被选为城区人大代表,城区政协委员,市人大代表,市政协委员,民主建国会Y市委员会主任委员,民建自治区常委。因为他的能力比较强,

---

[①] 所谓带头人是指发动集体上访、游行以及其他集体行动的人。
[②] 肖唐镖:《群体性事件研究》,学林出版社2011年版,第140页。

公司想提拔他为公司副经理,但是因为其他种种因素的影响而没有成功,后来他被调到 Y 市经贸委去工作直到退休。但是他一直住在当时电表厂分配的 54.64 平方米的简易楼里,所以他也是这次拆迁安置的对象之一。因为他的学历比较高,通晓法律和维权的程序,所以后来经过上访代表的提议,邀请他加入了上访和诉讼队伍。他在整个事件的发展过程中起了举足轻重的作用,他不仅收集和保留了与住户利益相关的一切文件资料,而且时常购买一些法律书籍、报纸等给大家普法。他也是整个住户的诉讼推举代表人之一。

YWZ,男,1961 年出生。早年供职于当地的一家报社,后来调到某电视台当编导,曾经在某省级文学刊物上发表数十篇的作品。20 世纪 90 年代,他拒绝了去电影公司工作的机会,开始在家从事业余写作,目前正在计划完成以拆迁为背景的长篇小说《向东七步走》。YWZ 的爱人曾经是电表厂职工。在那个实物分配房子的年代,他通过调换自己单位的房子在电表厂跟爱人享有了一套住房。夫妻离异后,法院判决电表厂房子归他所有,所以他一直住在电表厂家属区。他是一直坚持到最后的被拆迁户之一。

第五节 小结:政策变迁与利益互动

这一章主要讲述了企业从困境走向破产的发展历程,以及企业破产后房屋拆迁博弈缘起。通过梳理可以看出,自从 20 世纪 90 年代开始,国家通过放权让利、发展企业自主权、鼓励各种形式的经济发展和国有企业的私有化过程,将市场关系扩展至社会生活的各个领域,其中国家通过破产重组等手段对中小型国有企业进行改制就是一个典型的例子。这一进程触及了社会结构的深刻变革,取得了不可否认的成就,但也引发了深刻的社会危机。[①] 正如一些学者已经注意到的,国有企业的资产正在迅速地流失到企业原来的管理者,或者一些私人老板手中,而工人的集体产权被全部瓜分。同时,企业改制和政策性破产还对工人的利益造成了制度性的侵

---

① 汪晖:《改制与中国工人阶级的历史命运——江苏通裕集团公司改制的调查报告》,《天涯》2006 年第 1 期。

蚀，如买断工龄、集体下岗等措施使得工人丧失了原有的福利待遇和单位保护，日益成为"市场鞭子"和管理者专制的受害者。①

任何一种政策的制定，都会在一定程度上创造新的机会和限制，引导出某些不尽如人意的行为。国有企业政策性破产过程中地方政府、开发商与普通住户的关系就是最典型的事例。综合前因后果来看，电表厂的这场房屋拆迁纠纷实质是一场由国有企业改革而引发的深刻的社会结构变革过程的延续，房屋拆迁纠纷只是推动社会利益格局和社会分层向纵深分化的导火索。这样一个利益格局重新调整的过程必然是各方行动者博弈的过程。从企业计划内破产开始就是各级政府部门与开发商共谋，政府部门、开发商和住户的合作或抵制。

给定这三个利益主体在"场域"中的力量不平衡性这样一个既定事实，本章运用"场域"理论来分析此案例，其目的就是注重从行为互动的角度去分析各方利益主体在博弈过程中如何有意识地把这种房屋拆迁纠纷纳入策略的整体规划之中，引导彼此的特定行为，最终达到一种策略均衡的境界。为了便于进行下面的分析，笔者用表2－1展示涉及事件的各方的关系网络谱系，分析每一行动者在网络中的位置，以及各主体之间的相互关系，进而揭示其博弈的策略动因。自从实行分税制以后，地方政府作为中央政府的代理者，一方面要完成上级交代的政治经济任务；另一方面也在想方设法发展地方经济，扩大地方经济实力。作为国有企业的直接管理者，企业破产时，地方政府部门出面与开发商签订了《收购协议》，按照正常的程序应该是，各主体在不损害别人利益的前提下获取自身利益，政府作为中间人及监督方，不直接参与博弈，利用国家公权力对开发商和被拆迁户双方进行约束和监督。而开发商与被拆迁户共同制订拆迁改造安置方案维护处于弱势的民众的权利，同时，共同订立的安置协议在日后的拆迁过程中均可对双方产生约束力，如有一方违约，另一方可通过法律的手段解决问题。然而，受国家宏观制度运作特点以及微观的社会基础的影响，良性的互动关系往往会演变成一场恶性的博弈关系。而在恶性的博弈关

---

① 陈峰：《国企改制与工人抗争》，http：//www.aisixiang.com/data/3929.html，2012年5月10日。

系中,政府与开发商往往会结成利益同盟,开发商利用寻租等手段获得政府行政能力的帮助,降低了赔偿的成本,增加了利润。同时地方政府从中也可获得开发商分给的好处,并且通过拆迁重建,政府官员还能提高政绩。最后,只有民众以牺牲自我利益来独自承受这种结果。

表 2-1　　　　地方政府、开发商、被拆迁户关系谱系

利益主体	角色	地位	获取/付出的利益	目的
地方政府	土地权所有者	强势	获取:企业缴纳的土地使用金 付出:土地使用权	改善城市面貌、提高政绩
开发商	土地权被转让者 拆迁执行者	强势	获取:拆迁及后续开发所获的商业利润 付出:土地使用金+拆迁赔偿金	获取商业利润
被拆迁户	被拆迁人	弱势	获取:拆迁赔偿金 付出:土地、房屋所有权	改善生活条件

第三章 依法博弈

在利益博弈过程中,参与者都希望自己的利益最大化,并且房屋拆迁过程的博弈涉及多个利益主体,使得我们在研究过程中不得不注意他们之间的互动关系。因此,在房屋拆迁博弈研究中,笔者将被拆迁户与开发商在法律范围内运用各种博弈策略的现象界定为依法博弈。当然,这里的法是宽泛意义上的法,既包括中央出台的各种相关政策,也包括具体的法律法规。依法抗争的内容自然包括到党政机关上访等形式的非司法救济,也包括去法院打官司的司法救济。

第一节 住户:围魏救赵

权利的合法性并不必然保证维权过程中行动本身的合法性。住户们清醒地意识到,一旦维权过程丧失了合法性,维权运动势必会受到破坏性压力,难以长久维续。因此,他们始终秉持着理性、克制的态度,从未采取过任何过激行为,严格按照法律程序来捍卫自己的权利。

他们首先想到了信访,住户们认为当年是政府一手负责电表厂破产清算工作的,而且市经委担任监督方。市经委既然负责监督,那么 BF 房地产开发有限公司和 YG 房地产开发有限公司如何合并,以及为什么以这么低的价格把土地出售给 YG 房地产开发有限公司,而 YG 房地产开发有限公司两年没有业绩又被合并了,他们应该给住户一个说明。但是住户们一无所知,他们认为这剥夺了他们的知情权。所以他们希望通过信访这个渠道把他们的想法传递上去。

在信访局那个地方，我当时就跟那个姓韩的主任说，你看我们这个当时的收购协议是这样写的。然后开发商现在的安置方案你再看一看。人家一看，那到底还是有点水平的，人家说这个安置方案就把你们那个（收购协议）撇掉了，没有按照你们那个协议上的办。你们那是按照房改房安置，开发商是按照他们的最低价来安置。房改房有个成本价，房改房的成本价是 800 元，或者 700 来元。他这都 1000 多元钱，还不减掉工龄。韩主任说他们这样做肯定是不行的，你们找市经委（现在叫那个工业与信息化委员会）。我说我们找过他们，可是他们不给我们解决。韩主任很生气地说：那他们想不想干？然后他就给他们那个下面的工作人员说，你给工信局通知，让他们召集开发商、房管局几个部门的人来召开个会议。①

2008 年 8 月 8 日，市经委出面召开了六方会议，BF 房地产开发有限公司法人代表 WBC 表态，就算公司砸锅卖铁，也要坚决按照房改政策给住户们安置解决。可开发商还是言而无信，10 月 22 日，BF 房地产开发有限公司出台了第二次拆迁安置方案，其原则就是"拆一还一"，并且于 2009 年 2 月 12 日按此拆迁安置方案进行强行拆迁。由于遭到住户的激烈反对，拆迁工作再度中断。在接下来的日子里，住户们不断地信访，希望信访局能够将电表厂的情况反映给上级政府部门，但是形势的发展出现了戏剧性的变化。市经委对市信访局的答复是："经过协商，开发商已按照收购协议和《拆迁条例》重新修订了安置方案，对未参加房改的住户按现行房改政策予以安置。目前此方案已经房管部门审批公布，正在实施中。"而 Y 市住房保障局在给市政府督办局的答复中明确表示，电机厂职工对房改政策存在误解，一般职工享受房改面积标准是 60 平方米，但前提是要有超过 60 平方米的公有住房。电机厂原危旧住房的面积都比较小，大部分职工的住房面积都没有达标。国家在房改政策里规定的职工享受面积是上限，而不是必须享受的标准。这样的解释白纸黑字地写在了 Y 市住房保障

---

① 对 HYY 的访谈记录，2011 年 10 月 6 日。

局给市信访局的信函中。

市信访局：

贵局转来的Y信转字〔2008〕第643号信访件收悉，现将有关情况函复如下。

原电机厂职工关于现住危房拆建及房改问题的信访事件中对有关房改面积的要求，说明电机厂职工对房改政策存在误解，一般职工享受房改面积标准是60平方米，但前提是要有超过60平方米的公有住房。例如：一般职工住在80平方米的公有住房内，如果属于危旧房屋，按照当地公有住房出售暂行办法规定不允许参加房改。假定拆迁返还给80平方米的新房，可以参加60平方米的房改，享受房改成本价，同时享受5平方米的优惠市场价，还有15平方米按照房改政策中规定的市场价购买。但如果居住的公有住房面积达不到60平方米，只能按照实际面积参加房改。

电机厂原危旧住房的面积都比较小，大部分职工的住房面积都没有达标。国家在房改政策里规定的职工享受面积是上限，而不是必须享受的标准。

2005年电机厂破产清算时，YG房地产开发有限公司收购了电机厂的家属区，YG房地产开发有限公司成立于2007年年底，被BF房地产开发有限公司兼并，BF房地产开发有限公司继承了YG房地产开发有限公司的权利义务，于2008年8月开始对电机厂家属区进行危房改造。BF房地产开发有限公司的拆迁方案为：要求原地期房安置的住房，按被拆迁房屋面积由其以超优惠价购买，超面积由拆迁户按优惠价格购买（框架结构）；愿意异地现房安置的住房，等面积安置，由拆迁户继续承租，超面积部分由拆迁户购买后归其所有。

电机厂职工不同意上述方案，要求原地期房安置，不按被拆迁面积计算，按房改时的建筑面积控制标准（普通职工60平方米）安置房屋后再房改。

对于上述问题，我局已于8月19日在贵局召集住户与开发商的对话会议中告知住户。依据拆迁政策，BF房地产开发有限公司应就拆迁户承租的面积等面积安置，超面积由住户购买。Y房改发［2001］5号文件中规定，"让原未参加房改的住户拆迁安置后，予以房改"，与房屋拆迁政策并不矛盾。住户要房改，应在拆迁安置后进行。拆迁安置的政策是针对于承租住户按现承租住房面积等面积安置。住房若要求超面积安置又不找差价，与"等价有偿"的拆迁政策不符。BF房地产开发有限公司在市信访局的协调会上已对拆迁安置方案进行了调整，按被拆迁房屋面积原地安置（砖混结构），超面积由住户按市场价购买。[1]

住房保障局认为电表厂大部分住户的居住面积根本达不到国家规定的房改标准，只能按照现有的实际居住面积进行房改。这与他们之前的政策解释是自相矛盾的。实际上，早在2001年，Y市住房保障局就下达了城市改造中公有住房拆迁安置后实施房改的相关政策。当时针对部分被拆迁安置的住户过去未参加房改购房但要求进行房改的现状，文件规定"原来没有参加过房改购房的职工家庭，所承租的危旧房拆迁改造后，所安置的住房不应该等同于无偿分配，应允许职工按届时的房改售房政策参加房改"[2]。

住房保障局的矛盾解释让他们的权威在住户群体中大打折扣。住户们认为他们这是地方的土政策，与中央的政策是相违背的。住户代表HYY生气地诉说道。

> 我就说那也不对呀，房改有个规定，对不对？那个东西当时分给我们的是公用住房，是平房。这本身就不合理嘛！实际这个问题在哪里？就是房管局，房管局在这里面作梗。房改房就是按照你享受的面积。你住够那个面积才能享受那个面积。是这样解释的。所以说，他们出了那个文件以后，给我们上访的下了个文。所以开发商就理直气

---

[1] 《关于对原电机厂住户反映拆迁安置及房改问题处理情况的函》2008年12月24日。
[2] 摘自《Y市住房改革领导小组文件》，Y房改发［2001］第05号文件。

壮地按那个弄。我们一直不干。楼房三十平方米四十平方米你咋住？这个东西本身就是不合理的。干了一辈子，他妈的到现在你叫他拿几十万元能买得起房子吗？现在房价那么贵，你给人家多少工资？过去无私给国家奉献，企业破产时工资又很低嘛！他就没有那个钱，这个钱是国家提的，我们应该享受这个，为啥不给我们呢？①

第二节 开发商:寻求裁决

就在住户们协商回应住房保障局的复函时，开发商来了个先发制人，首先向住房保障局提出了行政裁决的申请。开发商以拆迁补偿标准不能达成一致为由对四位上访代表进行行政裁决，从而希望起到杀一儆百的作用。住户们早看出了开发商的用心，随即向住房保障局提出了追加被申请人的申请，要求与此次拆迁安置有直接利害关系的196户共同参加裁决。

……

申请的请求：请求依追加申请人为被申请人诉WWC等四人拆迁安置纠纷行政裁决案件的申请人，共同参加裁决。

事实和理由：2009年3月26日被申请人申请贵局对WWC等四人进行拆迁安置的行政裁决，贵局发现通知定于2009年5月6日对本案进行裁决前的调解。申请人认为，本案的纠纷性质不同于其他拆迁案件。其他拆迁案件面对的是对立的，拥有被拆迁物所有权的业主，业主个体可以作为裁决诉讼的主体。而本案中，被拆迁安置的主体是原电机公司，其作为国有企业的资产管理者拥有对被拆迁房屋的所有权，是法律定义的被拆迁人。而申请人是该公司的职工，根据当时的政策规定，拥有被拆迁房屋的使用权。由于历史所形成的原因，申请

---

① 对HYY的访谈记录，2011年10月6日。

人未及时得到房改而对所居住的房屋拥有所有权。基于上述原因，2005年12月21日电机公司与YG房地产开发有限公司签订了《收购协议》，YG房地产开发有限公司收购了包含该公司家属区的土地和资产，收购的条件是："对所购的38亩土地的现有196户公有住房按Y房改字［2001］第05号文件精神进行危房改造，按现行房改政策予以安置，并按Y市市区公有住房出售管理暂行办法办理。"也就是说，无论从法律，政策的规定讲，还是按照双方所约定的协议讲，此次拆迁的被拆迁安置人是原电机公司196户家庭，不是某一个个体。不论从什么角度来讲，申请人均是此次拆迁安置的直接利害关系人，其裁决结果直接影响到申请人的民生和职工住房保障问题，均应当参加本次裁决。故申请贵局将申请人追加为本次裁决的被申请人，以维护申请人的合法权益。[①]

2009年5月6日，住房保障局在二楼会议室首先召开了调解会，会议由住房保障局局长ML主持，BF房地产开发有限公司委托DJG、WJS、WH、JJJ为全权委托代理人参加。调解会上，四位住户代表均表示开发商并没有与他们进行全面细致的协商与交流，所以对这次调解的合理性表示怀疑。笔者后续获得的当日的裁决调解记录证实了这一点。

2. 主持人陈述会议程序

企业方：一 DSZ一户，期房，原按1∶1返还住户，不找差价，性质不变（公房），超面积部分由住户按市场价买。货币1100/平米向其支付补偿费用，之后不再进行其他安置。其他住户都一样，只是面积不同。

ML：是否存在现房安置？

企业方：二手房市场房源困难，不考虑现房安置。

[①] 摘自《追加被申请人申请书》2009年5月4日。

ML：是否有优惠？

企业方：45平方米以内的，2200元/平方米，45—55平方米按市场价优惠300元/平方米，55平方米以上按市场价购买。

ML：所有的安置以55平方米为上限。

YWK：我是住户，但不是职工。BF房地产开发有限公司与我们并没有好好地进行安置与协商，只交流了几次，只谈了到面积问题，其他问题都没谈过。补偿安置协议内容很多，面积是其中一项。也没有多次协商，所以这样的调解是否合理？只就安置面积没有达成协议提起申请裁决是不合理的。应就协议的全部内容达不成一致而提起申请才合理。应该进行认真的谈判和协商才行。我要求现房安置合情合理。

二 BF房地产开发有限公司提出申请是否是公司老总真实意思的表达。你们的合同是什么合同？合同的内容是什么？我认为今天的安置协议不符合YG房地产开发有限公司的收购合同。目前这196户争执的问题只在安置面积上。我现在住50.4平方米的房子，给我安置新房子面积过大，我购买不起。

三 你们保障性住房如何保障我们中低收入人的房子。市经贸委曾行文，要求房管局解决我的房子，也不了了之。我只要求一套符合房改面积的住房。我不认同你安置的面积，我等待法院的判决。YG房地产开发有限公司的协议上规定，不得转让，不得联合开发，现在又变成了BF房地产开发有限公司，我们什么都没有见到。协议的面积说普通职工65平方米。①

YWK义正词严的答复让住房保障局和开发商觉得有些尴尬。于是，2009年5月8日和10日，BF房地产开发有限公司象征性地派拆迁办的人员到几位住户代表家里进行了动迁协商。其中，在YWK家的动迁协商记录如下：

---

① 摘自《Y市住房保障局房屋拆迁裁决调解记录》，2009年5月6日。

动迁协商记录

时间：2009年5月8日16时15分

地点：住户YWK家

动迁人：ZJCTQ

记录人：CTQ

被拆迁人：YWK

协商方式：面谈

协商内容：

ZJ：调解会开完了，我来听听你的意见。

YWK：我房屋的情况经委很清楚，调解会上我也说得很清楚。我在电表厂是科级待遇，按照规定享受75平方米的住房。我要求你们一步到位，按75平方米给我进行安置并参加房改，这样后面我们可以谈其他的细节问题。如果达不到我的要求，那就免谈。

ZJ：对于你提出的安置面积的问题，调解会上已经做出了合理、合法的解释，你要求按75平方米进行安置，没有依据。

YWK：那样的话就不谈了。

ZJ：你们这段时间也都找过有关部门了解情况了，我们的补偿方案是合理合法的，希望你再好好地考虑一下，我过两天再来听你的意见。

协商结果：未达成

2009年5月15日，住房保障局顺理成章地下达了对住户代表WWC的行政裁决，要求申请人与被申请人在收到裁决书15日内按住房保障局裁决结果签订拆迁补偿安置协议。双方当事人不服裁决的，可在收到裁决书后3个月内向XQ区人民法院提起诉讼。如申请人与被申请人在收到裁决书15日内未签订拆迁补偿安置协议，申请人已为被申请人及其同住人提供周转房或现房安置，被申请人及其同住人应实施搬迁。双方当事人有一方未执行的，住房保障局将依法申请有关部门或人民法院对其强制执行。

第三节　住户:诉诸法庭

为了使这196户涉及房屋拆迁安置的住户能找到法律上的联合基础,住户们推举出了三位诉讼代表。这三位诉讼代表不仅文化程度较高,而且善于学习法律知识。他们动足了脑筋,终于发现一个切入点。不管是颁发拆迁许可证还是行政裁决都是由住房保障局作出的,按照《行政诉讼法》,行政裁决依照的是一种准司法程序,它要求行政主体客观公正地审查证据,调查事实,然后依法作出公正的裁决。申请,受理,调查审理——对纠纷的事实和证据进行查证核实,事实是否清楚,证据是否充分确凿,最后才进行裁决。所以住户们认为住房保障局行政裁决程序违法,并且行政裁决内容不合法。第一,行政裁决申请人BF房地产开发有限公司主体资格不合法。市政府第49次市长办公会议首次决定将土地出售给YG房地产开发有限公司,从而形成三份具体法律效力的合同。一是收购协议。二是国有土地使用权出让合同。三是国有土地使用权出让合同补充协议。三份合同中无BF房地产开发有限公司的影子。第二,"拆迁条件"适用有误,"收购协议"第二条对32户已参加房改的住户按拆迁条例妥善安置。第三,开发商并未与住户协商,拆迁安置方案未取得大多数住户的认同。该方案是BF房地产开发有限公司单方面制定的。第四,住户与拆迁办的ZJ交谈过几次,但不是协商,是ZJ要求住户们按他们单方面制定的条款签订补偿安置协议。第五,BF房地产开发有限公司申请裁决是在2009年4月29日,已经过去一年多时间了,但是住房保障局并未进行第二批裁决。这是住房保障局利用手中的权力,替开发商向住户们施压、施威。第六,住房保障局与开发商有利益关系。开发商委托的拆迁单位是住房保障局的下属单位,不符合规定,违反了《拆迁条例》第十条,房屋拆迁部门不得作为拆迁人,不得接受拆迁委托的规定。其公正性值得怀疑。2009年6月5日,住户们根据《行政诉讼法》第十一条第五款,以"行政不作为"为由对住房保障局正式提出个人诉讼和集体诉讼。

XQ区法院受理了YWK的个人诉状,但是至今没有开庭审理。2009

年 8 月 20 日，XQ 区法院倒是开庭审理了集体诉讼住房保障局一案。住房保障局法人代表无故缺席，其代理律师在法庭上当众谎称当事人征求了拆迁户代表意见。在法庭审理阶段，住户诉讼代表 YWK 与住房保障局委托律师唇枪舌剑，一争高低。笔者特摘录精彩部分，以展现住户对法律和政策的把握和恰当运用。

二　住户切身利益受侵害的事实

1. 开发商直接损害事实

第一，开发商不按《市长办公会议纪要》精神和《收购协议》的规定来安置我们，是一种违纪违法行为，房管局是有责任的。

收购时已经让利给开发商，就是为了让开发商先给我们进行危房改造，安置到新房入住后再按房改政策进行房改。开发商出资 1650 万元收购电表厂 60.5 亩土地，按当时的市场出让土地价格，已经给开发商让利约 2000 多万元，让利的目的就是让开发商为我们住户进行危房改造和实施房改。可是，他们并不知足！从 Y 市发改委的立项文件，我们看到低价 1650 万元，而开发商投资 4000 多万元，多了大利了。没有调查，致使有些人钻空子，不仅损害了现在住户的利益，同时也损害了开发商的财产利益。我们建议对 196 户进行调查，核实现有住户的真实情况。

YG 房地产开发有限公司现在仍然存在，法人主体资格并未消灭。YG 房地产开发有限公司是市政府文件指定的破产企业资产重组的土地受让人，同时赋予了其法定的解决土地上住户危房改造和改造后房屋适用房改政策解决住户产权问题的责任。拆迁人不可能也不应该是 BF 房地产开发有限公司。

YG 房地产开发有限公司与 BF 房地产开发有限公司之间的吸收合并协议关系，实质上是以合并为名，行土地转让开发之实。其结果不仅直接损害了我们住户的最大、最切实的利益，同时也欺骗了住房保障局，造成住房保障局等一系列房地产开发行政管理职能部门做出错误的行政审批行为。

2. 住房保障局失去法定权利职能、不作为和乱作为的事实，直接体现为错误颁发拆迁许可证的行政审批行为。

从《收购协议》第七条中规定看到"本协议在 Y 市经委等市政府相关部门监督下实施"，以及抄送单位就是房管局，那么这就已经赋予了房管局监督《收购协议》执行的法定义务。

我们这些七八十岁的老人，当年满怀激情、贡献了青春、付出了热血，有的甚至付出了生命，在当时低收入、住房实施实物分配政策下，一直居住在现在已变得危旧的房屋内。这些难道不是住房保障局的任何科室都应当重视和解决的吗？可是，我们却一再在住房保障局遭遇不知情、被蒙蔽、投诉无门、诉说无人听的境况，住房保障局通过一份拆迁许可证的颁发行为，就直接将我们的住房保障权益给抹杀掉，背弃住房保障职能，成为开发商侵权的帮手！

2009 年 4 月 10 日《×××报》发表了《住房安置费为何相差两倍多》的文章，文章客观地反映了我们住户的合法切身权益已被损害的事实。而这个事实，今天我们才清楚，原来 YG 房地产开发有限公司并没有履行《会议纪要》中 Y 市政府赋予其给 228 名住户危房改造和对其 196 户进行房改政策的住房保障责任，而是将股份转让给 BF 房地产开发有限公司，由 BF 房地产开发有限公司实际控制 YG 房地产开发有限公司，然后通过所谓的"吸收合并"虚假形式，欺骗政府及相关部门（包括住房保障局、Y 市国土资源局、Y 市规划管理局、Y 市发改委、Y 市经委等职能部门和电机厂清算组负责人），从破产资产重组签订《收购协议》到最后取得拆迁许可证，历时三年多的时间，这期间，Y 市房价和物价上涨了多少倍，大家是有目共睹的，亲身经历的！所以，在开发商的第一次安置方案仍然没有履行危房改造义务和房改政策的前提下，由于 BF 房地产开发有限公司历时三年的制造骗局达到获取开发电表厂家属区的目的，将拖延三年后的房价上涨的市场价来让住户承担，再一次损害了我们住户的利益。请问：住房保障局住房保障职能的行使权在哪里体现维护我们权益的？在我们投诉和遭裁决的过程中，你们仍然执迷不悟，继续与 BF 房地产开发有限公司站在一起，欺骗我们住户，不给我们看许可证相关资料，律师调查了解和资料与提供的证据有出入，在诉讼阶段违法搜集证据。①

住户代表认为政策就是法律，房改政策和拆迁政策是不同的法律、法规政策规范的，不能用拆迁政策代替房改政策，也不能用房改政策代替拆迁政策，这是一件很严肃的事情。法律面前应该人人平等，但是住房保障局视其为儿戏，利用手中的权力将拆迁许可证颁发给了开发商。住房保障局的这种行政行为是经历过毛泽东时代的许多住户不能接受的。前后的历史反差让他们充满了对于权力的渴望。

在法庭辩论阶段，住户诉讼代表陈述了他们的意见和观点。

一 关于住房保障局提供的证据方面的质证意见

……我们的论点是，吸收合并协议是违法的，无效的。事实与理由：

1. YG 房地产开发有限公司与 BF 房地产开发有限公司的吸收合并协议违背收购协议第一条规定的"不得转让及联合开发"的依据说明以"吸收合并协议"之名行"转让"之实。

2. "吸收合并协议"签订日期为 2007 年 12 月 28 日，该协议为 YG 房地产开发有限公司和 BF 房地产开发有限公司的重大事项，应向各自的工商管理部门备案，并办理 YG 房地产开发有限公司注销手续，而我方 2009 年 7 月 28 日调取的 YG 房地产开发有限公司和 BF 房地产开发有限公司工商档案资料证明两公司至今未备案，也未办理注销手续。……

3. 我们（196 户住户）是"收购协议"中的重大权益人，Y 市经委是该协议监督方又是协议甲方清算组负责人，YG 房地产开发有限公司在我们和 Y 市经委均不知情也未参与的情况下，与 BF 房地产开发有限公司签署吸收合并协议，其行为违法，所签协议应属无效。……

---

① 摘自住户集体起诉住房保障局的诉讼材料，2009 年 8 月 20 日。

4. 吸收合并协议严重损害我们的合法权益（切身利益）。吸收合并协议第五条约定："合并完成后乙方的全部债权、债务均由甲承继。"此条约定告诉我们，收购协议第二条第一款规定的 YG 房地产开发有限公司应承担的义务和责任，甲方 BF 房地产开发有限公司并未继承。

……①

Y 市住房保障局的代理律师则认为，该局是在案件所涉房地产开发项目经立项、规划、土地权属确认之后才进行行政许可行为的。另外，BF 房地产开发有限公司系与 YG 房地产开发有限公司吸收合并后才进行房地产项目开发的，并非 YG 房地产开发有限公司转让或联合开发，并不违反电表厂部分资产收购协议。BF 房地产开发有限公司的代理律师则认为，BF 房地产开发有限公司具有合法的房地产开发资质，并依法取得了房地产开发项目的立项批复、规划许可及国有土地使用权。在此前提下，Y 市住房保障局可以向"第三人"颁发《房屋拆迁许可证》。他认为，收购协议属民事合同，如确有违约行为，也属民事行为，不应作为行政诉讼的依据。而法院最终以"审理此案需要其他案件为依据"为由而宣布中止诉讼。其实，住户代表早在宣判前就料到了结果。

在开庭之前人家法官就跟我说，经费人家上面控制，除了 XQ 区的党委，还有市政府，还有上面的。我们的编制全是人家管着呢，我们没有权力。他讲这话我们当时还没理解，结果判我们输，不管我们的诉求，认为政府的不职称也好，不作为也好，是依法行政。因为我们告他们没有依法行政。按照收购协议来说，里面有一条叫"不得转让，不得联合开发"。我们告你（住房保障局）没有依法行政。结果法院就判他们依法行政。法院就背离你这个事实，回避这个事实。为什么呢？因为这有政府原因在里面。政府呀，你不能这样判！所以在

---

① 摘自住户集体诉讼住房保障局诉讼材料，2009 年 8 月 20 日。

开庭之前人家法官就这样给我们说了。但不是说得那么明确，只是说他的苦处，没有权，他们的经费都是市里控制的，意思我明白。①

与此同时，住户们认为，市国土资源局将出让给 YG 房地产开发有限公司的土地的使用权登记在第三人名下，其行为明显地违反了 Y 市人民政府（2005·49 次）会议纪要和《收购协议》的规定，属于错误登记，侵害了原告的合法权益，故依法向法院提起行政诉讼，请求法院依法撤销被告向第三人颁发的 Y 市国用字［2008］第 04469 号《国有土地使用权证》。2009 年 10 月 20 日，XQ 区法院开庭审理住户们上诉市国土资源局错发土地使用权证一案。市国土资源局法人代表同样无故不出庭。83 岁的 LXZ 老人向法官提出质疑："耄耋之年的老人相互搀扶着大老远从城南赶到城北的法院，步履蹒跚从一楼走上四楼法庭，而政府的官员无故缺席，没把法律放在眼里，还能把群众的疾苦放在心上？"

在法庭上，Y 市国土资源局认为住户不具备行政诉讼主体资格，YG 房地产开发有限公司被 BF 房地产开发有限公司吸收合并后，应当进行土地使用权变更登记，他们理应给 BF 房地产开发有限公司办理土地使用权证书。这从笔者获取的国土资源局的答辩词中可以看出。

答辩人因与原告 HYY、YWK 等九十一人不服国有土地使用权行政登记一案，提出答辩意见如下。

一 原告主体不适格

1. 从有关地籍档案材料中可以看出，本案涉及的宗地土地使用权人为原 N 电机有限公司（简称电机公司）、NX 房地产有限公司、YG 房地产开发有限公司和 BF 房地产开发有限公司，并不是九十一位原告个人，原告不是行政登记相关当事人，不具备行政诉讼主体资格。

2. 我国《行政诉讼法》以及最高人民法院《关于执行行政诉讼法若干问题的解释》规定，行政诉讼的原告是指"与具体行政行为有法

---

① 对 YWK 的访谈记录，2010 年 2 月 5 日。

律上的利害关系的公民、法人或者其他组织"。在本案中,答辩人为第三人进行行政登记并颁发Y市国用〔2008〕第04469号《国有土地使用权证》的行为,与原告没有法律上的利害关系,更没有侵害原告的合法权益。原告的"住房保障权利"系拆迁安置人的安置义务,与答辩人的土地使用权行政登记行为没有因果关系。

二 答辩人曾为YG房地产开发有限公司办理了涉案宗地的使用权证书

涉案宗地的原使用权人为电机公司和NX房地产有限公司。2005年12月7日,Y市人民政府市长办公会议(2005·49次),原则同意电机公司破产重组方案。2005年12月21日,YG房地产开发有限公司与电机公司达成收购部分资产的协议,收购价款为1850万元。2006年8月3日,市长办公会第35次会议研究了YG房地产开发有限公司办理土地证的问题,同意YG房地产开发有限公司收购电机公司土地用于房地产开发,由答辩人负责办理土地使用证相关手续。2007年3月29日,Y市人民政府做出《关于YG房地产开发有限公司建设商住楼项目用地的批复》(Y市政土批字〔2007〕第11号),其中指出,土地出让金已经包含在收购价里,不再缴纳。同年4月6日,答辩人与YG房地产开发有限公司签订《国有土地使用权出让合同》及补充协议。

2007年7月,经YG房地产开发有限公司申请,答辩人为其办理了涉案宗地的使用权证书,证号为Y市国用〔2007〕第18115号。涉案宗地的基本情况为:宗地号3-7-137,土地面积为22579.82平方米,土地用途为城镇混合住宅,权属性质为国有土地使用权,使用权类型为出让,使用期限为50年,终止日期为2057年4月6日。

三 YG房地产开发有限公司被BF房地产开发有限公司吸收合并后,应当进行土地使用权变更登记

2007年9月10日,YG房地产开发有限公司股东会、BF房地产开发有限公司股东会分别做出决议,同意BF房地产开发有限公司吸收合并YG房地产开发有限公司,双方于2007年12月28日签订《吸

收合并协议》。BF 房地产开发有限公司向答辩人提出申请，请求将 YG 房地产开发有限公司原有的土地使用权（土地证号：Y 国用 [2007] 第 18115 号）变更登记在自己名下。经审核，该宗土地权属来源合法，事实清楚，在收回 YG 房地产开发有限公司原有的 Y 市国用 [2007] 第 18115 号土地使用权证后，进行了变更登记，并向 BF 房地产开发有限公司颁发了 Y 市国用 [2008] 第 01701 号国有土地使用权证。

四　答辩人为第三人办理的 Y 市国用 [2008] 第 04469 号《国有土地使用权证》，程序合法，事实清楚

2008 年 3 月，因规划道路取消，第三人 BF 房地产开发有限公司请求恢复规划道路占地面积，并将 Y 市国用 [2008] 第 01701 号和 Y 市国用 [2008] 第 01702 号土地使用权证合并登记。经审核，该宗土地权属来源合法，土地面积为 24962 平方米，用途为城镇混合住宅，权属性质为国有土地使用权，使用权类型为出让，在收回上述两证后，向 BF 房地产开发有限公司颁发了 Y 市国用 [2008] 第 04469 号国有土地使用证。

第三人 BF 房地产开发有限公司提出申请后，答辩人进行了地籍调查，并对第三人提供的 Y 市国用 [2008] 第 01701 号、Y 市国用 [2008] 第 01702 号土地权属、面积、用途等进行了全面审核，在报经市政府批准后，向第三人颁发了 Y 市国用 [2008] 第 04469 号《国有土地使用证》。此过程程序合法，事实清楚。

综上，答辩人给第三人 BF 房地产开发有限公司颁发国有土地使用权证的事实清楚、程序合法，所颁发的 Y 市国用 [2008] 第 04469 号《国有土地使用权证》合法有效，不应撤销。[①]

2009 年 12 月 1 日，Y 市中级人民法院下达了《Y 市 XQ 区人民法院行政判决书》Y 兴行初字 [2009] 第 75 号。法院认定，被告作为 Y 市的

[①] 摘自 Y 市国土资源局的答辩词，2009 年 10 月 15 日。

国有土地使用权证行政管理部门,是法律、法规授权的城市国有土地的监督、管理机关,具有核发《国有土地使用权证》的主体资格。该案原告对颁发给 YG 房地产开发有限公司的《国有土地使用权证》并无异议,争议的焦点主要是被告将颁发给 YG 房地产开发有限公司的《国有土地使用权证》变更到 BF 房地产开发有限公司的行为是否合法的问题。法院维持被告 Y 市国土资源局于 2008 年 3 月 27 日颁发 Y 市国用〔2008〕第 04469 号《国有土地使用权证》的具体行政行为。具体判决内容如下。

……本院认为,被告作为 Y 市的国有土地使用权证行政管理部门,是法律、法规授权的城市国有土地的监督、管理机关,具有核发《国有土地使用权证》的主体资格。本案原告对颁发给 YG 房地产开发有限公司的《国有土地使用权证》并无异议,争议的焦点主要是被告将颁发给 YG 房地产开发有限公司的《国有土地使用权证》变更到 BF 房地产开发有限公司的行为是否合法的问题。根据本案查明的事实,YG 房地产开发有限公司、BF 房地产开发有限公司虽分别在工商部门进行了登记,属两个不同的法人单位,但其法定代表人均由 WBC 一人担任,且两公司的全部股东互为股东,根据公司法的规定,该两企业的法人合并、分立属企业自主经营的行为,不是转让和联合开发的行为,其行为不违反法律、法规的禁止性规定,第三人对 YG 房地产开发有限公司对外签订的合同及承诺并未予以否定,只是原告与第三人在安置上存在一定的分歧,对此,原告可另案解决。……本案中,第三人 BF 房地产开发有限公司向被告申请办理《国有土地使用权证》变更登记时,已经提供了法律、法规规定的各项文件。被告依上述法律、法规规定,对第三人提交的各项批准文件进行了查验,对申请的材料进行了审核,认为第三人提供的各项批准文件主体同一,建设范围一致,建设项目为批准项目,符合法律规定,被告的颁证程序合法,认定事实清楚、证据充分、适用法律正确,是合法的行政行为,应予以维持。原告诉讼请求不能成立,本院不予支持。原告 HYY 等 97 人符合最高人民法院《关于执行〈中华人民共和国行政诉讼法〉

若干问题的解释》第十二条规定的主体资格，具有原告的主体资格，对被告及第三人提出的原告主体资格不适格的抗辩理由，不予支持。依据《中华人民共和国行政诉讼法》第五十四条第（一）项之规定，判决如下：维持被告Y市国土资源局于2008年3月27日作出颁发Y市国用［2008］第04469号《国有土地使用权证》的具体行政行为。……①

住户们企盼着法律维护他们的尊严，讨还一个公道。然而，事与愿违，法官的天平失去平衡。老人们用颤抖的双手拿着败诉的判决书，不禁潸然泪下。2009年12月22日，他们愤然又向Y市中级人民法院递交了上诉状，状告Y市住房保障局和Y市国土资源局的行政不作为行为。具体的行政上诉内容如下。

……上诉人不服Y市XQ区人民法院2009年12月1日作出的Y兴行初字［2009］第75号行政判决书，依法提起上诉。

上诉请求：1. 请求二审人民法院依法重新查明事实，依法发回本案重审；2. 诉讼费由被告方承担。

事实和理由：上诉人不服该一审判决，主要为事实不清、认定错误，理由如下。

首先，一审判决遗漏了上诉人提供的第三组证据当中还有第三人BF房地产开发有限公司的工商档案证据，因此遗漏了BF房地产开发有限公司与YG房地产开发有限公司没有合法工商变更的事实。造成一审判决书第8页对BF房地产开发有限公司与YG房地产开发有限公司的合并事实查明错误，因此认定错误。

其次，一审判决书第8页合并后，经BF房地产开发有限公司变更申请，Y市国土资源局经审核，与2008年1月30日将原颁发给YG房地产开发有限公司的《国有土地使用权证》收回，向第三人BF

---

① 摘自《Y市XQ区人民法院行政判决书》（Y兴行初字［2009］第75号），2009年12月1日。

房地产开发有限公司颁发了Y市国用［2008］第01701号、第01702号《国有土地使用权证》。2008年3月27日，因规划道路取消，第三人请求将规划占用面积予以恢复，被告经再次审核，将第01701号、第01702号土地使用权证合并登记，重新向BF房地产开发有限公司颁发了Y国用［2008］第04469号《国有土地使用权证》的事实严重错误，体现在：1. BF房地产开发有限公司与YG房地产开发有限公司在2007年11月28日签订《吸收合并协议》，到目前为止，一直没有在工商局进行过工商变更登记，合并行为从工商管理角度不具有合法事实状态。2. Y市人民政府2005年第49次市长《办公会议纪要》文件和《YG房地产开发有限公司收购N电机有限公司部分资产的协议》（以下简称《收购协议》）均指定YG房地产开发有限公司为破产企业上诉人居住房所附着土地的开发土地使用人，负责为上诉人住房履行危房改造和改造后新房适用房改政策的义务人，因此在被上诉人Y市国土资源局办理土地使用证前，Y市人民政府专门在2006年8月3日召开了市长办公会议，形成了市长《办公会议纪要》文件，之后在2007年3月29日给YG房地产开发有限公司下发了Y市政土批字［2007］第11号《Y市人民政府关于YG房地产开发有限公司建设商住楼项目用地的批复》，这是唯一的对上诉人居住的涉案土地使用的批准文件，土地使用人系YG房地产开发有限公司，而非BF房地产开发有限公司。因此，从土地审批的角度看，被上诉人BF房地产开发有限公司不具有合法土地使用事实存在，被上诉人Y市国土资源局履行行政登记行为时超越土地核准职能和权限，越权批准BF房地产开发有限公司开发使用土地。3. 被上诉人在对规划道路变更的情况下，在新增规划道路专用土地面积再次审核问题上，犯下了致命的审核错误，BF房地产开发有限公司再次申请时，提供的不是市人民政府给BF房地产开发有限公司的土地使用批准文件，而是给YG房地产开发有限公司的Y市政土批字［2007］第11号Y市人民政府土地批准文件，这种张冠李戴的做法明显地证明上诉人Y市国土资源局的错误，证明一审判决对事实查明的错误。4.《收购协议》第七条"本协议在 Y 市经委等市政府相关部门监督下实施",从而与 BF 房地产开发有限公司与 YG 房地产开发有限公司之间的《吸收合并协议》上,我们根本看不到 Y 市人民政府及其职能部门（包括 Y 市经委、被诉人 Y 市国土资源局）的批准。另外,该《收购协议》及市政府有关文件在送达上均送给被上诉人等相关职能部门,被上诉人在变更给 BF 房地产开发有限公司土地证审核问题上,没有尽到关键审核责任。因此一审判决对涉及上诉人合法权益方面,没有查明被上诉人 Y 市国土资源局是否尽到对《收购协议》的认真审查的责任,并直接导致一审判决认定错误。

最后,上诉人作为破产企业的职工,住房保障权在企业破产时,Y 市人民政府的相关文件及土地批复已经给上诉人赋予了危房改造和住房改造享有房改政策的权利。这些文件不是废纸,是权利的体现,而在其后市政府文件履行中,Y 市人民政府的职能部门（包括被上诉人 Y 市国土资源局等）均变相地规避文件和《YG 房地产开发有限公司收购 N 电机责任有限公司部分资产的协议》内容,帮助、协助被上诉人 BF 房地产开发有限公司采取移花接木、掩耳盗铃、混淆开发改造资格的手段,直接损害了上诉人的合法权益!一审判决结果是极其错误的。

综上主要上诉事实和理由,恳请二审人民法院依法主持公平正义,以维护上诉人的合法住房保障权为重,依法撤销一审判决,公正处理本案!

……[①]

在法庭审理国土资源局一案中,住户代表义愤填膺,从事实和法理的角度对于开发商的行为与国土资源局的行为进行了一一揭露。笔者特摘取部分诉讼答辩词来证明这一点。

一 开发商肆意篡改两个文件精神,实行错误的安置方案,我们

[①] 摘自行政上诉状,2009 年 12 月 22 日。

要求收回他们的证件有什么错？

　　在两个文件中，对我们没有参加房改的196户用什么政策进行安置交代得清清楚楚。下面我就引用两个文件中的两段话来说明此事。在市长《办公会议纪要》中有这样一句话："YG房地产开发有限公司要按相关政策负责安置出让土地上的228户住户。"这什么要写成相关政策而不是写成按政策对228户进行安置呢？这就说了228户不同情况，不同情况要用不同的政策进行安置。

　　在另一文件《收购协议》中就针对相关政策对228户作了明确的规定，规定是这样的："对收购38亩土地的196户公有住房按Y市房改发字〔2001〕第05号文件精神进行危房改造，按现行房改政策予以安置……对已房改的32户按拆迁政策妥善安置。"

　　上面引用两文件中的两段话中清清楚楚地交代了对我们196户要按房改政策进行安置，同时对比了32户要按拆迁政策进行安置。对比的目的是说明对我们196户只能用房改政策进行安置，而不能用拆迁政策进行安置。这是两个文件中的明确规定。

　　同时有《收购协议》的参与者、制定者、协议的甲方代表、当事人清算组成员在2005年破产时就拿着Y市房改办发的房改材料对协议中规定的按现行房改政策予以安置做了具体交代。交代是这样的：一般职工可享受60平方米的房改房，800元/平方米，减掉双职工的工龄。另外还可享受5平方米的优惠价1040元/平方米。还有中级职称和处级干部可享受80平方米的房改房，800元/平方米，减掉双职工的工龄。另外还可享受5平方米的优惠价1040元/平方米。

　　这样的说法，2009年《×××报》资深记者LRH采访了当年清算组成员，他们的说法和上面的说法完全一样，如果需要，我们这里有报纸和录音为证。

　　可这些说法我们政府有些领导说，这不算数，我们就弄不明白了，当年协议的参与者、制定者、协议的甲方代表、当事人说的都不算数，谁说的算数呢？难道他们的身份和地位不合法吗？难道他们的说法违反了政策吗？协议的谈判代表的说法不算数，我们真正弄不明白我们这些领导到底是什么意思？难道这些代表是虚设的，是假的吗？如果是虚设的，是假的代表，那这份《收购协议》也是假的了？所以我们说要承认这份《收购协议》，必须承认协议的代表；要承认代表，必须承认代表的说法；要承认代表的说法，必须看代表的说法有没有法律和政策依据。这是执法守法人的一般常识，还要我们这么多的文字说明吗？

综合以上，我们有两个文件的明确规定，有 Y 市房改办发的房改政策的规定，有协议的当事人的证方。人证、物证齐全，这难道不能说明对我们 196 户应按 Y 市房改办规定的面积和价格给我们进行房改吗？……

二　开发商迟了四五年不完成协议中规定的工作，我们要求收回他们的证件有什么错？

在《收购协议》中规定，开发商收购我们原单位的土地和资产后，需要完成的工作，至今完成了没有？大家都知道，从 2005 年开发商收购我们原单位的土地和资产已有四五年了，对协议中规定的一个主要工作——对我们 196 户的安置，迟迟不给以安置，总是推三阻四，并且要靠政府的力量来裁决我们，强制我们执行他们的错误安置方案，还雇用了社会上一些闲散人员来围攻我们，实行野蛮拆迁，像这样的开发商还有资格开发我们电表厂吗？包括我们的厂区。有人说，这是两个土地证，我们说不对。这是一个《收购协议》，不完成协议中规定的工作，你就没有资格开发我们电表厂内的任何地方。为此，我们提议，开发商已拖延我们四五年了，如再迟迟不解决我们的问题，我们就要求开发商停止开发我们厂区的工作，如果不停止，发生的一切不良后果，要由开发商承担，因为是他们造成的。

开发商拖延我们已有四五年了，我们要求收回他们的证件有什么错？请你们回答。

三　不讲信誉的开发商，我们要求你们收回他们的证件有什么错？

从两个文件中看出，我们原单位出让给开发商的土地和资产是低价让利给开发商的，按 2005 年的地价，让利给开发商 2000 多万元。按 2008 年地价，让利给开发商 5000 多万元。让利这么多给开发商，可开发商迟迟不给我们解决问题，这是为什么，我们不得而知。可我们听到政府有些官员说，低价让利给开发商这是政府的事，与你们没有关系。我们说不对，我们在这块土地上干了一辈子，住了一辈子，为祖国奉献了一辈子。如果政府将这块土地的利益让给那些比我们更穷，更有贡献的人，我们还可以理解。可为什么要将这么多的利益让那些富人呢？我们实在想不明白。如果开发商得了利还不给我们解决问题，我们一定要求政府给我们讲明低价让利的理由。我们相信，我们的政府不会不讲道理的。

我们要求收回这些不讲信誉只为谋取暴利的开发商的证件有什么错？请你回答。

四 不按法律程序办理开发电表厂的事情，我们要求你局收回开发商的证件有什么错？

《收购协议》是政府、YG 房地产开发有限公司和我们原单位在 2005 年签订的一份合法有效的合同。可你们现在要 BF 房地产开发有限公司开发我们电表厂。我们先不说他们是转让和联合开发的事，就按一般程序来说，这份协议还是 YG 房地产开发有限公司签订的，现在谁也没有见到 BF 房地产开发有限公司承认履行这份《收购协议》的任何签字盖章的手续，你们就让 BF 房地产开发有限公司来开发我们电表厂，你们这样做，符合法律程序吗？符合两个文件精神吗？你们是如何依法行政的？我们的要求有什么错？请你们回答。

诸如此类的事情实在太多了，你协议中规定，政府相关部门要监督协议的执行，你们是如何监督的；开发商四五年没有开发你们谁管了；要求开发商 2007 年动工，2008 年交工，你们又是怎么监督的；还有协议中有未尽事宜要协商解决和谁协商了，等等。不执行协议的事实，不知道是你们无意不执行，还是有意不执行，我们弄不明白，请你们回答。

为此，我们认为 XQ 区法院对我们判决不公，要求 Y 市中级人民法院重新审理我们的案子，还我们一个公道。①

---

① 摘自诉讼答辩词。

"以法律的逻辑代替生活的逻辑,常常成为法官压制日常生活知识的利器,在法律知识下,当事人的生活知识沉默了。即使法官运用某种生活知识,因为法官拥有对案件裁决的权力,这种权力也会压制当事人的生活知识。法官的法律知识往往会成为法官逃避或扩大审判、作出与生活常识相违背的判决的理由。"[1] 2010 年 4 月 2 日,Y 市中级人民法院下达行政判决书 Y 行终字 [2010] 第 15 号、第 17 号,对于住户上诉 Y 市国土资源局和 Y 市住房保障局案作出了行政判决。法院的两次判决如出一辙,对案件诉讼的重点进行了目标置换,认为案件的关键在于开发商与住户之间拆迁安置补偿的标准问题上,此事应另立案处理。而 Y 市住房保障局和 Y 市国土资源局履行行政职务的过程均合法有效。下面是 Y 市中级人民法院发出的行政判决书的部分内容。

上诉人 HYY 等 91 人因房屋拆迁许可一案,不服 Y 市 XQ 区人民法院 Y 兴行初字 [2009] 第 60 号行政裁决,向本院提起上诉。本院依法组成合议庭,公开开庭审理了本案。上诉人的诉讼代表人 HYY、YWK 及委托代表人 HSY,被上诉人 Y 市住房保障局的委托人 XHX、LT,被上诉人 BF 房地产开发有限公司的委托代理人 DJG、WH 到庭参加诉讼。本案现已审理终结。……

原审法院认为,被告作为 Y 市的房地产行政管理部门,是法律法规授权的城市房屋拆迁工作的监督、管理机关,具有核发拆迁许可证的主体资格。……本案中,第三人 BF 房地产开发有限公司向被告领取房屋许可证时,已经提供了上述法规规定的各项批文、拆迁计划、拆迁方案及拆迁安置资金证明。被告依法对各项批文进行了检查,对拆迁计划和拆迁方案进行了审核,认为第三人提供的各项批准文件主体同一、建设范围一致、建设项目为批准项目,拆迁计划和拆迁方案中的安置方式符合法律规定,具有拆迁安置所必需的资金准备,颁证前听取了被拆迁人代表的意见。

---

[1] 左卫民:《在权利话语与权力技术之间——中国司法的新思考》,法律出版社 2002 年版,第 163 页。

故被告的颁证程序合法。综上，被告Y市住房保障局向第三人核发的房屋拆迁许可证，认定事实清楚、证据充分、适用法律正确，是合法的行政行为，应予维持。原告诉讼请求不能成立，不予支持。……

本院认为，原N电机有限公司清算组与YG房地产开发有限公司签订的《YG房地产开发有限公司收购N电机有限公司部分资产的协议》，规定YG房地产开发有限公司对196户公有住房按Y市房改发字［2005］第05号文件精神进行危房改造，按现行房改政策予以安置，并按Y市市区公有住房出售管理办法办理。后BF房地产开发有限公司将YG房地产开发有限公司吸收合并，并在Y市工商行政管理局注销了YG房地产开发有限公司营业执照，BF房地产开发有限公司对YG房地产开发有限公司的债权债务都已全部接受，承认和接受了《YG房地产开发有限公司收购N电机有限公司部分资产的协议》有关196户的安置方案，不存在转让或联合开发的行为。被上诉人Y市住房保障局依据《城市房屋拆迁管理条例》第七条第（一）款的规定，审查了BF房地产开发有限公司提交的建议项目批准文件、建设用地规划许可证、国有土地使用权批准文件、拆迁计划、拆迁方案和办理存款业务的金融机构出具的拆迁补偿资金证明，在颁发房屋拆迁许可证之前，听取了被拆迁人代表的意见，认为符合法律规定并给BF房地产开发有限公司颁发了《拆迁许可证》，并无行政违法之处。上诉人的上诉理由不能成立，本院不予支持。原审法院认定事实清楚，适用法律正确，审判程序合法。……驳回上诉，维持原判。

本判决为终审判决。[①]

YWK事后告诉笔者，按照收购协议来说，里面有一条叫"不得转让，不得联合开发"。住户们上告政府部门没有依法行政，结果法院却判政府部门依法行政。因为政府部门的原因，法院就背离这个事实，回避这个事

[①] 摘自《Y市中级人民法院行政判决书》（Y行终字［2010］第17号），2010年4月2日。

实。所以在开庭之前人家法官就这样给住户代表含糊其辞地表达了他们的难处，比如法院没有权，他们的经费都是市里控制的。住户代表当时就不太理解。后来到了中级人民法院那里就更明确了，也是一样，开庭之前法官找住户代表谈话，希望他们能跟开发商协商。如果协商不通，法院也没办法。法官还现身说法，谈到法院里照样存在房子分配不公平的现象，所以委婉地劝慰住户们要学着去接受这一社会现实。事实也证明，最终法院还是一字不改地把 XQ 区法院的判决搬过来了。

后来住户代表又按照法律程序进行了行政申诉。所谓行政申诉是行政诉讼当事人和法律规定的其他人，对人民法院已经发生法律效力的裁定或判决，认为有错误而向人民法院要求复查纠正的一种法律。行政诉讼一般应当有新的证据足以推翻原来的判决或者裁定，或者原判决和裁定认定事实的主要证据不足，或是原判决或裁定适用法律确有错误，或是法院审理活动违反法定程序。住户诉讼代表和辩护律师经过几次讨论，综合分析了败诉的一些因素。他们认为，法庭在审理中对于一些明显的证据有意回避或者谈化，特别是有关《收购协议》的规定以及两房地产公司在工商登记部门的工商档案资料的遗漏严重地影响了案件的审理结果。所以他们向原审中级人民法院提出了行政申诉。

    申诉人不服 Y 市中级人民法院做出的 Y 行终字 [2010] 第 15 号行政裁决，维持了 Y 市 XQ 区人民法院 2009 年 12 月 1 日作出的 Y 兴行初字 [2009] 第 75 号行政裁决书，依法提出申诉。
    申诉请求：请求原审人民法院依法重新查明事实，依法履行审判监督，再审本案。
    事实和理由：申诉人不服该两审所作的判决结果，主要是原一审判决事实不清、认定错误，理由如下。
    首先，一审判决认定"……该两企业法人的合并、分立属企业自主经营的行为，不是转让和联合开发的行为，其行为并不违反法律、法规的禁止性规定，第三人对 YG 房地产开发有限公司对外签订的合同及承诺并未予以否定，只是原告与第三人在安置上存在一定的分歧……"对此，申诉人认为是严重错误的。申诉人通过一、二审庭审调查和两审所举的证据，已经充分地证明了原审第三人BF房地产开发有限公司口是心非地认可《收购协议》，但在实际拆迁过程中和公开的媒体宣扬中，已经不是"一定的分歧"，而是根本分歧，分歧的根本原因则是第三人事实上根本不按《收购协议》去解决问题。所以，究其根本原因就是申诉人所面对的开发商主体，根本不是Y市人民政府所指定的开发商。这才是申诉人权利受到侵害长达五年没有得到危房改造和安置到新居后享有房改政策的根本原因。

另外，一审判决遗漏了申诉人提供的第三组证据当中还有第三人BF房地产开发有限公司的工商档案证据，因此遗漏了在原审审理当中，BF房地产开发有限公司与YG房地产开发有限公司就根本没有进行过合法工商变更的事实，同时也证明了本案起诉前BF房地产开发有限公司拆迁时就没有进行过任何工商变更登记，两公司的合并协议显然存在效力问题。……

其次，一审判决书第8页合并后，经BF房地产开发有限公司变更申请，Y市国土资源局经审核，与2008年1月30日将原颁发给YG房地产开发有限公司的《国有土地使用权证》收回，向第三人BF房地产开发有限公司颁发了Y市国用[2008]第01701号、第01702号《国有土地使用权证》，2008年3月27日，因规划道路取消，第三人请求将规划占用面积予以恢复，被告经再次审核，将第01701号、第01702号土地使用权证合并登记，重新向BF房地产开发有限公司颁发了Y市国用[2008]第04469号《国有土地使用权证》的事实严重错误……

最后，申诉人作为破产企业的职工，住房保障权在企业破产时，是以Y市人民政府的相关各种文件及土地批复予以确定的，Y市人民政府已经给申诉人赋予了危房改造享有房改政策的权利。这些文件不是一张废纸，是权利的体现。可就是在其后市政府文件履行过程中，作为Y市人民政府的职能部门，首先是被申诉人Y市国土资源局，开始超越行政职权范围，变相地规避文件和《YG房地产开发有限公司收购N电机有限公司部分资产的协议》内容，帮助、协助被申诉人

BF房地产开发有限公司采取移花接木、掩耳盗铃、混淆开发改造资格的手段，直接损害了申诉人的合法权益！一审判决结果是极其错误的！……①

2010年10月9日，XQ区法院审监庭就91人行政申诉状开庭听证，至今未判。老人们百思不得其解地问律师："我们不服两级法院对土地局和住房保障局的判决，提出申诉，却倒回来由XQ区法院审监庭结案，这合乎常理吗？三场官司，过了八回堂也没弄懂嘛是法理嘛是道理？"律师也摇头表示不明白。

2009年8月20日，XQ区法院以"住户上诉住房保障局案需以其他案件事实为依据"为由，裁决中止诉讼。随着各级法院审理的进行，住户们认为他们和辩护律师收集到了更有力的证据，特别是YG房地产开发有限公司和BF房地产开发有限公司在工商行政管理部门的档案并未注销的证据。所以住户们申请XQ区法院再审此案。然而XQ区法院的回复是，法院对该案进行了复查，证实该案中止诉讼的原因消除后，本院依法作出判决，程序合法，原判审查被申请人颁发许可证行为的合法性所认定的事实清楚，证据充分，判决结果并无不当，所以维持原判不予重新审理。

第四节 小结：结构、权力与技术

综观这一阶段博弈的整个过程，我们发现，权力是话语运作中无所不在的支配力量。"法律的权力与其说是在高等法院的判决和立法公告中体现出来的，倒不如说是通过法律应用的细节表现出来的。"② 住户在这场披上神圣的法律外衣的博弈中很自然地退了出来。我们需要运用社会学想象力去解释这种现象，以及各方行动者都采取了哪些行动策略以利于在博弈中获取利益，法律在利益博弈中的面目又是怎样的。

---

① 摘自行政申诉状，2010年6月24日。
② 吕万英：《法庭话语权力研究》，中国社会科学出版社2011年版，第27页。

在依法博弈过程中,我们要分析各方行动者在法律"场域"中的关系,以及各自的行动策略背后所拥有和能够动员的资本因素。

一 住户与地方政府

在地方政府与住户的博弈中,地方政府自然既是博弈规则的设计者,又是这场博弈的仲裁者。按照当初的《收购协议》,Y市经贸委和相关单位如住房保障局、国土资源局对于电表厂的房屋拆迁改造工作起着监督作用。可是由于地方政府在市场化过程中角色的多重性,以及地方政府领导体制的复杂性,导致政策的制定与执行断层,一旦出现问题,各级政府便会相互通气,保护政府内部的利益。这样,在博弈过程中,地方政府形成了一个强大的利益共同体,他们对政策具有解释权,又对内部信息有着垄断权。相对而言,民众既不能代表国家,也没有办法获取一些一手的可靠证据来维持自身在"场域"中的平等地位。所以在住户与地方政府的博弈中,住户注定是输家。

二 法院与地方政府

在当前,地方法院与地方政府并非平等级别,而且法院的领导体制并非垂直管理。这样导致法院在人权、财权等环节受制于党委和政府而不得不听命于党委和政府,这种制度使法院的司法活动必然受行政指令的影响,对于涉及政府的行政案件,法院必然是三思而后行,直接影响司法公正。这种制度也使得法院地位降低,更不可能站在中立的角度进行有效的监督。

再加上法院内部的行政管理制度支配着整个法院的审判动作过程,法院内部的行政管理制度又与执政党对全社会的领导密切联系在一起,因此,法院的审判工作必须服从社会稳定团结这个大局。[①] 在这种制度下,对于法院领导而言,对政府领导决定执行的态度、程度与自己的前途和乌纱帽联系起来;而对于办案法官来说,执行法院领导的旨意的态度、程度

---

① 应星:《"气"与抗争政治当代中国乡村社会稳定问题研究》,社会科学文献出版社2011年版,第160页。

和他的饭碗紧密联系在一起。[①] 在这种联动效应下，法院自然顺服于地方政府，在一些涉及政府部门的诉讼案件中，法院往往会成为某些领导用来达到某种目的的工具。

三 法院与住户

他们之间的博弈形态，仍然是属于孙立平等人所研究的国家与农民的关系的实践形态，是一种官民关系的博弈。既然是官民关系博弈，法院的博弈思维就当然首要遵循政治的逻辑，主要表现在两个方面：一方面是避免自己陷入政治风险中。法院手中握有国家权力分工体系网络所赋予的强大法律权力，这种强权力没有被法院首先用于处理案件，而是首先被用于维护法院自身的利益，以攫取更多的社会资本和稳固自身权力。所以法院利用信息的不对称，以及自身所掌握的法律的熟练技术，即使住户们在法律"场域"中多次出击，法院也在大多数情况下采用拖延、躲避，甚至目标置换等措施消极应对。而住户们则通过各种途径极力搜寻并利用一切可能的资本和权利，想提升自身在"场域"中的地位，从而在博弈过程中占主导地位。但是由于权力和资本差距过于悬殊，最终导致在地方法院与住户的博弈过程中，住户不得不退而求其次。

四 住户与开发商

尽管根据民事诉讼法律条文的规定，住户与开发商都是法律地位平等的当事人，然而，他们在法律"场域"关系网络中所占据的位置并不相同，这决定了博弈的起点就是不平等的。尽管开发商在法律事实面前明显失理，但是有着政府部门和雄厚的经济资本的支持，开发商很容易在程序博弈中占据上风。面对住户们的诉讼，开发商先后采用了委托代理、诉讼主体异议等法律赋予的一系列程序性诉权，施展极力拖延的博弈策略，充分使用了正式制度所赋予的权力。而经济资本和社会资本都相当匮乏的住户们处处难以抵挡开发商的谋算，在依法博弈过程中举步维艰。譬如，缺

---

① 曙明：《法院不归政府管》，《中国青年报》2001年8月13日。

乏雄厚的经济资本支撑，仅仅一些诸如交通费之类的基本诉讼成本支出就已经使他们力不从心，再加上各位上访者年龄较大，行动越来越不便。而开发商则愿意拿出大笔的经费收买一部分上访代表；另一方面极力配合政府行动，动用法院的工作人员去对住户的诉讼代表进行思想动员工作，从而达到分化瓦解集体行动的可能性。

第四章 依势博弈

第一节 依势博弈

"势"的概念曾经是中国学术中的重要概念。西学东渐后,"势"这一汉字的重要概念几乎消失于中国人文学科中。那么何谓"势"?"势"本作"埶"。《说文解字》曰:"埶,种也。"段玉裁注:"犹农者之树埶也。""说文无势字,盖古用埶为之。"① 种植需用力,故在"埶"下加"力"字,即后来广泛使用的"势"。关于"势",《集韵》释:"势,威力也。"②《广韵》、《玉篇》释:"势,形势。"③《字汇》释:"势,力威,权势、形势,又气焰也,又阳气也。"④《设木华海赋》:"群山既略,百川潜渫,泱漭澹泞,腾波赴势……亦作势,情态也。"⑤《辞海》释:"凡力之奋发皆曰势,其关于自然界者,如云风势、雨势;见于动作之事者,如云趁势、作势。"⑥ 刘勰《文心雕龙·定势》:"势者,乘利而为制也。如机发矢直,涧曲湍回,自然之趣也。"⑦ 从字句中不难理解,"势"是自然而然、随机生发的样态,就好像弓弹发后箭自然射出,涧水遇阻后自然激起浪花而迂回。《孙子·

---

① 段玉裁:《说文解字注》,江苏广陵古籍刻印社 1997 年版,第 113 页。
② 《台湾教育部异体字字典》,http://dict.variants.moe.edu.tw/yitia/fra/fra00402.htm,2012 年 5 月 10 日。
③ 同上。
④ 同上。
⑤ 同上。
⑥ 舒新城等:《辞海》,山西古籍出版社 1994 年版,第 421 页。
⑦ (南朝)刘勰:《文心雕龙》,http://www.ziyexing.com/files-5/wxdl_2.htm,2012 年 5 月 10 日。

势》篇中说："善战者，求之于势也，不责于人，故能择人而任势。任势者，其战人也，如转木石。木石之性，安能静，危能动，方能止，圆能行。故善战人之势，如转圆石于千仞之善者，势也。"[①]《现代汉语词典》解释为势力；一切事物力量表现出来的趋向；自然界的现象或形势；政治、军事或其他社会活动方面的状况或情势等。

近年来，中国社会科学界开始关注"势"，其中陈谭和董海军对"势"的阐述比较具有代表性。陈谭认为"势"作为中国特色的政治权力运行方式，具有其内在的规定性，通常将其理解为地位和权力，但是对"势"的内在规定性没有作进一步阐释。到了韩非才真正把"势"的意旨基本厘清。中国传统意义上的"势"主要是指君王的位分权力，以及围绕权力而转化产生的权势与威严。韩非认为"势"就是战胜对手与众人的条件。同时，韩非还将"势"分为"自然之势"和"人设之势"。前者强调"势"之客观形成，后者强调"势"之主观造就。韩非所看重的是"人设之势"。其实，韩非的"势"，就是人民承认君主之地位而服从他，君主凭借这种地位以号令人民的一种关系。

陈谭认为，将"势"直译成"tendency"（趋势），这与中国法家所指认的内涵有重大的区别，译作"condition"（条件）、"Sources"（资源）与"Power"（权力）可能会更为合理些。因为资源就是社会中一致确定的有价值的物品，社会资源是个体通过直接或间接的联系可以接触到的资源，对这些资源的接触和使用是暂时的、借来的。这些"借来的"资源有利于实现个体自我的某种目标。借势就是借助某种氛围、某种趋势或某种外力，实现自己的目标与计划。[②]

而董海军界定"势"这一概念是基于面子与权力的运作过程，并综合考虑了个人权威、道德品质、利益往来及血缘关系等因素。他认为布尔迪厄意义上的资本是"势"的重要来源，但"势"又不完全来源于资本。他认为，即使一个人无任何资本时，他仍可能有"势"。比如，大家都说老

---

① 曹操等：《十一家注孙子兵法》，中华书局1978年版，第116页。
② 陈谭、刘兴云：《锦标赛体制、晋升博弈与地方剧场政治》，《公共管理学报》2011年第2期。

百姓没有什么资本，农村没有什么资本，但他们在某种情况下会很得"势"。如果说理势与文化资本，法势、权势与政治资本，钱势与经济资本，人势与人力资本，气势与象征资本还具有牵强意义上的对应性，那么情势、形势和弱者之势的存在，恰好也说明了资本概念在中国乡镇社会中的空白和无力。因此"势"同时也超越了象征资本这一概念。[①]

笔者通过综合分析中西方学者对"势"的内涵的指认以及当下研究者对"势"的阐释，推延至当下房屋拆迁过程中的利益博弈，开发商与住户根据自身所拥有的社会资本与经济利益分别构筑自身所依靠的"势"，我们姑且称这种围绕房屋拆迁而充分调动各种资源的活动为借势博弈。当然，我们在此比较认同陈谭对势的梳理与界定，即"势"就是构成权力"场"的一切条件与资源的总和。一般而言，借势、造势和运势是最常见的三种借势博弈策略，但是不同的利益主体会根据情况而具体演化出适宜各自的策略。

第二节 开发商的策略

一 建构合法性

社会制度通过明确人们能够占据的社会地位以及联系这些地位的行为来管理人们的行动。社会地位就是一个社会系统中明确的"社会位置"(social location)或"社会空间"(social space)。作为文化的一部分，关于社会地位的知识也存在于个人的头脑中，但是，这种知识被那些能够相互影响的人所共有。正如戴维斯曾经评论道：一个个体在他的头脑中携带着社会地位的思想，但是，当相应的情况发生时他们就会把社会地位付诸行动。不仅一个人在头脑中携带这种思想，而且其他人头脑中也携带着这种思想，因为社会地位是互惠期望问题，并且必须被群体中的每一个公然地和普遍地察觉到。BF 房地产开发有限公司长期以来承接一些破产国有企业的房屋拆迁安置工程，所以他们在这些脱离原有的单位组织，又生活在

[①] 董海军：《依势博弈：基层社会维权行为的新解释框架》，《社会》2010 年第 5 期。

第四章 依势博弈

原有社会资本被打破社区内的人群面前具有一种居高临下的感觉。从一开始,开发商就积极地构建自身在房屋拆迁安置过程中的合法性,巧妙地借助"红头文件"来推进拆迁政策的执行进程,并且适时地转换他们在拆迁中的身份。在针对住户的各种材料中,开发商都以"依据市长办公会议纪要精神和《收购协议》,以及根据Y市相关法律规定进行"这样的名义,给自己的行为寻找合法性。

同时,开发商也是积极利用媒体,多次在报纸上发布公告,公告称,CQY、HZD、CYJ等24户承租BF房地产开发有限公司位于电表厂家属院的公有住房并长期空置,该行为已严重危害到他们对公有住房的管理,从而抢占舆论的制高点。其中一份公告的内容如下。

> CYJ、NXY、LY、WHJ、SYZ、LY、GF、LBG、LYJ、FAJ:
> 你们承租我公司位于电表厂家属院的公有住房并长期空置,该行为已严重危害到我公司对公有住房的管理。现我公司限你十户在本公告发布之日起三日内搬出居住,否则由此引发的法律责任由你自行承担。[①]

开发商发布这样的公告,很明显地置换了他们在拆迁中的位置。电表厂住户居住的房屋是过去住房实行实物分配时期的产物,住户虽然没有房屋产权,但政府一直是通过房改的形式来解决这一历史遗留问题。所以开发商在公告中宣称住户"承租"该公司的房子分明是强抢道德制高点。而且在开发商的各种表述中,被拆迁户一直是196户,其实这也是他们在借助媒体给政府传递一些信息,一方面,让政府部门知道涉及的人数比较多,社会影响比较大;另一方面,人数的多寡会涉及将来能否争取到政府其他项目的支持。

二 寻找博弈代理

开发商的主要工作是与地方政府协调关系,通过各种渠道获得土地的

[①] 摘自《公告》,《Y市晚报》2010年2月1日。

开发权，向政府缴纳了土地转让金，等等。等这些面上的工作完成以后，涉及拆迁的具体工作由专门的人员来完成。开发商深知与民众打交道并不是简单的事情，于是他们便花大价钱雇用专业拆迁公司来完成这一高难度的工作。拆迁公司的理念就是，只有拆除了开发商要求拆除的房子才能拿到他们的工资。为此，他们不择手段，经常会夜袭家属区进行暴力强拆。当住户们诉诸法律时，开发商聘请的代理律师则会全权代表开发商，他们运用他们特有的专业知识进行一系列的技术操作，从而使住户们在法律面前保持沉默。总之，通过这样的层层博弈代理，住户们在博弈中被甩得越来越远，根本没有机会与真正的当事人进行正面交锋。

三　分化住户阵营

开发商在积极地应对住户们的上访和诉讼时，早已委托拆迁公司悄悄地在家属区内掀起了一场房屋拆迁大动员，企图瓦解住户阵营。

（一）拉拢

当企业破产时，被拆迁安置的196户名单是由物业科负责上报的，他们最了解这些被拆迁对象的详细情况。所以开发商在签订《收购协议》后，首先接管了电机公司家属区的物业公司，直接将物业科的工作人员转换成该公司的员工，高薪聘用原物业科科长负责拆迁工作，并且率先对他们名下的房屋进行了货币补偿安置。对一些已经交了房子的住户，邀请他们喝酒吃饭，并付费聘请他们协助拆迁安置工作。开发商在拆迁安置补偿过程中也按照"差序格局"的逻辑进行，如果住户家庭有着雄厚的经济实力，或者住户家有人在社会某要害部门工作，开发商则会选择给予他们一次性优惠安置费；而对于普通的住户特别是那些无依无靠的老人，开发商会按照他们制订的安置方案坚决执行。

（二）奖励

由于住户自发组织的松散性和企业破产后较弱的归属感，开发商在拆迁中采取了先易后难、分化瓦解、各个击破的策略，以此来瓦解住户的战斗联盟。如在拆迁过程中，划分几个拆迁奖励期，在不同的期限内提供拆迁优先奖金或安置楼优先选房权，拆除得越早得到的利益越多，这样一部分住户禁不住诱惑必将首先行动。随着这些住户的搬迁，拆迁办会马上跟进拆除这些人的房屋，其他住户即使不想拆迁，在整体氛围的影响下也不得不随之搬迁。不少住户与拆迁办签订的合同都有黑白两份，私下协议的部分不能公开。拆迁办在签协议时一般表示这是对他的特殊照顾，这样让住户觉得是拆迁办给了他特别的好处，他是唯一的优待者。开发商的这种奖励措施在他们贴出的拆迁安置方案中可以略窥一斑。

原 N 电机有限公司家属区拆迁安置方案

……

五　凡是在拆迁开始之日 20 天内完成房屋搬迁腾空并签订协议交房的，将给予 3000 元奖励。

六　本方案公布 60 日内仍未签订协议的，不再原地期房安置。

七　原地期房有偿安置的过渡期限为 18 个月。被拆迁房屋承租人自行解决过渡用房。过渡期限内，按被拆除房屋建筑面积每月每平方米 6 元的标准发给临时安置补助费，逾期不能安置的，从逾期之月起，加倍发放，直到安置完毕。

八　①货币补偿安置和异地现房承租安置的，按被拆迁房屋建筑面积每平方米 6 元的标准付一次搬迁补助费。

②原地期房有偿安置的，按被拆迁房屋建筑面积每平方米 6 元的标准支付两次搬迁补助费。

九　临时安置补助费，搬迁补助费低于 180 元的按 180 元发放。

十　拆迁时接固定电话的，每部电话凭拆迁当月有效的缴费票据补偿 165 元（电信局现在装机的价格 165 元）。

十一　每户伙房补偿 500 元。

十二　原地期房有偿安置的，按签订拆迁协议书的顺序号安排楼层、房号。[1]

---

[1] 摘自原 N 电机有限公司家属区拆迁安置方案，2008 年 7 月。

（三）蒙骗

开发商在私自改变房改安置方案以后，每次都借用政府"文件政治"的形式为自己的行为进行合法化的掩饰。例如"根据 Y 市人民政府市长办公会 2005 年第 49 号会议纪要精神和《YG 房地产开发有限公司收购 N 电机厂有限责任公司部分资产协议》"，"为了改善和提高住户的居住条件和居住环境，对原电机厂有限责任公司家属区现有的危旧公有住房实施拆迁改造，为了规范拆迁行为，维护拆迁当事人双方的合法权益，保障拆迁改造工程顺利进行，按照《Y 市房屋拆迁管理办法》《Y 市城市房屋拆迁有关费用补助标准》等法规制订本方案"。"承租我公司公有住房……"从而让住户们觉得他们是代表政府在进行合法正当的拆迁。但是，住户代表 YWK 早就识破了他们的这种手段。

> 情况就是五花八门，五花八门到什么程度？有的住户被两三万元打发掉了，有的被七八万元打发掉了，也有十几万元的。要二手房的也有，我们那边有个叫 CZP 的，他最早也是弄了二手房。二手房就是电表厂里的四合院。他这个房子是五十多平方米，他自己住的房也是五十多平方米。当时把他弄过去了，弄过去他自己还掏了四五万元。这套房子呢，人家房主要的价也就是十五万元，实际就是给他补了十万元钱。但他本身住的简易楼嘛，跟我一样。你看这个要跟我比就差多了。①

对于产生于传统文化的"人情""面子"等概念，已有学者进行了深入的研究（King, 1994；Hwang, 1992），它是中国社会人际交往中特有的方式。而在一个熟人社区内，"人情""面子"更是个体基本的行为准则，即使在对经济权利的分配中，亦不难发现人情法则的作用。开发商做工作夹杂着诸多治理技术的综合治理过程。具体做工作主要是由拆迁办的人和法院的人承担。人情策略是这一互动的重要特点，在这个过程中，他们对一些亲戚关系网开一面，但更多的是利用朋友配合工作。比如，开发

---

① 对 YWK 的访谈记录，2011 年 9 月 22 日。

商利用WWC爱人与其是老乡的这层关系，不仅答应给他们增加面积，而且可以以同样的待遇再申请一套房子；WWC自然要利用他作为厂区医生多年积累起来的人脉关系，动员大家早交房子才能早住新房子。法院的工作人员也通过与一些老职工的交心，让他们"解放思想，实事求是"。当然，对一般的住户而言，防止其成为钉子户的最有效的措施就是造势，制造氛围，有意让所有人都得知拆迁已经进入了尾声。与此同时，必须看到，在BF房地产开发有限公司的人情原则之外同样存在强权的威慑。这种威慑一方面来自开发商潜在强拆与夜袭的暴力威胁，另一方面也源于他们在财力和权力上的压力。

（四）威胁

开发商用小分队在家属区打游击战，采取户户击破的战术，让剩余的80多户住户防不胜防。开发商派出的拆迁公司在拆迁时没有防护措施，没有具体的安全拆迁细节和方案，采取断水、断电等野蛮强行拆迁的方法，将没有交房的住户房顶掀掉，将连排建设的房屋从中间拆除，导致大多数住户四壁透风，停水停电，迫使老人投亲靠友。

2010年11月12日，电表厂家属院内数十只狗同时狂叫，惊动了熟睡的老人们，因为开发商强拆，道路难行，住户们晚上闭门上锁自保平安。第二天一大早，聚集在大院内唯一供水的水龙头前排队打水的人们议论纷纷。"昨晚8点多钟，吴师傅拿着手电筒出门看见有人砸平房门窗，他叫了一声，几个人鬼鬼祟祟地逃跑了。""天津大院小杜家的院门被撬坏了，院墙也被推倒了，还放火烧了领导的房。"2010年11月15日，BF房地产开发有限公司以他们原先用的自备井井水不干净、水泵已坏为由，将通往住户家的自来水掐断。住户YWK诉说道：

> 我们现在等于都是垃圾，都是厕所。到处是垃圾！物业管理科什么的都归BF房地产开发有限公司管理了。他说管子坏了，水也给我们停止供应了。我们这里有一个人以前是动力科的，他说如果管子坏了我帮你们去修嘛，他们不让修。结果街道办主任来了，我们也找了，他说可能是过境了，人家街道办的说他不走了，结果不到五分钟

就好了,他[BF房地产开发有限公司的工作人员]把里面的一个闸门给关掉了,这个我们还不清楚。现在他不敢对我们进行威胁。比如说,有些人因为天冷了没法在这里住,就到外面租房子住去了,有些有子女的就到子女家去住了,人家[BF房地产开发有限公司的工作人员]公告说三天之内必须回来,否则负法律责任,说我们住他们的房。这在逻辑上是矛盾的,你不是国有企业,是个私营企业,你哪有公有住房嘛?公有住房怎么给你了呢?你是买了38亩地,厂区上的东西是给你了,可是生活区上面的房子怎么说给你了呢?我1964年就开始在这里住了。①

建构自身在这场博弈过程中的合法性是赢得胜利的一个必要条件。所以开发商一开始通过各种不同的方式向住户们宣传拆迁政策,并且以一副执行上面政策的姿态来动员住户。但是,他们很清楚依靠道德资源的同时必须付诸相应的"物质性"手段。开发商选择博弈代理的方式,花钱雇用"专业"的拆迁公司来完成这一任务。对于相对零散的住户,他们采取恩威并施的策略,让住户们在相互参照中做出妥协与让步。

第三节 被拆迁户的策略

"社会资本的理念或者行动能力的理念曾被赋予了非常积极的意识形态的、浪漫主义的和象征性的内涵。在理想情况下,社区仍然是表达'共同生活与行动'的场所,在此要遵守集体标准,公民拥有主动性。即社会资本可以赋予街区居民政治能力和社会能力。"② 对电表厂的住户而言,企业的破产使他们早先的归属感消失了,无论他们是无法离开这一社区还是将来离开这一社区,展开集体行动的条件都不具备。在这样的环境下如何选择合情合理合法的方式进行博弈显得至关重要。

---

① 对YWK的访谈记录,2010年2月5日。
② [法]索菲·博迪-根德罗:《城市暴力的终结?》,李颖、钟震宇译,社会科学文献出版社2010年版,第85页。

第四章　依势博弈

由于之前的几起诉讼最终以败诉结束，住户们只好重新反思博弈策略。从 2005 年上交第一份全体签名的举报信至今，住户们递交给各级政府部门的举报信近 50 封。在这一阶段中，住户们还积极地开展"普法学习"，学习新的法律法规和中央有关房屋拆迁改造的最新文件，在与政府、开发商等各部门在诸多具体事件中进行着复杂而艰难的互动的同时，他们逐步形成一种道德感，由自发到自觉地开始把个人的问题上升到一个社会、道德和正义的层次，从而重构社会道德体系。

一　造势

造势是指自己还没有现成的好的态势，但存在取得好态势的条件与可能，通过运用自己的生活智慧积极地营造一种良好的机会空间，使自己在博弈的过程中处于一个有利的地位。电表厂的这些住户，大都经历了新中国成立后的历次政治运动。作为一种集体记忆，他们非常熟悉那套阶级斗争方式与阶级话语。当国家抛弃了阶级和阶级斗争语言的政治使用时，他们在维权中又发掘出这一套话语的认知意义，并形成了一种自发的抗争文化。这种抗争文化实质上是一种非组织的表达，住户们试图通过这种表达为其群体利益的实现寻找合法性和可能性。

首先，贴"大字报"。在"文化大革命"对抗性较强的日子里，写大字报是把一个人的观点摆在整个单位面前的普遍方式。自 1977 年以来，向传播媒体写信和上访上级机关和干部的做法得到了鼓励。电表厂住户们的"大字报"的内容与"文革"时期相比发生了根本性的改变，但是达到的效果是一样的。如果按照宣传的内容与表达的形式进行划分，主要有以下几种。

第一，揭露开发商的险恶用心。针对开发商恩威并施，分化瓦解，住户代表在家属区两天之内到处刷满了新标语。住户中的一些积极分子深夜前往市经委门口和房管局门口的显眼处张贴一些大字报，对拆迁公司的强拆行为进行披露。这些标语读起来朗朗上口，一语中的。

> 提起电表厂拆迁人，在 Y 市坏得出了名，一脸横肉讲不出理，上

蹿下跳压穷人，为了钱不要脸。损人利己的事都占全。

拆迁办逞凶狂，找来民工推倒墙。故意断水又停电，住房成了透风堂。党的政策真英明，地方政府文件成空文，三方协议不执行。

各位住户莫动摇，守住房子最重要。不怕官压民，我们一定要站稳。只要团结紧，官司定会赢。赢赢赢！①

拆迁办逞凶狂，找来民工推倒墙，恶意断电又断水，住户的房子成了透风堂，这些帮凶罪恶多端没有好下场，到处是粪便、垃圾飞满天、马路坑连坑、尘土乱飞扬。汶川的地震全国来支援，电表厂的"地震"无人管，深受其害的群众去上访，市信访、区信访，官官相护一堵墙，想见大官是梦想，我们来自五湖四海建Y市，艰苦奋斗50年，身无寸地手无钱，到如今，晚度残年守着一烂摊摊，改革30年Y市的面貌大改观，唯独电表厂的家属院，还是一个破烂摊。②

再看下面这篇名为"骗子拆迁办挂羊头卖狗肉"的大字报，对开发商在家属院里的各种行径进行了详细总结与痛批。

自从去年7月份拆迁以来，拆迁办的种种丑恶行为都看在眼里，记在心上。人们看到的不是合法的拆迁行为，而是就像日本鬼子进村"扫荡"一样，根本不管老百姓的安危强行拆迁，更不能容忍的是他们勾结社会上不明身份的人来对付拆迁户，如果不是公安局的介入，被拆迁户们的安全都会受到威胁。为了达到拆房的目的，他们不是积极地与广大拆迁户沟通，解决实际问题，而是采取了种种野蛮和欺骗的手段，造成了拆迁工作的混乱局面。他们的行为归纳如下。

1. 抛出拆一还一的拆迁方案，但这个方案本身就是骗局，没有有关文件的支持。我们也不是属于此方案的拆迁对象。2. 给个别人许愿早交房给增加面积。3. 给早交房的人分好楼层。4. 按规定拆迁户的房租每平方米只能给6元钱，可他们给个别人的房租却全额报销。5.

---

① 这是笔者从家属区墙上摘抄的，2010年2月6日。
② 摘自《解铃还需系铃人》，具体时间不详。

第四章　依势博弈

给交房人承诺今年年底住进新房。6. 针对个别住户提出无理裁决，把他们逼上了法庭，妄想用这种手段达到拆房的目的。7. 勾结社会上不明身份的年轻人进入拆迁现场，不顾房子的整体结构而强行拆除，使我们的住房成了漏风漏雨、危房中的危房。8. 扬言给早交房的人分好楼层，给晚交房的人分坏楼层，不给任何好处。9. 请一些交房户喝酒吃饭，并让他们协同做拆迁户工作。10. 给一些没交房的住户造谣说他们的房子已交，企图动摇人心。11. 乘一些住户不在家时偷拆未交的房子。12. 强行停水停电，想以此法逼迫大家交房。以上种种言行足以说明他们不是真正的正规拆迁单位，而是骗子拆迁队，骗子伪装得再好他也是骗子！骗子在骗人，傻子在掏钱！！！[1]

第二，号召住户团结起来。面对开发商的策略，部分住户开始退缩，住户代表写出说明，告知要求享受房改安置并不是无理取闹，而是根据国家政策为自己争取合法权益，希望住户在困难面前要团结一致，共同坚持。看看下面这篇名为"我们一定要坚持到底"的大字报。

> 我们理所当然，是享受房改政策的拆迁住户。我们的住房是福利公房而不是私房，不属于拆一还一的对象。既然厂破产前一部分职工已参加本厂所盖房的房改，现在我们的住房进行危房改造，我们为什么就不能参加房改呢？前有车，后有辙，我们又不是前娘生的，要受后娘养的虐待。所以无论是谁来开发这片土地，都应该按国家的房改政策安排我们的住房。……大家应该清楚地看到，我们要求参加房改并不是无理取闹，我们是根据国家政策为自己争取合法权益的。这一点大家心里一定要明白。无论我们面前有多大的困难，只要大家团结一致，共同坚持，胜利是必然的。
>
> 　　只有团结一心，才会战无不胜！！！
> 　　只有坚持到底，才能取得胜利！！！[2]

---

[1] 张贴于家属区的大字报"骗子拆迁办挂羊头卖狗肉"，具体时间不详。
[2] 张贴于家属区的动员信"我们一定要坚持到底"，具体时间不详。

第三，揭露贪污腐败行径，追回流失国有资产的告示。尽管企业早已破产，可是住户们依然对企业充满感情，言语之中时刻流露出曾经的自豪。在他们眼中，企业还是他们的企业，眼看着自己为之奉献了一生的企业资产被人私分，他们的内心充满了仇恨与不满。

原物业科科长现任拆迁策划者，YWM 将收回的公房私分，物业科每人分到两至三套公房这难道是合法的吗？厂子破产，政府并没有破产，这些公房到底是属于公家的还是私人的？可以私分吗？BF 房地产开发有限公司的律师请你回答这个问题，有关此事，我们是有根据的，并且正在向检察院递交材料。

并且要如实地落实拆迁住户的名字。让私分公房的蛀虫彻底见见阳光，以免造成肥处添膘，瘦处刮油的现象。例如 WH 把私分的公房转卖给开发商得了 5 万元钱人就逃走，这不是贪污行为是什么？大家想想这么做应该吗？①

再看看这篇名为"为什么让 YWM 滚出危房改造现场"的大字报。

因为 YWM 没有资格参加危房改造的拆迁工作，他不是拆迁住户，却占着私分的公房混在拆迁户中，为了快速拿到卖房的钱，他抛出了拆一还一的拆房方案，因为他没有资格参加房改，他心中有鬼。据私分给他公房的人说这是经厂长签字的，试问 YWM 是给厂立了大功的英雄呢，还是外面没有住房呢，还是因为他是厂长的儿子、孙子呢？厂长凭哪条给他签字呢？为此我们明白了厂破产卖地时为什么不召开职工大会！在厂破产时，YWM、WH 等人把厂里的营业房几乎全买到手，厂北大门、南大门、东大门都有他们的营业房，就这样还不知足，还要在拆迁户的骨髓里榨油水。比如职工 LMZ、ZSH 本应是拆迁住户，但在拆迁人员名单中却没有他们的名字。他们名下的住

---

① 张贴于家属区与各相关部门的大字报，具体时间不详。

房哪儿去了？职工 LY、ZJH、LJZ 等人交回的公房哪儿去了？YWM 还散布说要是早点找他，他还可以给换大房子，这真是又当婊子又立牌坊！至此他的种种言行已严重干扰了拆迁工作的顺利进行。拆迁户盼望早日拆旧房住新房，就因为 YWM 这样的蛀虫使拆迁工作不能很快进展，所以 YWM 应该滚出拆迁现场。

常言道：人在做，天在看。陈水扁就是 YWM 最好的榜样。厂子虽然破产，但政府没有破产，总会有老百姓讲话的地方。我们的住房是20世纪70年代政府给支宁的职工盖的，我们没有功劳还有苦劳。古代有个王宝钏在寒窑都能熬过十八年，今天我们有吃有喝，还有共产党领导下的人民政府。豆腐熬大肉，看谁熬过谁！我们一定会熬出头的。

一定要把蛀 YWM 赶出危房改造现场！①

下面这篇大字报更是上升到一个社会道德层次对房屋拆迁事件进行了剖析。

中央的政策真英明，胡总书记的科学发展观：要以人为本，党的惠民济困政策，地方官员就不执行，棚户区的住户受苦又受穷，政府的主管部门乱行文，官僚作风在逞雄，同样是职工为什么分配不公平，个别有权有势的人，趁机去私分、去侵略，开发商利用的人，是"蛀虫"，把公有住户分配的文件来搅混，冒出一个"拆一还一"标准来坑人，Y 市的有关文件和"收购协议"通通"不执行"（2001 年的5号文件），是良方分配补偿标准很分明，他们就是不执行。拆迁办不是好人糊里糊涂分配，上限 80 平方米不封顶，下限 20 平方米强执行，大家看公平不公平，同样是职工为什么不公平，官僚作风不逞雄。

拆迁办逞凶狂，找来民工推倒墙，恶意断电又断水，住户的房子成了透风堂，这些帮凶罪恶多端没有好下场，到处是粪便、垃圾飞满天、马路坑连坑、尘土乱飞扬。汶川的地震全国来支援，电表厂的

---

① 张贴于家属区的动员信"为什么让 YWM 滚出危房改造现场"，具体时间不详。

"地震"无人管,深受其害的群众去上访,市信访、区信访,官官相护一堵墙,想见大官是梦想,我们来自五湖四海建 Y 市,艰苦奋斗 50 年,身无寸地手无钱,到如今,晚度残年守着一烂摊摊,改革 30 年 Y 市的面貌大改观,唯独电表厂的家属院,还是一个破烂摊。地方官员不为民做主,人民公仆不为民,中央的好政策他们不执行。

企业破产时的"收购协议"不履行,其原因是领导同志对工人不负责,在群众不知情的情况下暗箱操作,把 60 亩土地低价 1650 万元出让给开发商,当时没有资产评估,没有职工代表参加,没有登报,没有公证处的文号,没有评估报告,没有拍卖行的竞争近程等都是事实。欺上瞒下导致今天的脏、乱、差。

我们强烈要求开发商把电表厂原有的 196 户住户名单的住房面积的平面图公开亮相,给群众一个交代,揭开这里面的"猫腻",把混水摸鱼、鱼目混珠的不法分子揪出来。①

仔细分析这些材料,我们发现住户们对于中央与基层有着截然相反的看法。在他们的世界观中,中央的政策意图是好的,问题出在地方官员的行为使这些良好的政策得不到实施。而这种无法落实的情况又因地方官员的欺上瞒下而不为中央所知。正如他们所说:"中央的经是好经,只是被下面的歪嘴和尚念歪了!"

其次,邀请媒体加入。布尔迪厄认为,语言是一种符号权力。语言符号系统是一套知识工具,既被结构塑造,也被进一步用来塑造结构,能够建立一套世界秩序。"媒体用一种可以预知的和模式化的方法塑造现实的影像,借以自己建构社会结构和历史。而受众通过与传媒提供的符号化建构进行互动,形成自己关于社会现实及自身在其中位置的看法。"② 电表厂的房屋拆迁履行本来只涉及一些人或少数人的利益,但是住户们没有机会与可能支持遭遇同样困难的其他人相联系或交流,但是"传播媒体也许会向更广大的读者公布这些信息,以便使之作为好典型或坏典型而引起公众

---

① 张贴于家属区内的大字报,具体时间不详。
② 朱国华:《权力的文化逻辑》,上海三联书店 2004 年版,第 108 页。

第四章 依势博弈

的注意"①。这样,媒体工具特别是网络工具即时、自由随意、低成本的特性占据着数量逻辑带来的人数优势,动员、集结网民形成社会压力,推动着社会艰难前进。住户们通过当地的报纸把他们的信息传递给成千上万的人,让大多数人同情他们的主张,在客观上扩大了社会各界对电表厂拆迁的关注。当地许多媒体多次深入电表厂,进行了多达十几篇的跟踪报道。同时,在住户子女的帮助下,他们在互联网上发布有关厂区老人的生活实况和相关文字材料也引起了广大网友的强烈反响与呼吁,许多网友在贴吧里进行跟帖,甚至许多网友直接帮助他们出谋划策,打电话到相关部门询问事情的进展。笔者摘选了其中的部分内容以飨读者。

我家就在巷子里面,真的是深受其害啊!那条巷子叫广顺巷,坑坑洼洼的,估计今天下雨又成河路,悲哀啊,希望政府管管啊,哪里都修,我们也交钱上税的,最起码把路修修啊,无奈无耻……

住在这里的老知青,国家真的是亏待了……

你好吧主,这个帖子我先后在××吧、××吧、××吧、××吧、××吧看到,请你让吧里的朋友们多关注这个帖子,让更多的人关心这些老知青的命运,谢谢!

吧主,我也是知青的后代,看到这个帖子很心酸,眼泪是我的愤怒,不知道怎样才能帮这些老人做点什么!

这是大多数拆迁工程的遗留问题,相信有关部门已经去解决了,希望相关部门重视起拆迁遗留问题的解决,希望这些老爷爷和老奶奶能尽快恢复生活。

大家可以打 Y 市民生投诉热线 12345,了解和反映这个帖子里电表厂老知青住房的拆迁安置问题!!也可以拨打 Y 市为民解忧专线电话"91999",反映这个问题,并呼吁尽快解决!!!!!!!!!! 谢谢大家!!!!!

---

① [美]詹姆斯·R.汤森、布兰特利·沃马克:《中国政治》,顾速、董方译,江苏人民出版社 2007 年版,第 173 页。

一起发起请愿书吧!①

　　住户利用传媒，其实也是抢夺话语权，曲折地借助传媒之口造舆论。主流舆论在一定程度上代表着某种集体的社会评价，也是集体意识对社会成员控制的有效方式之一。在当今社会，如果一个负面的事件上了媒体，特别是新媒体，就意味着将事件主要责任人置身于一个成员数量不可预测的集体面前，任其评头论足而无法反抗，其行为稍有差错就会遭到集体意识的谴责。而这种集体意识往往被视为民心民意，任何一个官员至少在表面上绝不敢公然与民心民意作对。这样，新媒体也使得民众与公权力之间生成新型权力生态系统。通过记者的报道，通过微博、微信等新媒体的播报，一个普通的纠纷很快就被叙述为一个公共话题，把原本是局域性的问题放置在更为广阔的公共领域之中。媒体使得各种相对封闭"场域"的边界被打破，原本在小剧场内上演的博弈戏剧突然被放置到一个无边无际的广场中。这种扩散的广场效应使得演员们的社会行动不再有前台和后台之分，印象管理的机会被剥夺，任何作弊、不公正的行为都在众目睽睽之下暴露无遗。以往公共领域的话语权大都是由拥有各种雄厚资本的国家政治权力掌控的，现在，随着互联网的快速发展，权力被分散给普通民众。可以说，"在高度科技化、虚拟化的工业文明和后工业文明形态里，传媒可以抓住我们的眼球，占据我们的视野，影响我们的判断，进而主宰视觉的世界，并通过所谓舆论浸染我们的内心。在很大程度上，传媒技术和权威改变了我们的观念和看法"②。正如住户 YWK 和 HYY 事后谈到的。

　　　　这个登了见报，能登出来不管效果不效果，它是有作用的。人家知道了，电表厂的事家喻户晓了，这无形当中就对政府有压力。他管不管是另一回事。③

---

①　摘自网络跟帖。
②　夏勇：《依法治国——国家与社会》，社会科学文献出版社 2004 年版，第 316 页。
③　对 HYY 的访谈记录，2011 年 9 月 22 日。

第四章 依势博弈

  我听说有个副主席主持几个会议，对我们这个问题进行了解决。因为我们上访几年了嘛，区上、市上的领导都知道。反正我们没见到市长，但是市长也知道这个事。一提起电表厂这个事基本上大家都知道。我们有个孩子在英国说，电表厂的事在网上都看到了。这个事影响比较大，所以政府把这个事作为一个专题来处理。当时那个干部都相当硬，你不给解决，不按政策，我们就是不干，要求开发商按每人65平方米的房改面积，再给10平方米的优惠价。①

  再次，向上级举报。住户们大都经历过中国社会的变迁与转型，所以深知中国当前政治体制的特点。他们坚信，只要上级领导重视了，一切问题都会迎刃而解。所以他们不断地以个人或组织名义给国家主席、国家信访局、中央电视台《焦点访谈》栏目组、中央巡视组等写信，希望能够引起中央高层的关注。下面是《致中央的信》中的部分内容，情真意切，句句到位。

  开发商用低价收购我们原单位的土地和财产，却不按当时签订的《收购协议》给我们解决住房安置问题。可我们的政府不但不加以制止，反倒给开绿灯（错误的给办理各种手续和证件），致使开发商肆无忌惮乱拆迁，造成我们100多户的住房被拆成了残垣断壁，四分五裂，房子主体结构被破坏，水、电、管、网全部暴露在光天化日之下，甚至用手中的权力强行裁决我们搬出，使我们真是民不聊生，寝食难安，安全问题随时可能发生，这样的政府到底为了谁？
  ……
  2005年我们厂子破产时，依据市长《办公会议纪要》和三方签订的《收购协议》两个文件的精神对我们进行安置的。其中在市长《办公会议纪要》中有这样一段话"YG房地产开发有限公司要按相关政策负责安置出让土地上的228户住户"。在《收购协议》中就针对这段

---

① 对HYY的访谈记录，2011年10月6日。

话中的相关政策对 228 户做了明确的规定，规定是这样的："对收购 38 亩土地的 196 户公有住房按 Y 房改发字 [2001] 第 05 号文件（后附原文）精神进行危房改造，按现行房改政策予以安置……对已房改的 32 户按拆迁政策妥善安置。"

……

可开发商却用"拆迁政策"对我们进行安置，按我们住户原住面积二三十平方米对我们进行安置。这显然不符合两个文件和房改政策规定。政府各部门还大力支持这一错误的安置，所以造成我们的安置一年多来都得不到解决。

这里我们还要说明一点，在这块（60.46 亩）土地上已低价让利给开发商 2000 多万元。这是 2005 年的估价。按 2008 年地价计算要让利给开发商 5000 多万元（这是事实，领导下来调查了解）。同时在这块土地上安置我们住户仅占全部面积中很少的一部分，开发商拿出面积的大部分作为商品房开发，这中间的利润有多大，我们可想而知了。

我们这些七八十岁的老人和四五十岁的下岗职工，来自五湖四海，为了建设付出了我们的青春年华，我们无怨无悔，在这块土地上我们干了一辈子，住了一辈子，到了晚年，还住不上早应该按政策享受的一套房改房，难道要将这些利益都白白地送给开发商吗？为了这个住房，从 2005 年到现在已有很多老人抱着极大的遗憾离开了人世，难道让我们这些活着的老人还走这条路吗？

这个开发商不给我们解决问题，为什么还非得让这个开发商开发我们这块土地呢？我们的要求有什么错？错在哪里？我们给区市领导去信，为什么迟迟得不到解决呢？

无奈之下，我们只好向中央各部门反映这一情况，多年来，我们最怕石沉大海，杳无音信。望上级领导能在百忙之中过问一下我们的情况，一定给我们一个回复吧，切切盼望。[①]

---

① 摘自《致中央的一封信》，具体时间不详。

第四章　依势博弈

最后，公共问题化。应星研究大河移民上访时发现，农民要使自己的具体问题纳入政府解决问题的议事日程中，就必须不断运用各种策略和技术把自己的困境建构为国家本身真正重视的社会秩序问题。这种问题化的技术既体现在上访的话语实践中，更体现在与之相联的非话语实践层面。为了使国家在千头万绪中意识到他们的土地冲刷问题的严重性，综合运用了"说""闹"和"缠"的问题化技术，把移民自身的生存困境和不公遭遇建构为危及社会稳定局面因而是政府无法回避、推诿、拖延和敷衍的紧要问题。电表厂住户在维护自身利益时其实也采取了类似的策略。

开发商断水断电后，老人们结伴找区（市）政府信访办，区党委信访办电话通知派出所，街道办协调解决。派出所、街道办协调无果。"看来不逼出人命来，解决不了问题。"老人们气愤地说，"江西宜黄县自焚事件就是一面镜子，当官的不照，我们照……" 2010 年 11 月 21 日，在住户代表的策划下，电表厂 30 多名老人提上水桶到大街上开始堵路。老人们手里提着空水桶，举着"我们要活命""我们要水吃"的标语向家门外的 SL 街走去。SL 街的交通被堵塞了整整 90 分钟，许多路人、交警、派出所和相关部门自然也被卷入了这场事件之中，"电表厂家属区老人断水 20 天，然后上街堵路"的消息也通过电话和短信传递到了千家万户。霎时间，电表厂的事情成了政府无法回避、推诿、拖延和敷衍的紧要问题，派出所、交警大队、自来水公司等在市政府的指示下迅速行动起来，老人们的饮水问题很快得到了解决。

公共问题化策略使个体关于"我"是谁和"我"的处境如何的感觉进入公共层面，进而发生社会性的变化，转化成"我们"是谁，"我们"面临的处境如何的问题。同时，公共问题化使"我们"与"他者"间的界限和处境模糊化，让更多的人意识到身边事件的发展与我们紧密相连，如果事态进一步恶化有可能危及自身的安全。公共问题化过程，也使"我们"的身份和地位得到了确定阐明并被赋予了"道义善"和"法理正当"的意义，从而成为集体认同和集体行动的正当而充分的理由。通过这些主体性的建构，行动者们将他们的诉求内容从个人的具体经济利益提升为集体的抽象公民权利，将一家一户的个人问题提升为影响国计民生的社会问题。

二　借势

博弈主体都希望博弈成功，达到自己的目的。因此在博弈过程中，他们除了自身的不懈努力之外，更需要借助外势，比如借助别人的资金、别人的智慧与才干、别人的渠道，等等。借势就是借助天时、地利，再加上人和，从而在博弈过程中实现以少胜多，以弱胜强，以小博大。

首先，借形势，主要是指先有了一个有利的位置或态势，凭借这种优越态势去发挥自己所长，以增加和强化自己的优势地位。这里主要是借用政治社会形势。博弈主体通过细心的策略说服公众认同其行动目标和价值，其目的是使博弈主体所代表的理念能与社会的核心价值相吻合。博弈行动的组织者一直避免在话语和实践中直接挑战国家，相反，他们会巧妙地选取国家话语的一部分并作为自己的行动话语，以赢得政府更多的理解和支持。近年来，全国各地在土地征收、房屋拆迁强制执行中引发的恶性事件屡屡发生。房屋拆迁改造已经成为一个很严重的社会事实。为此，最高人民法院下发了《关于坚决防止土地征收、房屋拆迁强制执行引发恶性事件的紧急通知》。2011年1月19日，国务院第141次常务会议通过《国有土地上房屋征收与补偿条例》。其中第二十七条明确规定："实施房屋征收应当先补偿、后搬迁。……任何单位和个人不得采取暴力、威胁或者违反规定中断供水、供热、供气、供电和道路通行等非法方式迫使被征收人搬迁。禁止建设单位参与搬迁活动。"第三十一条强调："采取暴力、威胁或者违反规定中断供水、供热、供气、供电和道路通行等非法方式迫使被征收人搬迁，造成损失的，依法承担赔偿责任；对直接负责的主管人员和其他直接责任人员，构成犯罪的，依法追究刑事责任；尚不构成犯罪的，依法给予处分；构成违反治安管理行为的，依法给予治安管理处罚。"这种全国拆迁环境的变化也使住户们的维权运动得到了最终的发生机会以及不断扩张和自我再生产的机会。正如住户代表所言：

> 因为它是首府，它不像下面的县城。它这样做对它有约束的东西。中央三令五申地强调不能暴力拆迁，它也忌讳这个。特别是首

府。因为这个的确从法理方面讲得通,从情理方面也讲得通。而且电表厂家属院地处 Y 市城市中心区,这里的居住环境、卫生条件、安全设施、治安状态与和谐文明的城市建设要求很不相称。长年如此也有损 Y 市良好城市形象。……

从大环境看,中央对房地产的贷款控制非常严。开发商给我说了,贷不上款嘛![1]

其次,借关系网络。费孝通提出的"差序格局"是了解中国人际关系的一把钥匙。他指出,西方的社会结构主要是由团体,如阶段、宗教团体、地位团体、性别和年龄团体等组成,而中国则是一个"关系社会"或"人情社会",主要的社会结构是由一张张关系网络交互重叠而成的。这使得住户们有必要并且有可能运用关系网络促进其集体行动。在房屋拆迁的利益博弈中,博弈主体动用了身边的一切关系网络直接参与博弈或者支持博弈。在这场拆迁纠纷案的诉讼过程中,代理律师就是小区住户的女儿 HSY 就是一个典型例子。由于信息的不对称,住户们开始连开发商最基本的变化情况都不知道,但是维权律师的出现,不仅为他们调来了开发商的工商档案资料,而且帮助他们撰写诉讼材料,找法律依据……正是利用这些强关系,住户们在博弈"场域"中提升了自己的地位,增强了他们维权的勇气。

三 运 势

运势就像太极拳,看似柔弱无力,但是在恰当的时候,借着对手的力量朝着对象的要害发射出去,从而使自己的力量发挥到最大限度,达到自己的预期目的。造势与借势的目的全在于有效地运势,构成一个不可分割的战略用"势"的整体。运势的关键在于掌握一个"机"字,就是在"势"的运动过程中抓住最有利的时机。

首先,运用情势。这里的情势主要是指住户们的生活智慧。"主体的生命经验是主体性的一个重要体现,不同生命经验的行动者会倾向于选择

---

[1] 对 YWK 的访谈记录,2011 年 9 月 22 日。

不同的组织模式,这些选择也会反过来影响行动者的组成,并影响运动议题与策略。"① 这些住户大都是当年响应党的号召,支援祖国的边疆建设,在最艰苦的时候来到这里工作的知青。改革前,他们都就职于国有企业,这是人人羡慕的铁饭碗;改革后,他们遭遇下岗并且因为年龄因素退休或难以再就业。经济社会地位的落差,被排斥在社会体系之外,使其心中难免失落不满。研究表明,这种身份不一致的相对剥夺感在促成反文化的过程中具有显著意义。住户们的这种反差在他们的上访材料中体现得淋漓尽致。

> 我们都来自五湖四海,为响应党的号召,支援祖国的边疆建设,在最艰苦的时候来到电表厂工作。过去,我们不辞辛苦、任劳任怨,为工厂、为祖国的经济建设事业,出过力、流过汗,甚至有些同志付出了宝贵的生命;当前,Y 市建设事业取得了辉煌的成就,人民的生活水平也有了大幅提高,作为一个参加过建设的老职工,我们感到由衷的欣慰和自豪。
>
> 但是,因为种种原因,我们为之挥洒青春、倾注热血的企业破产了,我们老了,也已经退休了,我们的工资和收入目前处在最底层,可我们从来没有向国家提出过任何的要求,我们到今天还住在20世纪六七十年代建造的破旧危房中。
> ……

其次,注意形势,选准上访时机。住户们深知检验一个地区、一名领导干部的政绩,不仅要看经济的增长,而且要看社会的稳定状况,因此他们能够灵活地运用政治机会,把握不同的时机,采取不同的行动,从而引起相关部门的重视。在一些重大活动期间,地方领导最担心的就是发生上访等影响稳定的事件。而住户们则恰恰利用了地方领导的这种心理弱点,抓住奥运会期间全国上下对于稳定的重视,专门去政府部门讨说法;利用

---

① 施芸卿:《机会空间的营造——以 B 市被拆迁居民集团行政诉讼为例》,《社会学研究》2007 年第 2 期。

自治区五十年大庆的时机，前往市政府门前要求见市长。听说中央第五巡视组来地方巡查，他们就伺机见面反映情况，在见面未果的情况下又专门给巡视组写信反映情况。

再次，示弱。面对开发商又是夜袭，又是强攻的局势，年迈的住户们穿上破旧的衣服聚集到市政府门前，要求与市长见面，政府门口的武警只能好声好气地劝老人们先回去，生怕他们不小心被碰倒摔伤。面对开发商断水断电，老人们自发组织收钱，最后在JZ老人家门口打了一眼井，断电后又买了一台发电机。实在没办法的情况下，他们自发地组织起来到大街上堵路，围观的路人知道情况后都表示同情与理解。在开发商步步为营的强拆下，许多老人重返破旧的小屋子里生火做饭，发起了一场保护家园的运动。许多媒体和外来的人们看了无不表示支持。可以说，住户们的这种集情、理、法于一体的示弱行动强化了他们理性抗争行动所传递的道德讯息。

住户们的这种示弱是一种灵性的觉醒，是一种智慧的显现。他们的示弱不是妥协，而是一种理智的忍让。示弱不是倒下，而是为了更好、更坚定地站立。所以，适时示弱，有时也能成为赢家。

最后，指桑骂槐。骂街是最具有公开色彩的非正式集会，电表厂大院将这一公开表演的内容以日常谈论的形式传播开来，被骂的人会因此遭到极大羞辱。电表厂的妇女们把骂街艺术发挥到了极致，以致那些自我感觉很有面子的相关部门的领导羞愧难当，赶紧逃走。听的人多半是对这件事不太满意的，于是大家也跟着起哄，传播这些信息。据说，经过这样多次的"被骂"之后，住房保障局局长和国土资源局局长等人看到电表厂的人马上绕着走开，不敢在电表厂附近驻足，生怕再次遭遇他们的羞辱，最后法院开庭几次他们都不敢前往。朱晓阳在《小村故事》里精彩地谈到了村民的这种骂街艺术。骂街像舞台表演一样，骂街者立于人多的当街地方或是像讨伐者一样站在冒犯者的家门口，用任何想得出的脏话去咒骂冒犯自己的人。电表厂的妇女的骂街艺术稍有区别，她们不是追到人家家门口，而是在自己的生活区域碰到那些与拆迁有关的负责人时，诉斥拆迁给生活带来的痛苦，甚至有时候将与拆迁不相干的事情与拆迁牵连到一起，用轮回报应学说来谴责对方的不道德行为。家属区里的其他住户则会随着骂街者的咒骂和叙事发出共鸣似的评论，一起谴责冒犯者的错处，其情景就像西洋歌剧的演唱一样。骂街有一个主要高音咒骂数落，有很多人围观和声，观者中又有知道内情的人对左右形成小圈子的人详细地解说细节，甚至作出相应的评论。[1]

第四节 小结：资源动员与话语建构

在资源动员理论看来，社会中的不满是经常存在的，但是组织社会运动的资源并不常有。集体行动不仅需要诸如时间、场所、人数、金钱、第三方势力的支持，更需要有意识形态、大众传媒、领导精英以及知识分子、专业人士、律师等资源成本。如果没有对集体行动资源的动员，没有对成本大于收益的理性预期，即使社会上已经存在或形成了集体行动的意识形态，集体行动也难以自动生成。只有当人们有能力组织起集体行动所需要的资源时，集体行动才可能发生。其中，既要有强大的人际联系网络，以利于动员组织起更多的人员参与和支持集体行动，也需要金钱与时间这两种最常用的资源。只有动员出相当数量的人员愿意参与行动，付出他们的时间，集体行动才可能发生。从长远趋势来看，如果能够动员和维持足够的时间资源，使人们能够持久地付出足够的时间，那么随着时间的不断推移，社会运动可资利用的资源将可能变得更多，社会运动也能够有机会变得较为制度化，也能够通过构建亚文化网络体系，来创造接近政策制定者的更多管道，形成自己的联盟，从而增加集体行动成功的可能性。[2] 而从电表厂的集体行动过程来看，利益受损者基本上都是过去曾经在电表厂工作过的退休或下岗职工，这为他们提供了集体行动的天然人际网络和比较便利的动员平台；另外，这些人拥有着较多的时间，而且他们愿意投入维权行动，积极地争取自身利益。这些都是电表厂博弈之"势"。

---

[1] 朱晓阳：《小村故事：罪过与惩罚》（1931—1997），法律出版社 2011 年版，第 208 页。
[2] 胡联合、胡鞍钢、何胜红、过勇：《中国当代社会稳定问题》，红旗出版社 2009 年版，第 310—311 页。

第四章 依势博弈

开发商运用暴力、财力和权力造成了博弈主体力量的差异和复杂的关系格局。正是在此基础上，才使得体现公平逻辑的原则不能成为拆迁安置的唯一准则，因为不管是强势还是弱势的一方，总是试图援用一切可能的道义资源最大化地实现自己的利益，从而使拆迁安置方案在多种原则中得以呈现，而这亦使强权本身成为影响安置方案的一种力量。当然，行动者策略性的主观建构也体现得最为明显。首先要看到的是，行动者认为计划经济时期的房屋实物分配是他们目前进行博弈的基本准则。因为不管是基于对实物分配的理解，还是出于对《收购协议》的认可，由过去国有企业职工资格而来的对于目前住房的享有权是为社会普遍认可的标准，因此也是最难以否定的。所以，享受房改政策的权利是行动者在争取自己权利时所能援用的最为有力的资源。但是，行动者对这一基本准则并不是被动地遵从，相反，他们会从自身的理性计算出发，在认同基本权利的基础上，巧妙地引入其他原则，从而最大限度地博取利益。

布尔迪厄主张："当代社会主要是围绕着文化资本和经济资本的分配来建构的。因为这个原因，一个社会的社会地位能够依照与它们相联系的资本总量以及文化资本和经济资本对这个总量的相对贡献绘制成图。"[①] 那么，我们再返回来看看开发商与住户在各自的领域内是如何获取资源支持其行动的。前一章已经讲过，开发商拥有雄厚的经济资本，所以他们能够在政府与法院之间斡旋，和政府部门一起垄断信息，从而使住户在法律"场域"中节节败退。但是开发商本人毕竟是农民出身，缺少文化资本，而这恰恰是这些经历"文革"，上过山下过乡的国有企业离退休人员的长处所在。而且他们大部分都已经退休在家，相对而言拥有足够的时间资源去动员更多的资源来增加博弈成功的概率。所以他们主动地将事件的博弈"场域"引入了自己熟悉的环境，从而获取了资源和舆论的制高点。

"中国人讲究平衡术，光有'势'而无'理'，让人感觉粗糙、野蛮和没教养，光有'理'而无'势'，让人觉得软弱无能、人人可欺。于是，

---

① [英]杰西·洛佩兹、约翰·斯科特：《社会结构》，允春喜译，吉林人民出版社 2007 年版，第 154 页。

让'势'背后站着一个貌似道德明星相的'理'可以为'势'的作恶遮丑。"① 话语作为一种意思表达的符号本身并不具有争夺的意义，只有与某种特定的意识形态相连接，才具有了争夺的价值。它使各利益主体原本普通的话语有了某种权威的意涵进而作为博弈的社会资本。同时，话语能够产生一种客观性门面的修辞效果。各利益主体采取什么样的话语策略，依赖于他们所拥有的特定利益和不同资本，这些资本的取得取决于他们在一个隐形的客观关系网络系统中的位置，即"场域"之间和"场域"之中的位置。

开发商通过张贴拆迁安置方案、报纸公告等形式，一度想证明自己的行为是合法的，也是合理的。开发商多次暗示事态发展到如此尴尬的地步，主要是因为住户们太看重自身的小利益。但是他们一味地采取过硬的手段推动拆迁进程，反而激发了住户们空前的集体认同，为住户们的资源动员提供了一个契机。住户们知道，建立在道德规范基础上的社会利益分配结构，实际上是能够被每个人合理接受的。为这种不满意利益分配结果找到道义上的理论支持是现阶段博弈胜算的唯一出路。住户代表们不仅曾经担任过一些部门行政职务，而且文化层次较高，又比较善于学习新的法律知识。这种人生经历是他们成功组织动员的生活智慧。这种智慧让他们能够将过去的阶级话语和今天的新媒体巧妙地转换成今天维权的武器。他们先后采取了张贴大字报、刷大标语等形式来揭露企业破产的内幕、开发商的野蛮强拆行为，同时积极地运用报纸、互联网等媒体抢夺话语权，给上级领导写举报信等方式把原本在小剧场内上演的博弈戏剧突然被放置到一个无边无际的广场中。这种扩散的广场效应使得演员们的社会行动不再有前台和后台之分，印象管理的机会被剥夺，任何作弊、不公正的行为都在众目睽睽之下暴露无遗。为了增强事件的影响力，他们通过上街堵路、借重大事件之日前往政府门前讨说法，使电表厂拆迁公共问题化，使"我们"与"他者"的界限模糊化，从而让更多的人无意识地牵涉到事件中，以赢得政府和更多人的理解和支持。但是纵观其过程，不管是造势，还是

---

① 鬼今：《什么叫势》，《谋略天地》2010 年第 5 期。

借势和运势，其根本的目的不是在话语和实践中直接挑战国家政权，而是积极地重构道德体系，维护社会分配结构的道德规范。可以说，他们已经能够从本质主义的视角自觉地转向建构主义的视角，通过一系列权力机制与技术达到集体认同，将此前住户们对其社会世界的感知、分类与评价亦都融入这一建构过程。

第五章 策略均衡

第一节 政府部门和开发商:民生工程

起初,各级政府部门认为随着法院判决的结束,电表厂的拆迁纠纷会画上一个句号,自己能够顺利地甩掉这个烫手的山芋。然而,住户们不间断地到各级政府部门上访、讨说法、张贴大字报,使地方政府很快意识到,事态的发展并没有他们预期得那么顺利。在全国上下聚焦新拆迁条例的情况下,政府再这样一味地坐视不管,如果真的闹出人命或者被捅到中央,肯定会给地方经济发展和形象造成不可估量的损失。伴随着漫长的法院审理和开发商与住户的斗智斗勇,地方政府找准时机,巧妙地再次进入这场持续多年的博弈"场域"。

一 平息上访

法院的判决结果引起了住户们的强烈不满,许多老人有事没事就去找相关部门。信访局、建设厅、检察院等都成了他们经常进出的主要场所。后来一位住户代表笑着告诉笔者,只要能想到的部门他们都写信给主管领导,能找到的部门他们都会以个人或集体名义去上门拜访,适时地跟踪电表厂房屋拆迁安置的进展情况。

住户们的这种来信来访狂潮引起了政府部门的整体恐慌,各有关部门都会通过不同的方式给市政府反映这种情况,请示应对的策略。几年来,开发商也因为受到住户的阻拦而无法顺利拆迁,更谈不上开工,每年缴纳巨额的土地闲置费用让他们苦不堪言,所以开发商也向政府部门发出了求救信号。在这种情况下,市政府经过相关专题会议讨论后,指示市工业信息化局、住房保障局和国土资源局各部门要狠抓进度,保证工程质量,把电表厂的拆迁安置做成一个样板工程,让老百姓受益。2010年10月12日,市工信局C副书记、房改办L主任、BF房地产开发有限公司WBC经理、住户代表YWK等人在BF房地产开发有限公司六楼会议室召开了座谈会。座谈会的主要目的就是讨论解决房屋拆迁安置补偿标准及具体方案。在会上,工信局领导表示,市领导对于电表厂的事情很重视,所以决定,不管原先居住房屋大小都采取一刀切的办法,每户按65平方米房改计算,多余部分按每平方米3600元出售。3日后,开发商按此意思贴出了"原电表厂家属区住户危房改造安置协议"。肇始于2005年年底的电表厂房屋拆迁安置补偿博弈大战从此发生了一个重大转折。

二 改变规划

有人说,在房地产这个鱼龙混杂的市场,有给楼房增高的,有把绿化用地改建楼的,有把小高层改为联排的……项目就好似开发商手里的自留地,想种白菜就种白菜,想种玉米就种玉米。电表厂的规划设计也是重演了这样一场大戏。2007年,当时国土资源局与开发商签订的合同中也明确规定,该宗地套型建筑面积90平方米以下住房(含经济适用住房)面积所占比重,必须达到开发建设面积的70%以上。项目要在2007年10月6日之前动工建设。合同签订后,不能按期开工建设的,应提前30日向出让人提出延期申请,但延期时间最长不得超过一年。受让人应当按照合同约定进行开发建设,超过合同约定的动工日期满一年未动工开发的,出让人可以向受让人征收相当于土地使用权出让金20%以下的土地闲置费;满2年未动工开发的,出让人可以无偿收回土地使用权;但因不可抗力或者政府、政府有关部门的行为或者动工开发必需的前期工作造成动工开发迟延的除外。

可是两年过去了,开发商以与住户未达成拆迁补偿安置协议为由,一直没有破土动工。后来从开发公司内部传出消息,开发商向政府部门汇报了196户的拆迁难度(其实当时剩余的不足90户)。政府部门经过多方考虑，最终变相地允诺开发商更改了原有的房屋建筑规划方案。即把原先全部建成六层商用住宅楼的规划，变成了在原有规划的中间区域建成一座高达 27 层的大楼，而周边会保留原有的几栋六层楼。据了解，更改规划，通常有两种情况，一种是政府部门主动更改，另一种是开发商申请并获得批准更改。在房地产行业中，不管是哪种情况的原有规划更改，容积率增加零点几，对开发商而言就是数以万元计的利润；而对住户来说，容积率的增加有可能面临着小区居住人口的增加，绿化面积的减少等，而这些直接影响到他们将来的生活质量。可见，开发商在答应市政府的调解方案之时，已经对自己的利润进行了详细的计算。

第二节　住户：集体行动的困境

一　利益分化

（一）早签合同早住房

跟 BF 房地产开发有限公司召开协商会议之前，住户们首先召开了全体住户会议，律师也被一并邀请参加会议。会上，住户代表都讲清楚了，这次去的目的是看开发商什么态度，主要是了解他们的方案，然后把对方的方案拿回来再召开全体会议，分析应该怎样应对，看对方给出的方案哪些地方需要修改。住户代表 HYY 回忆当时的情形说：

> 开发商跟我们代表开了个会，他们起草了一个方案，大体上是每人 65 平方米的房改房，成本价 800 元/平方米，大的条件已经订了。但是一些详细的内容，他们的一些安置条件我们还不同意，他们说那你们起草。我们就让小胡帮我们起草。后来经过跟开发商的几次协商，租房租费是按原来面积 6 元/平方米。我说这个根本不够，比如我住 40 平方米，开发商每月才给 240 元钱的租房钱。240 元你住人家一间房都不够。我说那不够，最后开发商让了一下，最后都按 65 平方米，每月 390 元的租金。他规定的时间是两年给盖好。去年的 9—10 月份到明年的 9—10 月，到时候如果建不好房子，房租加倍，就是每

月780元。①

  几位住户代表觉得基本上达到了这几年的维权目标,很是高兴。他们回来以后并没有按照原有的约定召集全体住户大会,而是给住户们传达了这样的信讯:安置方案很好,几位住户代表都同意了。按理说,这个时候如果各方达成一致意见,这个持续五年的拆迁纠纷案就会画上一个圆满的句号,可是恰恰在这个时候住户阵营发生了分化。其中三位住户代表积极地响应政府和开发商给出的安置条件。他们认为当初大家之所以接连上访、诉讼的理由就是要求按照房改政策给予大家拆迁安置。现在政府部门出面协调,开发商已经答应不管20平方米还是30平方米统一按65平方米进行安置解决了。这是政府对电表厂的特殊待遇。所以他们认为集体行动已经达到了预期的目标。如果这个时候大家再去争论,不签订合同,就是"胡闹",违背了当初集体行动的宗旨。正是在这种理念下,三位住户代表通过各种方式动员住户,他们宣称,"早签订合同早住新房子"。大部分住户一听这样的情况都纷纷签约。HYY后来回忆说:

  有些人要求太过分了!我们当时说你给我们按房改房解决就行了。我们干一辈子了,也不是那种胡来的人。可他们的有些要求过分了,不过人家能顶上也行,那他开发商现在政府不允许强拆,所以人家借这个机会占了些便宜。像YWK、JZ呀。不过这个影响开发速度呢。当时我们也没办法,反正我当时太固执,对政策比较正办些,只要按政策给就行了。人家按房改办了咱们不搬没有道理。我说我们应该享受的权利咱们必须享受,咱不做额外的事,但是不合理的事情咱不行,过分的事情也不做。我就动员他们,我们都年纪大了,年轻人还可以顶。像我们都快八十岁的人了,说不定哪天完了连个房子都住不上,但是我说这些人家根本不理会。②

---

① 对HYY的访谈记录,2011年10月6日。
② 同上。

住户代表 WWC 的爱人在访谈中表达了自己对于房屋拆迁改造中的开发商和住户行为的看法。

> 吃亏的就是开发商，开发商从 YG 房地产开发有限公司买来不知花了多少钱，花了多少钱他不敢公开，实际是政府把钱贪污了。就这样最后来了个不管，最后 BF 房地产开发有限公司的老总把钱掏了，开会一刀切，20 平方米也是 65 平方米。电表厂的拆迁是最好的，YWK 他自己订的条条框框，最后他又带了一帮子，打井呢，最后和 JZ 一起要了个二手房走了。谁占便宜，说实话，这个便宜不好占。也付出了骂名，他也付出了。所以王大夫这个人不知道，谁爱占上这个名，能富到哪点呢？YWK 他弄个二手房住着能舒服吗？他儿子一月花几千元钱［好像是有病］！
>
> 前面的有人拿了 4 万元，有人拿了 40 万元。这个事哪有个公平呢？弄得晚上窗户也被扒了，这会儿 ZJ 后悔那个时候没有都推倒。现在不是中央政策下来了吗，所以这些王八蛋也不能再强拆了。这个房地产公司的老板太善良了，人家是一个政协委员，他们儿子是人大代表。他要注意身份，拿点钱把这几个赖皮子打发走。要是其他开发商早就弄走了。条条框框地给你［住户］给着呢。拆迁队 ZJ 人家有人家的道理，可这个老板不同意，他就要愿意出钱呢，为了他的名声他愿意出钱。这个老板他家跟我娘家紧挨着呢，而且他们奶奶还是我的是姐姐呢！说起来还是亲戚。这个人特别善良，把他队上的人全带出来了。
>
> YWK 要是不跳出来，大家都就解决了。他跳出来跟着有十几户。有的要二手房，有的要期房，到现在还有四户在后面呢。房子盖了三年，房租老板加倍地给着呢，老板也着急。听说现在马上要动工呢。①

---

① 对 WWC 爱人的访谈记录，2011 年 9 月 20 日。

一朝被蛇咬,十年怕井绳!为了防止开发商从中使诈,住户们要求自己拟订协议草案,而且最终的拆迁安置方案要报送给工业信息化局、住房保障局、国土资源局备案,这样算是得到了政府部门的认可。开发商这次很爽快地答应了条件。住户们找律师拟定了《原电表厂家属区住户危房改造安置协议》,协议对于期房、现房以及货币补偿进行了分类说明。基本上达到了住户们期盼五年的房改要求。下面是最后确定的拆迁安置方案的核心内容。

原电表厂家属区住户危房改造安置协议

甲方(原电机厂家属区住户):

乙方(危房改造方、拆迁人):BF房地产开发有限公司

基于2005年12月21日《YG房地产开发有限公司收购N电机有限公司部分资产的协议》(简称"破产收购协议",本协议附件一)第一条、第二条第1项(具体内容详见该协议)的约定,因乙方以吸收合并方式对YG房地产开发有限公司收购的资产(房地产)进行开发的活动中,现由乙方承继YG房地产开发有限公司对甲方居住的危房改造、安置和安置后房改办证等义务的相关问题,特经甲乙双方协商一致,达成如下条款,供双方诚信履行,供政府各部门协助执行和监督履行。

一 乙方现依据"破产收购协议"对N电机有限公司家属区可供开发的38亩土地(原土地证号:Y国用[2005]第08456号土地,地号3-7-112,含NX房地产公司3-7-30号土地)进行开发,开发前须依据"破产收购协议"第二条第1项中所约定的该38亩土地上的196户(以现核实确认职工户数为准)公有住房进行危房改造安置;并与甲方签订本协议,供乙方开发改造。开发改造后原地新建楼房首先用于安置甲方。乙方安置甲方居住后,乙方再履行房改政策,向Y市房改办申请为甲方办理房改房审批手续,并负责为甲方办理房屋产权登记手续。……

2. 原地期房安置:

①原地期房均为框架高层建筑(详见规划图)。

②甲方住户为一般职工的,居住房屋不足65平方米的,安置住房建筑面积为65平方米,该面积即为享受房改政策的房屋面积。超过65平方米的部分按每平方米3600元优惠价购买。超过75平方米部分按市场价购买。

③甲方住户具有或曾经具有干部职务或职称,居住面积不足65平方米的,按照五-2-②条执行;居住面积超过65平方米的达不到房改政策标准面积,按照实际居住面积安置并按该面积　平方米享受房改政策的房屋面积。另外虽然是一般职工但居住房屋超过65平方米的,按照面积　平方米享受房改政策的房屋面积,超过房改面积　平方米的部分按每平方米　元优惠价购买。超过　平方米部分按市场价每平方米　元购买。

……

⑤乙方应按房改基准价格每平方米860元(以"破产收购协议"时的房改政策为准,附Y房改办〔2004〕第97号文件作为本协议附件五),为甲方住户向Y市房改办申报房改审批手续。

⑥本协议签订后10日内,甲方住户停止使用住房,将腾空房屋交给乙方进行改造。

……

六　本协议的执行程序:

1. 本协议经甲、乙双方签字盖章后生效,并报Y市房改办、Y市工业信息化管理局和Y市住房保障局备案。

2. 协议生效后,甲方按上述约定时间迁出危房,由乙方拆除。

3. 乙方应当自甲方房屋拆除之日起24个月内,将甲方安置到约定的经过验收合格符合国家规定入住条件的楼房内(新房中有线电视、天然气、水电暖等设施的初装费,乙方按国家规定执行)。甲方持本协议办理新楼入住手续,入住前先交清优惠价面积部分的房款。对于按市场价计算超面积的部分,甲方暂无力缴纳的,该面积产权属于乙方,甲方入住后,与乙方建立租赁该部分面积的租赁关系,租金按Y市住房保障局规定的公有住房租金标准执行。

……

5. 自甲方迁入新楼时起12个月内，乙方应办理完房改手续及房屋产权登记等系列手续，甲方交清房改房的款项，领取房产证。乙方12个月内没有履行完房改房手续和产权登记手续，乙方承担违约责任，按每天100元计算违约金支付给甲方。

6. 乙方按第五条的原地期房安置甲方入住，应承担违约责任，按约定安置房屋结构、面积及违约时的市场价双倍计算违约金赔偿给甲方，同时乙方安置甲方的义务不能免除。属于不可抗力或国家政策变动造成的逾期安置，乙方则不承担违约责任。

七 对电话补偿费165元、有线电视补偿费320元、搬迁费800元，共计1285元，由乙方一次性支付给甲方；对租房补助费按每月每平方米6元计算，现居住面积不足65平方米的，按65平方米计，乙方按24个月每年给甲方支付一次。本协议签订五日内，共计 元乙方一次性支付给甲方。乙方如未能在24个月内完成安置房入住的，则按实际期限给甲方十倍上述租房补助费标准支付。

……

九 本协议一式四份，向各有关政府部门（包括Y市工信局、Y市房改办、Y市住房保障局、Y市规划局等部门）呈报备案一份，甲乙双方签字盖章后生效，各方挂一份。

甲方：

委托代理人：

乙方：

委托代理人：

签订日期： 年 月 日

（二）商业开发

在大家津津乐道的时候，住户代表YWK却不赞同其他三位住户代表的观点。他回忆说：

找 BF 房地产开发有限公司之前，我们开了全体会议，去了看他们是什么方案，什么意见，把他们的方案拿回来再召开全体会议，律师也参加了。大会都讲清楚了，我们这次去的目的是看他们什么态度，大家提意见，分析该怎么样，看哪些地方需要修改。可是回来会都没开就说同意了，说我也同意了。当初拿回来他们几个说还行，就签。我没有表态，包括律师的妈妈都签了字。签了合同的百分之八九十的人都后悔了，而且变数比较大。那天我碰见他们的工程监理，他说如果没有什么问题两年完工。两年是比较顺利的，如果资金不到位，弄成还有个房子分配公平不公平的问题。现在有些回迁的说房子盖了将来我们抢房子，我一分钱不掏直接住。这反映出他们的不满情绪。人家的理由很简单，你签了协议。①

作为住户的诉讼代表，YWK 看到大家签订的《原电表厂家属区住户危房改造安置协议》里面还存在许多明显的问题，本着对大家负责的态度，第二天他就在院子里张贴了一个澄清公告，以表明自己的态度。

澄清公告

一 协议是住户与开发商各自意见的陈述，不是法律、法规确定的住户与开发商的拆迁补偿协议。签这样的协议无法律效力，不受法律保护。

二 协议仅认定房改房面积为 65 平方米，价格每平方米 860 元（以房改政策为准）此为政府所定，均与开发商无关。协议明确表示政府（市工信局）为监督方并处理有关事宜。自始至终监督拆迁全过程。

三 协议所确定拆迁货币补偿过程，及异地现房安置条款，经住户反映，开发商的意见与住户（住户代表）的意见，相差甚远，也不符合中央有关政策。望住户慎重考虑。

---

① 对 YWK 的访谈记录，2011 年 9 月 22 日。

四　住户代表至今未与开发商签订任何协议。

为对百余户住户负责，特写此澄清公告，望相互告知。

住户代表×××　　　×××

公告一贴出去，在住户中引发了不小的风波。有些人不放心又拿了最终形成的安置方案去找律师进行咨询，但还是有一大批人随从三位住户代表签订了合同。这样，住户阵营彻底发生了分化。

从 2005 年的市长专题会议纪要精神和当时《收购协议》的内容来看，电表厂的拆迁改造本应该属于城市和国有工矿棚户区改造项目。因为《收购协议》签订以后，Y 市国土资源局与 YG 房地产开发有限公司签订了《国有土地使用权出让合同》。特别备注："土地出让金已包含在 N 电机有限公司破产收购价里，不再缴纳。该宗地套型建筑面积 90 平方米以下住房（含经济适用住房）面积所占比重，必须达到开发建设面积的 70% 以上。"这样的面积要求实际上是针对电表厂这些老职工而设定的。而 2011 年国务院发布的《国有土地上房屋征收与补偿条例》第八条明确规定："为了保障国家安全，促进国民经济和社会发展等公共利益的需要，有下列情形之一，确需征收房屋的，由市、县级人民政府作出房屋征收决定：……由政府组织实施的保障性安居工程建设的需要；由政府依照城乡规划法有关规定组织实施的对危房集中、基础设施落后等地段进行旧城区改建的需要；……"城市和国有工矿棚户区改造实际是给城市和国有工矿解决中低收入群众的住房困难，提高生活质量，改善生活环境。如果电表厂属于城市和国有工矿棚户区改造项目，那就应该由市政府作出房屋征收决定。

但是从开发商与住户几年来博弈的事实来看，电表厂的拆迁改造项目已经变成了一种商业开发。如果是商业开发情况就不一样了。商业开发实际上按照市场规则进行。商业开发以赚钱为目的，而对住户来说，拆迁补偿的标准也应该相应地有所提高，以使他们有能力购买市场价格的房子。从政策执行方面讲，房改牵涉到国家政策的问题，这是由政府部门执行的范围，私营企业也没有资格说房改不房改。现在开发商拆迁安置的性质是商业开发，所以住户们因为澄清这个事实打了两年多的官司，找各级领导找了两年多，而且冲击市政府。市长始终没出面，就连他的秘书都没出面。因为他们没法回答这些问题。正如住户代表YWK所言：

> 我们找到工业信息化局，那里的工作人员就说："你们都破产了，连单位都没有，还什么房改不房改？你住多少平方米给你多少平方米就不错了！"这就再次证明了电表厂的拆迁改造已经不是当初所说的工矿企业棚户区改造了，而是实实在在的商业开发。正因为如此，补偿安置的情况就是五花八门，五花八门到什么程度？有的两三万元打发掉了，有的七八万元打发掉了，也有十几万元的，要二手房的也有。……原因就在于它是商业开发，并不在政府征收的范围里面。商业开发的话，住户跟开发商是平等的市场主体，我的房子不卖给你，开发商他也没办法。理由很充分！一方面，因为你利用我的地赚了大钱，因为你拿到的地价非常低，一亩地才20多万元到30万元，现在地价起码150万元。另一方面，以前最早规划是五六层的，这五六层实际都是让我们工薪阶层来住的。但是现在，开发商没有征求大家的意见就改变了原有的建筑规划，要建27层的大楼。所以首先界定拆迁的性质很重要。
>
> 协议里确定土地出让合同，补充协议里面讲了多大面积建筑，而且其中70%要盖成90平方米以下的。现在远远超过4万平方米。那就根本不一样了，我们都算了。性质首先定为商业开发了，我要100万元也不违法。如果是商业开发，你开发商没有资格来跟我说房改。我啥都不说，你给我赔一套二手房就行了。开发商跟我谈，我说你们不要跟我谈房改不房改的，你现在要我这套房子给我补偿多少？你要谈房改找政府去。为什么说这个话呢？就是它的性质并不是政府征收的范围，是纯粹的商业开发。[①]

[①] 对YWK的访谈记录，2011年9月22日。

第五章 策略均衡

YWK 的"商业开发"理论让政府和开发商左右为难。面对手持国务院第 590 号令这把尚方宝剑的住户们，开发商只能请求法院作为第三方来做工作，协商处理。经过长时间的磋商，开发商与 YWK 最终达成协议。开发商答应给 YWK 以现房安置。YWK 在一家四星级的小区选择了一套 90 平方米的二手房，含税金共计 50.5 万元，其中开发商补偿 46.5 万元，本人出资 4 万元。后来他回忆道：

[住户代表]中三个人被弄通了，就留了我一个。XQ 区法院行政庭有个海庭长和王法官多次找我。他们没其他话说，他们说："你看老了老了，走吧！"当时我是看了一套房子，他们说是二手房。我给法官说，二手房也好，现金也好，我要现金也完全符合规定。后来他们给我说二手房，我说也行，你给我现金我也要买二手房。当时我看了一套二手房要 41 万元，80 来平方米，一楼。我看了以后提出来，我一分钱也不掏。他们说："给你 40 万元吧，你看你老人家。"他们当着法官的面说："你如果愿意，我当场把 36 万元打到你的账上去。人家房改啦，给你算这账算多少面积啦什么的，折腾来折腾去的。"后来他们也不找我了，没法跟我们谈。我说你们这都是扯淡，你别给我说这些，就说给我补多少钱。我满意我走人。你们这个东西是商业开发不是公用开发。另外，这个房子是我们的私产，尽管我们没有房产证。因为在计划经济时期国有单位的职工的住房实行实物分配。在上面没有给我更换之前都是我自己的，我的住房权、使用权，所以这就是我们的地方，就跟现在的国有单位的职工国家实行货币分配一样，每月给你几百元钱。我说这个货币分配到时候你还能要回去吗？就是他的，归他所有。你租房也好，买房也行，人家不管。唯一的区别是，你是货币我是实物嘛！政府当时的国有单位如果盖了新房，把我搬到新房去，我这房子就交出去了。就这种情况我可以走人！弄到最后，他们说给我弄一个二手房，我说可以。找来找去就找到现在这套房子。连税金算下来是 50.5 万元。开发商就跟我谈了，人家说：你掏多少呢？我说我掏 3 万元。人家说不行，我说 3.5 万元，我再给你加

5000元。后来那个给我说,老爷子,我给你磕头作揖了。没办法!你掏4万元吧。我说行,好,4万元就4万元。很干脆。弄好了,他们第二天就跟我签了个拆迁租房协议、拆迁补偿协议。50.5万元开发商掏46.5万元,我掏4万元。但是通过中介过户如果少了,税金少了或者什么少了,以后少的这部分钱归我。超了4万元这个拆迁补偿协议无效。房价在50.5万元之内才行,超过了,比如超过5万元,这个5万元谁掏,要重新写方案。那天房主算下来也在50.5万元之内,所以这个拆迁补偿协议有效,实际上给了我46.5万元。[①]

当然,最终以商业开发形式进行补偿的不仅仅是YWK一家。JZ以女儿也在电表厂工作,但是没有在196户名单里为由提出了特别的安置条件。后来开发商给他找了一套104平方米的二手房,算下来含税金共计58万元。开发商补偿53万元,实际上是变相地给他女儿补了一些。XJY,开发商最后补偿46.7万元。DH原在电表厂居住一间半的房子,最后给他补偿了一套102平方米的房子,自己出资3万元。居委会主任WYF,以120平方米的房改房安置的回迁条件也最终离开了小院。WGC因为牵涉到三套房子而一直留在院子里,YWZ因为牵涉到两套房子也留着没有搬走,WYL因为住院在外也一直拖着没有解决。

(三)欲速则不达

从2005年企业破产一直到2011年,这几年是充满各种纷争与讨价还价的过程。在2011年年底,住户们基本上都签订了危房拆迁安置协议。但这协议的背后却隐藏着更多潜在的风险,危房改造已经在很大程度上远离了最初的目标。

在合同签订时,委托人和代理人之间存在信息不对称,并可能产生逆向选择行为。若在合同签订时并不存在信息不对称,而在签订合同后,双方也可能存在信息不对称,这时可能在委托人和代理人之间产生道德风险。所谓道德风险是指交易双方签订合同后,代理人利用多于委托人的私

[①] 对YWK的访谈记录,2011年9月22日。

第五章 策略均衡

人信息,有目的地损害委托人利益而增加自己利益。一旦委托人和代理人间出现道德风险,不仅使双方利益受损,还会使社会资源配置的效率受损。而电表厂拆迁改造安置协议的谈判是由几位住户代表具体负责的,他们很自然地与住户们形成了一种委托人与代理人的关系。从这种关系形成之时,开发商就不断地在私下里给几位住户代表不同的承诺,试图分化瓦解住户阵营。直到最后安置方案确定时,开发商还在给不同的住户代表承诺不同的特殊待遇。在电表厂危房拆迁改造安置过程中,对于大部分住户来说,信息明显是不对称的。开发商到底有没有实力把这个工程连续干下去,政府对这个开发商的支持力度到底有多大,大部分住户是不清楚的,他们看到的只是表面现象,感觉开发商给予的条件比以前好多了,但这能不能及时兑现对住户们来说是未知的。太多的不确定因素使得YWK觉得这个合同是不能签的。但是当时好多人抱怨他不支持自己定下的条条框框,实际是没有理解他对政策的深度解读。现在许多签了合同的人后悔也来不及,只能听天由命了。

从目前的大环境看,中央对房地产的贷款控制非常严。开发商连地基都没打起来的时候就已经对四号楼、五号楼开始搞预售、团购,开发商拿预收的钱来开展工程。开发公司的工程监理告诉笔者,如果没有什么问题,两年完工,但是施工的过程中资金链会不会断不好说,如果里面出现资金等问题有可能三四年甚至四五年都拖下去。正如有些老住户所担心的,大部分住户都七八十岁了,再拖几年别说住房子了,恐怕连房子的影子都见不到。住户代表YWK对这一现状进行了深入的分析。

> 按理说这个提前预售是违反程序的,但是民不告,官不拒。再加上这些住户都年纪大了,他们特别希望工程进展加快,所以预售违法不违法大家并不关心。其实,开发商原先预售的时候明确承诺是3月破土动工的,可是许多已经预交了款项的客户过来一看,拆迁工作都没有结束怎么可能动工呢?再加上全国上下喊着房价可能要降,所以预交款项的客户纷纷要求退款。他们自己心里也算得很清楚,现在把几十万元搭在里面了,如果将来真的房价上去了,最后开发商有可能

要提高预售价;如果不购买,开发商最多把预售款和银行利息退给这些预购房子的客户。对于开发商来说,他肯定划算,开发商相当于借了你的钱,而且支付你的是银行的存款利息,但是实际上开发商如果去银行贷款,贷款利息可能要比存款利息高出许多倍。所以现在百分之八九十选择回迁的住户都后悔了,更早之前拿了现金的也不愿意,他们又去找政府和开发商,政府说你们签了协议怎么还出尔反尔?

现在还有很多变数,除了能不能较快地住上房子,还有将来的分配问题,例如楼层、朝向、价格和格局等一连串问题都没有在合同中写出。但是对于像我这样选择现房的人来说并不存在这些问题。现在有些回迁的人传出了谣言,等着房子建好了,大家将来抢房子。开发商心里倒是沉稳得很,他的理由很简单,你签了协议,白纸黑字地放在那里,你抢什么呀?政府部门也给开发商明确地说了,不管你骗也好,哄也好,那是你的本领!只要让他们顺利搬走,不要给我出事,不要搞暴力拆迁就行了。

欣喜过后的住户冷静下来之后又处于一种不确定的焦虑之中,这种不确定让他们无所适从。

二 拆迁中的钉子户

到了2011年3月,只剩下后排的四户人家,他们中有常年住在院子里的YWZ,还有特地从海南赶到这里守护房子的WGC姊妹三人。因为这四户人家刚好住在院子的最后排,所以开发商放出了话,按照协议上的条件,如果你愿意就拆迁,不愿意就撂着。如果再开口漫天要价,干脆就绕开不管了,无非就是少建几个地下车库而已!当然,钉子户很清楚,只有脚底下的这块土地才能给自己带来一丝希望。所以他们开始了艰难的房子保卫战。WGC在屋顶上挂起了一面五星红旗,从外面借来了一只大狗,还有两只小狗,并且用拆卸下来的旧门加固了自己家的院墙,在外面醒目的地方标出了"危险!院里有大狗"的字样。YWZ成天待在家里一边完成自己以拆迁为题材的《向东七步走》的小说，一边守卫着自己40平方米的房子。

（一）我们需要起码的尊重

"个体对社会期望的遵守，不仅仅起源于他们对规范的有意识认知，这也得于通过空间上对他们的分配以及组织和管理他们行为而组构个体的管制权力。"[①] 其实这是一种对社会和实际空间中身体的有效利用进行安排组织的权力。住户与开发商周旋的五年时间里，既积累了丰富的实战经验，也收集了各种有力的法律证据，这些都为后续钉子户与开发商的博弈奠定了坚实的基础。

钉子户首先将与开发商的这种博弈上升到道义的高度。他们认为自己与开发商是平等的主体。大家在这个地方一直居住着，开发商要开发这块土地，最起码应该先跟他们协商、谈判，而不应该是挖掘机往家门口一停，直接用命令和威胁的口吻要求签字。钉子户认为开发商的这种拆迁安置方式首先伤害了他们的尊严。

>　　"为人进出的门紧锁着，为狗爬出的洞敞开着，一个声音高叫着，爬着出来吧，给你权利！"嗨，我们现在就是一个声音高叫着，爬着出来吧，给你利益！让你爬出去，给你利益，不是权利。权利我认为是这样，你要买我的房子，就跟我谈判。谈判的时候挖掘机架在我前面，在我门口挖沟，剪掉我的电线、电视线，无所不为。强迫我跟你签，去他妈的！让人受不了。为啥呢？他不理解，他越这样，就证明他越加急迫地需要你的房子。当他越加急迫的时候我就不能着急，凭什么给你？这又体现了一个市场经济的原则，你需要就出钱。你家萝卜两块，我家八块，就这么回事。可这没有一个后面根本支持你的东西。新拆迁条例下来，要是没新拆迁条例这些房子早被全部强拆了。[②]

---

① [英]杰西·洛佩兹、约翰·斯科特：《社会结构》，允春喜译，吉林人民出版社2007年版，第145页。
② 对YWZ的访谈记录，2011年11月9日。

此时的开发商也是理直气壮。他们认为以前之所以无法进行拆迁工作，就是因为没有满足大家享受房改政策的要求。现在既然政府都出面了，开发商与大部分住户签订了危房改造安置协议，那么剩余的住户就是不讲道理。2011年8月31日，开发商正大光明地带着一帮年轻人，开着挖掘机来到了WGC家门口要与他签协议。双方就此上演了一幕强拆与反强拆的戏剧。当时在场的YWZ这样描述：

那天WGC家被强拆的时候很危险。第一趟来了二十几个小伙子翻墙进去，让WGC出去，他没有出去，全被WGC家烧的开水，泼的汽油吓跑了。那天如果他们家没有那条狗，肯定两间房子都拆了。挖掘机也来挖他家房子，挖掘机被燃烧瓶给烧着了。110来了，拆迁队的人全撤了。第一次就这样闹跑了。

110走了之后，派出所一来，他们〔拆迁队的人〕全上了。派出所一个所长抽的烟是软中华，BF房地产开发有限公司的老总抽的也是软中华。另外，他在坐着抽的时候BF房地产开发有限公司的老总跟着他。派出所肯定是被买通了，这事没一点含糊！那天当着面，WGC的妹妹差点被挖掘机挖下去。看到这种情况我也是很气愤，我就说了几句话，说得他们没话可说。我还说WGC没血性，要是我换作你这样，我先打退了再说，然后我要告你派出所，你再不走我就炸你。这是第一。第二，我告诉你BF房地产开发有限公司的老总，让你有命挣没命花。拼命！这话说出来给派出所也形成了相当的压力。这样出了人命全落！所以那天我说了以后，派出所就给BF房地产开发有限公司的老总汇报了。BF房地产开发有限公司的老总就把跟我达成的协议撕毁了。

撕毁了很好。只要你把形势认清楚了，心态好，能经受得住折腾，也不怕苦，走一点路去打水，待在这儿挺好的。开发商总会找你的。如果他说不要我的房子了，不管我了，只要他写个东西来，我立即翻建我的旧房子。你要知道，他绝对不会容许你一户留下来的。

他们家泼开水。那天可好玩了！实际好好地一说，挖也就挖了。

后来来了个张经理跟我们在这儿,说散了吧。现在就这样,只要好好地谈,差不多就解决了。不好好地谈,小命跟你拼。反正出去也是死,你没有钱买不上房子也是死。住大街上去?我们都是外地人,本地也没有什么亲戚。①

2011年9月1日,有个近80岁的老太太的两间房子也被扒了。老太太本人在住院,家里没人。开发商先放火,然后他们又以消防车进不来为由动用挖掘机灭火,家里的东西全部被填埋了。几位钉子户看在眼里,气在心里。只能在笔者跟前一吐为快。

  你要是在美国,家家都开枪了!人家是私有财产神圣不可侵犯。我们这里哪有私有财产?房屋分配一共两种形式,一种是实物分配,一种货币分配。实物分房是毛泽东时代的,给老子就是老子的,老子不搬看你怎么说。像他家那种情况,如果我在这儿看着不说话就不是个人。特别是自以为还懂得一点儿道理的人,你能不出去说话吗?说两句公道话他就撕毁协议,正好我对协议也不是太满意!你撕了,老子瞌睡你送了个枕头,叫我谈去,谈你妈的蛋。你把人逼到那个份儿上了只能玩命。玩命的基础是什么?光脚的不怕穿鞋的,老子啥都没有,只有小儿子是我惦念的。
  现在能帮我们的,就是我们脚下这块地。我就在这儿放着呢,我看他给老子动动。今天早上来了一个人,过来到WGC家说,他家谈不下来,就等着政府来强拆!可能是安排了一个人来搞心理战术。②

YWZ对于开发商这种强拆给住户带来的情感伤害进行了深刻的分析。他认为虽然拆迁是政府为了建设的需要,但是拆迁给住户的心灵创伤是难以弥补的,强迁带来的后遗症是难以估算的。

---

① 对YWZ的访谈记录,2011年11月12日。
② 同上。

拆迁这个事在中国历史上恐怕会留下一笔。像"文革"呀，好说但是不敢说。第一，你首先要认清拆迁是个啥事。第二，让全体人民住到楼上去，这他妈的合适不合适。一般的人都喜欢上楼。"楼上楼下电灯电话"，这是一个共产主义的所谓理想。但是你说上楼有什么好？几百户挤在一个阁笼子里，弄不好今天那个把天然气给你弄得炸了，那个明天放点火，再给你漏点水。我们把这么多的人集中到一起进行城市化的时候，人的整体素质还没有达到那种程度。你看那个小区里，弄得失地农民一大群，人都到一起了没正事干了，干嘛呢？光华门有一个队，那个队里的年轻人都干吗呢？吸毒，然后几十个小伙子又偷又抢。

他［开发商］先是按实际面积，一比一，要现金赔偿一平方米一千元钱，伙房五百元吧，补偿下来四万五元吧，就这样走了好多户。又这么个法这么个规定，装神弄鬼弄了一大圈，什么都不是，什么"法"什么规定都没有。所以就成了过去的形式化：能说会道的一等奖，能打能闹的二等奖，老老实实的没有奖。他［拆迁户］不仅对政府产生了怀疑，对法制产生了根本的怀疑。他亲身经历了这些，你再说"法"什么的根本就不相信。从根本上说，中国没有法，要有法的话你凭什么对这些土地不进行招标公开拍卖给一家开发公司？这家公司两年以后因为没业绩而被兼并，他自己［地方政府］肯定在中间把钱算是挣够了。①

（二）向东七步走

YWZ 认为，电表厂的拆迁就是一场骗局。

我们电表厂这伙人整体素质是向东七步走。什么是向东七步走呢？LYG（也是这里的拆迁户）的老婆，走在街上几个人告诉她，她的儿子最近有血光之灾。结果呢，他老婆说那咋办呀，人家说你把钱

---

① 对 YWZ 的访谈记录，2011 年 11 月 12 日。

都拿来，拿到那个地方。她回来翻箱倒柜，包括她儿子存的零钱都拿了，就到那儿去了。那几个人告诉她，你现在把钱放在佛爷身前，你向东七步走，慢慢走，一步一步，走一步念一句阿弥陀佛，必须心诚，不诚就不灵了。直到七步时念三遍。转过头再走回来，把钱拿回去，儿子就好了。结果回过头来人没了，钱也没了。这就是拆迁！我写一篇小说，叫《向东七步走》，因为中国经历了拆迁之后，到现在为止还没有人完全点出里面的实质，而这个实质我认为是向东七步走。实质和所有的事一样，拼的是什么，拼的是你的势力，你的勇气，你的智慧。

不管是什么家，在登记上是两家［形式上］，这是第一；第二，你是两个法人，两个公司。为什么能换给它，我们的政府怎么同意换给它？然后同意以后，先是骗了一帮人，等大家清醒过来以后，熬不住了，据说市长给开了个会，给补到了 65 平方米，WWC 呀、LXY 呀，高高兴兴地走掉了。其实没想到又是一个骗局。给你 65 平方米，公摊呢一去掉，起码 15 平方米没了，成了 50 平方米，也就是多给你 10 平方米。多给你这 10 平方米，是不是说能给到你手里？天知道。因为等房子盖好了是他说了算，等他说了算的时候你能算过他？中国有个特点，在桌子底下比国民党还国民党，但是摆在桌子面上他还要说他为民做主，他利用这 50 平方米为党解决了一个破产企业的下岗职工，他捞了不计其数的好处。把这好处捞到手之后，他对大部分回迁的人不是慈善家，他也不会对大家网开一面，他也会把钱收得足够，他应该付出的代价早赚够了。[1]

他很清楚个人和组织的对抗很难取得成功，但是开发商之所以没敢"动"他，一方面是因为他本人具有相当的社会资本，另一方面是因为他的房子并不处于开发商非常需要的位置。正是这两个因素促使他成了最后的钉子户。他对于开发商的积极强拆有着不同的看法，他认为开发商越急

---

[1] 对 YWZ 的访谈记录，2011 年 11 月 8 日。

于强拆的时候,就证明开发商对于房子需求越加急迫。当开发商越加急迫的时候,住户就应该更加沉着冷静。

> 根据规律,在两三家的时候,是开发商最仁慈的时候。谁的心理状态好,谁就能把这个事参悟到。你看市场上买东西的。"这块木头两块钱卖不卖?""不卖。""五块钱?那边才一块钱。""那你去买去吧。"过两天,"五块钱卖不卖?""不卖。""为啥?""涨价了,八块。"然后再过两天:"八块钱不卖,要十块。你给不给?""不给,木头在我家呢。反正是你要用不是我要用。"
> 这又体现了一个市场经济的原则,你需要就掏钱。你家萝卜两块,我家八块,就这么回事。①

(三) 道义谴责

原先签了协议的人看到后面的钉子户与开发商的对抗之后,一方面是担心工程进展缓慢而影响他们及早住进新楼房,另一方面是相对比而言自己得到的拆迁安置补偿比较少。所以签了协议的许多人从道义上对钉子户表达了谴责。此时,他们认为钉子户全是无赖,老想占便宜。笔者在访谈中时不时会听到这种声音。

> 有的人一次都没去过,现在我们要来了还不满意。像这些人在外面搞传销,哪里参加过活动呢?
> DSH 死了,老婆和儿子霸着讹,和开发商打架,被别人打得缝了十几针。我们这里天天 110。正好那个时候把 WGC 的房子给推了。有一次海原的一个老回民来捡砖。他一看房子推倒了,也没有什么可捡的砖。WGC 以为是开发商叫来捡的,把人家老汉打了,车都砸了。你说他们坏不坏?②

---

① 对 YWZ 的访谈记录,2011 年 11 月 8 日。
② 对 WWC 爱人的访谈记录,2011 年 9 月 20 日。

第五章 策略均衡

YWZ认为，团结的目的是获得共同的利益和权益，但是利益又让大家产生了重大矛盾。

中国老百姓好在这儿，给个馒头，馒头没有给个馒头皮，馒头皮没有给个老玉米。但是拿老玉米的看着拿馒头皮的就不愿意了，拿馒头皮的看着拿馒头的就不愿意了。后来许多住户都说WWC是这个院子里最早叛变的。因为他是最早组织上访的，好多人的联系方式在他那儿。等开发商答应给他一定的好处之后，他打一个电话劝一个人，结果一半的人被他骗了。

突然有一天你起床发现支持你的人都在嘲笑或者攻击你：还想要多少钱？这是中国人的悲哀！为了点私利，你看这个院子里都是一个工厂的同事呀、朋友呀，为了蝇头小利，这个出卖那个，那个出卖这个。我们的党委书记拿着铜锣在院子里敲，组织大家护院子呀，跟开发商抗争。等到开发商给了他一点儿利益，第一个走人。结果接下来的这些干部，一拿到利益就跟着跑。现在也是一肚子的气，为什么？当初给他们的利益在当初是利益，但是跟现在一比少得多了。他们现在闹啥闹，不要脸的事他们干了，他们跟人家签了协议，钱也用了，房子也住了，他们闹啥？①

住户们在院子里面时不时会有人指桑骂槐，或者贴出一个公告以表示自己的意见。拆迁补偿中的利益纷争使许多原先站在同一条战线上的朋友最后变成了敌人。相互之间因为房屋拆迁过程的小利益而开始指长道短。

那些出力甚少甚至根本没有出力的工人为什么要搭便车呢？或者说他为什么对于这种不出力而享受公共产品的行为安之若素并丝毫不感到愧疚或不安呢？曼柯·奥尔森认为，这是由于人的自私本性所决定的。在曼柯·奥尔森看来，社会群体中的每个人都是自己单独生活的，是完全不同于他人的独特个体，因而不可避免地追求自身的利益。因此，在分享胜利成

---

① 对YWZ的访谈记录，2011年11月8日。

果时，每个人都会自觉地追求自身利益的最大化。因为自觉地追求自身利益最大化的这种自私性，他在这种集体行动中不可避免地成为理性地追求自身利益最大化的经济人。电表厂的拆迁安置就是在这样的逻辑下，住户们打着自己的小算盘纷纷离开了集体，或者为了自身的利益而去分化或影响集体的行动。个体的理性行动必然会影响到整个集体行动的成效。

第三节 策略均衡

在开发商与住户的长期策略互动中，住户们基本上以各自不同的方式获得了自己比较满意的安置条件。2011年11月，笔者再次走进原电表厂的院里时，原先路边垃圾堆积如山、污水横流的景象已经被绿皮的建筑围墙替代了。原先地面塌陷鼓包、墙皮发酥掉皮、墙体多处出现裂缝、屋顶漏雨的平房早已被轰隆隆的挖掘机拆除了，开发商已经打好了27层大楼的地基，正在准备修建地下停车场。随后，笔者走访了当年的住户代表，并且探访了他们的生活。

住户代表WWC选择了回迁的条件，开发商在承诺按照房改政策安置的同时，还答应以同样的条件让他购买第二套房子，YWK则选择了现房，住进了一个四星级的小区，90平方米的房子宽敞明亮。HYY也选择了回迁，目前租住在一个环境较好的一楼。他们共同的声音就是：电表厂比Y市所有拆迁安置都要好。YWK乐呵呵地说：

> 这196户，余下的WGC他们，从PK来说，如果不考虑时间因素，应该从这里走的人都是满意的。你不满意就不会走。如果考虑时间因素就不好说，因为他有个对比。现在回迁的好多后悔了。回迁的以65平方米房改，再加10平方米的优惠价，每平方米3600元。如果你要住80平方米的房子，可能还要交8万元钱才能住进新房。但这些人在当时是满意的。原先的政策是拆一还一。后来一变，这样一个方案比起Y市所有厂矿都要好。因为其他厂矿都是拆一还一。连经委的书记都跟我说了，我也经过拆迁，我住的是40平方米的，这个40平

方米给我,超过部分按市场价计算,结果他要了50平方米。你要是说跟我们比那就有差距了。

我在这次拆迁中不争第一。JZ 100多平方米,XJY 100多平方米,我92平方米。我不要了,我现在声明了,我现在只要我老伴满意我就行了。你现在给我46.5万元,你将来给人家给50万元我也不管。我虽然不争第一,但实际上我是第一。我的房子是单位盖的房,没有公摊,还增加了5平方米,物业管理费1平方米才0.15元,电话内部打不要钱,他还给我留了电视柜、茶几、洗澡的、抽油烟机,而且水费、电费留了好几百元,是四星级的小区。门是实木的,卧室是木地板。[①]

2011年11月8日,WGC兄妹三人也与开发商达成了协议,高高兴兴地邀请朋友们到旧平房里举行这里最后的一次聚餐。随后的时间里,剩余的两户人家也拿到了称心如意的安置补偿费离开了破旧的平房,开始了他们的新生活。2012年,笔者再次路过原来电表厂旧址时,过去的废墟已经被拔地而起的高楼所替代,一座座大楼相互映衬彰显着这座城市的魅力。偌大的广告宣传也赫然入目,光丽繁华的景象已经完全遮盖和淹没了曾经发生在这里的一切,似乎没有几个人会记起这里的过去,这里曾经发生过的事情。

第四节 小结:利益协调与策略均衡

在这一章中,我们发现,国有企业政策性破产后,房改安置的话题已经不见了踪影,房屋拆迁安置过程成了一场政府、开发商与住户"斗法""斗势"的过程。地方政府作为企业破产时的"监督方",虽然有监督的困难,但是整个拆迁改造项目在运作过程中也存在大量的利益空间。开发商虽然代理政府处理企业破产后续的民生问题,但是他们认为"房政是政府的事",而开发商是以盈利为目标的。住户虽然被认为喜欢"占

---

① 对YWK的访谈记录,2011年11月9日。

便宜""制造麻烦",但现实的境遇的确是当初写在合同上的条例没有得到落实,他们的利益受损严重。问题在于,为什么明明是本应享受房改政策的住户会有种种的"曲折"?为什么相对其他类似性质的拆迁安置纠纷,电表厂住户的维权抗争最后能够取得成功?显然,我们必须再次回到博弈"场域"中作为处于诸多关系与事件中心的各方利益主体。(见图5-1)

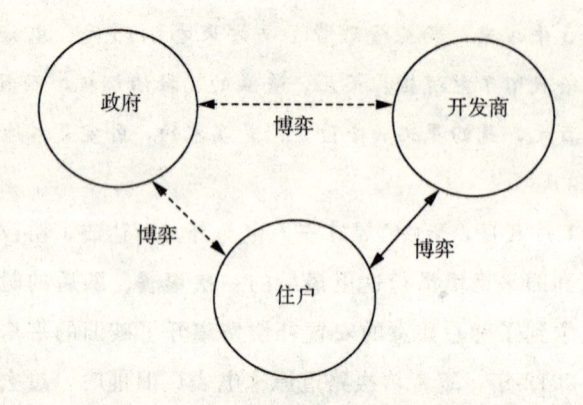

图 5-1 策略均衡阶段各方博弈关系

资源在某些"场域"的不同参与者之间的不平等分配,就赋予每个位置在这些资源的获得和积累上的特殊利益。这些个体在他们行动中产生、再生和转换的规范和社会关系,是建立在他们对这些资源的争夺基础之上的。一个社会"场域"的结构,像一场游戏的结构一样,依靠于那些能有效动用他们技能的熟练"游戏者"的行为。个体在特殊情况下发展出采用某一种或另一种方式行动的趋向。事实上,这种趋向可能是"意识之下"和"语言之下"的对于特定目标的文化强调,与对制度化方法的强调程度,二者是独立地变更的。这就是说,"在某些社会中,目标可能被高度强调,而达到目标的方法的合法性被看作具有较少的重要性。在另一些社会中,可能刚好是相反的观点,方法可能是在损害目标的情况下被强调"[①]。在电表厂的房屋拆迁改造过程中,开发商与住户们为了达

---

① [英]杰西·洛佩兹、约翰·斯科特:《社会结构》,允春喜译,吉林人民出版社 2007 年版,第 50 页。

到各自的目标，采取了各自认为合法的方法。对开发商而言，在拆迁改造过程中，国家权力的地方化、部门化，同时也将由民众利益让渡而来的国家利益再次让渡为地方利益和部门利益，这样的演变，最终结束了这个破产国有企业持续五年的拆迁改造安置纠纷。其结果是，在合法的制度掩护下，政府在城市发展中攫取了最大利益，同时受惠的还有与前者结成利益共同体的开发商。

但是在全国上下高呼不得强拆的形势下，部分住户始终咬住商业开发的性质不放手，他们的坚持对地方政府与开发商来说是一把杀手锏。政府不得不隐退幕后，对开发商发出了"不管你是骗，是哄，总之你不要给我出事，把人搬走就行"的指示。开发商只能采取软硬兼施的方法，给剩余的住户开出相当不错的安置条件来结束这场持久的游戏。

通过对此阶段博弈过程的分析，我们发现。

其一，能否与政府力量结盟，决定了行动者能否占据博弈优势。

显然，在当前的中国政治剧场中，谁与政府力量结成共同体，甚至谁贴附于政府力量，谁就会在博弈过程中的胜算概率比较大。开发商自始至终都很明白这个道理，所以他一直没有放弃与政府部门的积极合作与沟通。所以，我们看到地方政府依靠行政手段力挽上访狂潮，通过让开发商调整原有规划方案的形式化解了涉及面广、人数众多的房屋拆迁安置纠纷，轻松卸除了所有即将由地方政府承担的政治重担。地方政府通过出面协调新的拆迁安置方案的起草、签订等，最终促使电表厂家属区顺利改造。而一直试图以司法途径解决问题的住户们也很快意识到，抛开行政力量单纯地依赖国家法律赋予的司法权力并不足以支持自己在现实的博弈中取得胜利。在事件的最后阶段，为了防止安置补偿过程再次出现变数，住户们转变博弈策略，主动邀请地方政府作为拆迁补偿方案实施的监督者，从而完成了与政府力量的结盟，增强了自己的博弈能力，最终在博弈过程中获得了一定的收益。

其二，策略均衡是形成纳什均衡的前提。

虽然开发商依赖手中的经济资本优势完成了与政府力量的合谋，采取了政治与法律并行的复杂博弈技术，并在最后阶段取得了显著的效果。但是开发商突然大发仁慈，愿意与住户们达成协议，最直接的原因是开发商在这个周旋过程中获得了比预期更大的利益。不管是否获得国有企业工矿棚户区改造的中央补贴，改变原有的设计规划，增加容积率，就意味着利润的成倍增加。这是开发商愿意作出让步的基本前提。相对而言，住户们也是经过理性计算的，过去只住二三十平方米的房子，今天能享受到一刀切的65平方米的房改安置政策，对他们大多数来说是知足了。因为参照工龄，每位住户基本上不缴纳一分钱就能直接住进新楼房。至于住宅小区的容积率什么的，对于他们来说是第二位的。对于那些以各种理由阻止拆迁的住户来讲，他们在特定的时期都获得了在当时的博弈"场域"中比较满意的安置补偿。地方政府也深知在发展话语统摄官方主流话语的情况下，地方的经济增长、城市化进程等都是地方政治精英最重要的"造福一方"的政绩表现。正是在这样的理性计算中，地方政府、开发商，还有住户在各自让渡了一部分利益的情况下又获得了比原先更加理想的收益。

其三，从利益分配到利益分化是集体行动的转折点。

从计划经济时代到20世纪80年代末期，单位一直是国有企业工人获取个人资源的主要渠道，甚至是唯一的渠道。工人与单位之间存在依附与庇护的关系。然而，自20世纪90年代中期开始的国企改制，实际上逐步切断了工人与单位的关系。数量众多的"单位人"开始告别单位，变为"社会人"。这种急剧性的社会变迁导致个人游离于社会组织和群体之外，形成了一种原子化的态势。而在企业破产后的危房拆迁改造安置过程中，利益受损使这些被排除在体制之外的住户成为一种暂时的利益共同体。在对制度变迁中国家意识形态、法律制度以及社会政策的共同体验中，他们再生产出了集体意识与集体认同，并且在利益博弈过程中将这种意识与认同逐步地由自发上升到自觉，由物质利益层次上升到社会道德、正义层次。然而，随着开发商采取各个击破的策略，住户与住户代表在利益的诱惑之下纷纷作出了自己利益最大化的理性算计，住户内部出现了复杂的人际关系冲突。正如涂尔干所说的："当个体和同伴之间的关系，不再受任何规定影响的时候，就会产生永无休止的争斗和摩擦，个体必然从中深受其害。对一个人来说，当他与最亲密的伙伴大打出手，当他好像总是让自

第五章 策略均衡

己被围困于敌人当中,这种生活当然是很糟糕的,这种萦绕着他的敌意,这种抵抗敌意的神经紧张,这种彼此之间永远也解不开的误解,都是痛苦的来源。"① 这样的复杂关系导致没法形成长期稳定的共同体,也很难培育出严格意义上的公民社会组织。

从策略互动的角度来看,房屋拆迁改造纠纷中最关键的问题是如何有意识地把博弈各方的变化纳入策略的整体规划之中,然后引导住户和开发商的特定行为,以达到既能赢得开发商的积极配合,又能得到住户"民生工程"的赞誉。但是这种策略互动充满复杂性和不确定性,当地政府的这种策略性的变化达成了暂时的利益均衡,但这种变化是以削弱基层民众对党和政府的政策信赖度为代价的。

---

① [法]涂尔干:《职业伦理与公民道德》,渠东、付德根译,上海人民出版社 2006 年版,第 22 页。

第六章 结论与反思

第一节 结论：社会博弈

　　伴随着规模化的城市扩张和旧城区的改造，房屋拆迁安置过程中的矛盾和纠纷的扩大和激烈程度已不再是表面上的城市建设纠纷问题，它牵涉到地方政府部门对本地经济发展、城市建设的宏观规划，牵涉到拆迁人和被拆迁人利益的平衡和保护。在这一过程中，政府部门、拆迁人、被拆迁人三方行政、民事法律关系纵横交叉，政府部门行政职权的行使，拆迁人商业利益的实现，被拆迁人的财产利益及对政府的合理信赖相互博弈，如何在这种动态冲突中找到一个平衡点，调整不断失衡的利益结构，在长期的失范和失序中找到一条合理的治理之路成为社会管理的重点之一。这场耗时近五年的拆迁安置，从最初的冲突、对抗到妥协乃至最终解决，其间各方行动者以利益为核心，精心谋划使用了令人眼花缭乱的博弈策略，上演了一幕幕政治剧。戏剧固然热闹，然而我们的任务不是描述热闹的戏剧，而是透过这一波三折的博弈过程，揭示这种博弈背后所隐藏的社会结构、社会关系。

　　电表厂破产后拆迁改造项目作为一个整体是由大量的不同行动"场域"组成的。每一个"场域"的地位和其他"场域"的地位能够通过相似性或同质性相联系。"场域"是占有和再生产特殊资源的"争斗竞技场"。布尔迪厄将这些资源称为"资本"的形式，是社会权力的形式。它们在一个"场域"的不同地位之间不均衡地分配。它们是统治和从属关系的基础，是在一个"场域"中为优势而斗争的基础。那些占据优势地位，获得

第六章 结论与反思

社会资源的人，就能统治这一"场域"，收获"场域"不得不提供的收益。[①]资本在所有"场域"中的不均衡配置的主要后果就是总有"利益"和"利害关系"的组织存在，利益冲突是造成一个"场域"发展原因的动态性驱动力。布迪厄认为，利益冲突的特殊特征在不同"场域"有着不同的差别，这就使得每一个"场域"都具有它自己的特殊动态性——布尔迪厄把它命名为"场域"的特殊的"逻辑"。某个"场域"的特殊逻辑是全部"场域"空间之中自身独立性的基础，社会空间的结构是这些独立逻辑相互作用的结果。每个"场域"发展的方式都要受到那些影响其他空间周围的其他"场域"的影响。因此，每个"场域"的运转可能被其他"场域"的运转所强化。在这自治和互相渗透的众"场域"的分散空间中，社会结构得以形成。

在这种社会结构之中，社会资源的配置实质上是利益博弈的过程。在追求利益最大化的过程中，各方都有着自己的利益边界，越界即会导致社会冲突。当国家的触角在具体的空间中不断深入的时候，我们发现"国家既不会像经济学家所说的那样，必然成为社会生活的监督者，也不会像社会主义者所说的那样，变成经济机器的一个齿轮"[②]。这起国有企业破产后的房屋拆迁改造纠纷案便是一个很明显的例子。地方政府借着国家政策性破产的名义顺理成章地完成了企业的破产，并以安置解决破产企业职工的名义将国有土地交给开发商进行拆迁改造。开发商在向政府缴纳了土地转让金之后，便知道土地开发志在必得。本来是民生工程的项目最终在开发商的操作下演变为赤裸裸的商业交易。失去单位庇护的下岗或退休职工们只能临时性地组织起来维护自身的利益。这个时候，由政府部门直属的专业拆迁公司产生了，开发商再以合同的形式邀请房管部门下属的拆迁公司去完成任务。他们的任务就是拆毁别人的房屋，赶走屋子里的人。为此，他们发展出了种种技巧、手段，甚至雇用社会闲杂人员进行强行拆迁。当这一切政治戏剧在表演的时候，政府和开发商却在忙着自己认为比较要紧

[①] [英]杰西·洛佩兹、约翰·斯科特：《社会结构》，允春喜译，吉林人民出版社2007年版，第123—124页。
[②] [法]涂尔干：《职业伦理与公民道德》，渠东、付德根译，上海人民出版社2006年版，第58页。

的事情。政府借开发商把自己与拆迁的事情切割开来，开发商则借拆迁公司把自己与拆迁的事情切割开来。当住户拿起法律武器去维护自己的权益时，法律这种带有强烈机构色彩的文化架构，它既是一种思想意志的展现，又是一种关于行为关系的谈话，所以它既主张公平正义，又让人们保持沉默。在现有的政治环境下，法院的审理必须与执政党对全社会的领导，与国家的稳定密切联系在一起。因此面对政府的行政不作为时，法院只能运用自己熟悉的法律知识和技术协助政府和开发商强制被拆迁人完成拆迁。就这样拆迁成了一个不可逆的过程，形成了名副其实的"转型陷阱"[①]，即在国有企业改制、房屋拆迁过程中形成了一个既得利益集团，他们"往往是权力与市场手段交替结合使用，在权力手段方便的时候使用权力手段，在市场手段方便的时候使用市场手段"。他们试图形成使其利益最大化的"混合型体制"，由此导致了经济社会发展的畸形化和经济社会问题的不断积累。

建立在道德规范基础上的社会利益分配结构，实际上是能够被每个人合理接受的。但是在生存博弈中，既得利益集团在这种"混合型体制"中已经破坏了"关于个人收益和利润的规则"，当这些被拆迁者的相关社会问题长期被"选择性忽略"，无法进入正式的制度议程；或者在制度议程中处于弱势地位，没有引起决策者的关注；或者其回应不能合理地说服被拆迁者使他们相信权力误用的理由的时候，那么他们就开始相信曾经说服他们的道德基础正在受到破坏。所以他们会"与其临渊羡鱼，不如退而结网"，用自己的"地方性知识"更具针对性地进行道德博弈，以重建道德规范。

同时，本研究也试图回答这样一个问题，为什么房屋拆迁成为一个社会问题，为什么各地的强拆屡禁不止？笔者通过对这起国有企业政策性破产后房屋拆迁过程中的利益博弈的社会学分析，简略地梳理了几点深层原因。

第一，分税制是地方政府热衷于房屋拆迁的根本原因。

改革开放以来，"以经济建设为中心"成为党的基本路线的核心内容，中央政府为了有效执行这个路线，与地方政府之间建立了分权契约关系，

[①] 庄庆鸿：《须警惕"石头摸上了瘾，连河也不想过了"》，《中国青年报》2012年第3期。

中央统收统支的制度逐渐被"放权让利"所替代。可以说，1994年中国分税制改革后的几年是地方政府的"迷茫期"。一方面，中央集中财税的政策让地方政府一时难以找到"新的增长点"，所以我们看到20世纪末黑线农村税费而引发的干群冲突成了大家关注的焦点。另一方面，几经下放的地方国有企业纷纷改制或破产，加重了地方财政和就业压力。在此种背景下，地方政府有动力让国企破产或改制，地方政府在这种积极"合作"的姿态中也暗藏着对新财源的期盼。①

中央与地方政府之间的事权与财权关系，一方面加强了中央对地方的有效管理与约束，但是另一方面也导致地方政府开始拥有了自己的目标函数，并拥有了实现这种目标的一系列财政、税收、行政管理手段。"这种发展模式，主要表现为财政体制改革带来的财政分权使地方政府在财政激励下成为有自身独立经济利益诉求的利益集团。在推动地方发展的过程中，其独立的利益诉求也不断地明晰化。"②所以，面对中央的政策性破产指令，地方政府特别乐意让电表厂这样的国有企业走上破产之路，这样地方政府不仅可以获得中央的优惠政策，更能以破产之名进行国有企业变相拍卖，然后以开展民生工程为由积极地推进国有企业工矿厂区棚户区改造等拆房卖地的行动。从这个意义讲，正是以政府为主导的经济发展模式和目前的财政税收体制共同造成房屋拆迁过程中的利益冲突与博弈。可以说，中国式的分权结构激励地方政府发展本地经济，硬化了地方政府的预算约束，导致全国各地经济社会发展呈现出一种"锦标赛"现象，这一发展构成了中国经济社会发展历程的一个显著特征。同时，中央政府与地方政府的分税制模式，推高了房价，也导致了地方政府过度依赖"土地财政"。"仅2000—2009年，大部分地方政府每年收取的土地资源相关税收和出让金都占到了地方财政收入的60%之多，土地财政收入已经成为地方财政收入的主要来源。"③

---

① 麦田：《中国基层权力运作新动向》，《金融时报》2010年1月20日。
② 蒋震、刑军：《地方政府"土地财政"是如何产生的》，《宏观经济研究》2011年1月21日。
③ 卢洪友、袁光平、陈思霞、卢盛峰：《土地财政根源："竞争冲动"还是"无奈之举"?》，《经济社会体制比较》2011年第1期。

第二，政府权力依然是社会运作的关键变量。

综观电表厂拆迁过程中的博弈，实际就是一场由地方政府与开发商表演的剧场政治，而导演恰恰就是地方政府。房屋拆迁中的利益博弈犹如一个情节曲折、关系错综复杂的剧场。尽管在博弈过程中住户们竭尽全力地通过各种途径让演员们的社会行动不再有前台和后台之分，印象管理的机会被剥夺，任何作弊、不公正的行为都在众目睽睽之下暴露无遗。但是最后博弈的结果大多是前台和后台多重原因作用得出的。当前的拆迁剧场政治中，后台的政治背景、社会关系等因素对博弈输赢更具有决定性作用，而住户们前台的信访、诉讼、谈判等直面大众的因素往往对住户的博弈结果不具有决定性作用，相反是屈从于后台的力量。

在改革的过程中，资源的重新配置必须打破原有的利益边界，引发底层的抗争。从电表厂的案例来看，数量众多的"单位人"伴随着企业的破产而变为"社会人"（下岗或失业工人），在利益受损，体会到被排除在体制之外的压力时会暂时性地形成一个利益共同体。在制度变迁中对国家意识形态、法律制度以及社会政策的共同体验中，他们再生产出了集体意识与集体认同，并且在利益博弈过程中将这种意识与认同逐步地由自发上升到自觉，由物质利益层次上升到社会道德、正义层次。正如斯科特所言，"无论国家会以什么方式做出反应，我们不能忽视这样一个事实，即他们的行动改变或缩小了国家对政策选择的范围"[①]。但是，他们始终没有走出"合法性"困境，深陷于"权力—利益之网"，从开始向政府讨说法，到中间上告政府部门的行政不作为，等等，这一系列的结局让他们深感博弈力量的悬殊，以及政府权力在博弈过程中的威力。因此，在博弈的最后阶段，他们还是积极地与政府部门拉近关系，希望政府部门对房屋拆迁安置起到监督作用。

第三，必须回归社会。

资本的过度扩张促进了社会自我保护的形成。按照卡尔·波兰尼的说法，"社会是阶级动员的产物，特别是工人阶级动员的产物。自我调节的

[①] 郭于华：《"弱者的武器"与"隐藏的文本"——研究农民反抗的底层视角》，《读书》2000年第7期。

市场如此地威胁着工人的生存，以至他们为了维护自己的切身利益，就必须不是单个地而是组织成为阶层来开展集体行动。工人阶级在反抗压迫、维护尊严的社会斗争中携手合作，由此产生出组织的社会关系结构"[①]。在当代中国，随着资本的急剧扩张，卡尔·波兰尼的预见和警告正在日益引起社会学的再度关注，其深刻的理论意涵也在急剧变化的现代社会面前彰显出来。即市场越是扩展，社会就越是试图保护自己免受市场的损毁，并将日益"脱嵌"的市场体系重新置于社会的掌控之下。开发商的专横与毫无约束的态度使被拆迁人遭受了巨大的物质和精神损害。但是从全国来看，大规模的拆迁自焚事件与冲突事件引起了中央的高度关注，最终推动了《城市房屋拆迁条例》的重新修订，最高人民法院也下发了《关于坚决防止土地征收、房屋拆迁强制执行引发恶性事件的紧急通知》，从"维护公共利益，保障被征收房屋所有权人的合法权益"这一宗旨出发取消行政强拆、制止野蛮暴力拆迁。国务院也逐步通过一系列宏观调控措施加强对房地产行业的监管力度，从而规范整个市场的良性运行。电表厂住户坚持长达五年的博弈实属不易，能够取得最终比较满意的结果也是令人兴奋的，但是从总体上看，这是社会逐步形成良性机制，开始对权力进行监督的体现。

第二节　讨论：依法抗争、以法抗争、依势博弈

对于集体行动的解释，传统的理论有以奥尔森为代表的个人利益论，以及涂尔干为代表的集体观念论。奥尔森在批判国家阶级理论、压力集团理论的同时，提出了自己的"个体利益是集团行动的逻辑"的理论。除了奥尔森之外，唐斯、布坎南等人也都持这种观点。另外，社会学和政治学理论也从观念（规范）的角度探讨该问题。其中，涂尔干的"集体意识""职业伦理"分析堪称"观念论"的典范。在"集体意识"理论中，涂尔干认为集体的存在为人们提供了某种"集体意识"，"集体意识"是社会存

[①] 中国社会科学院社会学研究所：《中国社会科学》（第5卷），上海人民出版社2006年版，第271页。

在的根源。20世纪60年代以来的欧美社会运动理论也充分体现了观念（文化、价值观、意识形态）在集体行动中的作用。例如库恩认为，社会运动本质上是一场原有的现代化价值与正在兴起的后现代化价值之间的冲突；哈贝马斯认为，这是现代化或资本主义合法性危机的体现；麦卢茨则认为，这是人们在新的社会条件下寻找自我认同的结果；斯科特则肯定了"道义"在农民运动中的意义；泰罗则指出，集体行动的发生都存在一种集体行动的框架，即一种与集体行动有关的认知和归因模式，它是集体行动参与者解释自己处境的一种共同认知；赵鼎新把集体行动的原因归结为变迁、结构和话语，其中，话语包括行动者的意识形态、参与者的认同，等等。

受到美国学界关于社会运动和集体行为研究范式影响，当前中国比较普遍的观点是把这种集体行为称为"抗争政治"，强调从利益和权利的角度来解释当前发生在中国的这些维权抗争行为。如第一章所述，当前中国有关集体行动的策略研究从关系视角、工具范式和改革话语三个维度可以概括为日常抵抗、依法抗争、以法抗争等解释框架。在税费时代的中国农民维权运动中，李连江、欧博文提出了"依法抗争"的解释框架。后来于建嵘进一步发展了该理论，他认为自1998年以后，农民的抗争实际上已进入了"有组织抗争"或"以法抗争"阶段。这种抗争是一种旨在宣示和确立农民这一社会群体抽象的"合法权益"或"公民权利"政治性抗争。在后续的研究中，应星提出了"草根动员"的解释框架，来解释当前我国民众维权抗争，企图补充既有研究的不足。而吴毅则针锋相对，提出了"权力—利益结构之网"的解释框架。董海军则在此基础上提出了"依势博弈"的概念。（见表6-1）也有个别学者认为，传统农民政治行动的基础是伦理而非利益或理性。在中国文化中，农民政治行动的伦理就是"气"，他们在蒙受冤抑、遭遇不公、陷入纠纷时进行反击的驱动力，是不惜一切代价来抗拒蔑视和羞辱、赢得承认和尊严的一种人格价值展现方式。

表 6-1　　　当前有关民众维权抗争的几种研究范式

研究主题	研究范式	解释框架	主要观点	代表学者
农民抗争	维权	依法抗争	农民的维权是由于体制内缺乏制度性的政治资源所致	欧博文、李连江
农民抗争	维权	以法抗争	农民通过信访方式来维护自己的权益	于建嵘
上访	利益表达	气场理论，权力—利益结构之网	信访是一种权利救济方式，是一种利益表达机制	应星、吴毅
农民维权	维权	依势博弈	权力的利益网络、借助弱武器	董海军

上述两种理论都具有一定的合理性，但在解释集体行动时都显示了其局限性。本研究提出了"社会博弈"概念，这既体现了利益在生存博弈过程中的重要性，同时也说明了道德基础在集体行动中的指导作用。"社会博弈"既不同于利益论，也不同于观念论。因为在现实生活中，人们不仅仅是理性经济人，更是一个社会的人；不仅仅受到利益的驱动，更受到规范、道德等的约束。

电表厂的房屋拆迁改造安置之所以能够取得意想不到的结果，正是这种博弈逻辑的体现。住户之所以能够得到如此的优待安置，除了受"依法博弈"、"依势博弈"等策略的影响外，更多的是受到国家宏观制度运作特点以及微观社会基础的影响，是各利益主体在面对曲折复杂的博弈环境时策略均衡的表现。在博弈过程中，面对民众的合法行动时，地方政府迫于国家民主化治理的国际趋势以及社会力量成长的事实，不得不对政治控制与政治通道进行某种程度的放松与开放，以此来建立起与住户互动的可能性，然而不管是上访还是法律诉讼，因为各自在"场域"中所占有的位置不同，导致双方无法形成良性互动，住户往往在"混合型体制"中被甩出利益集团的圈子。当然，这种建立在合法性基础上的博弈过程既是一个基于理性选择的讨价还价的过程，同时也是一个以道德驱动的情感过程[1]，因为只有建立在道德基础上的社会利益分配结构往往才是大家所能接受

---

[1] 赵鼎新：《国家·社会关系与八九北京学运》，(香港) 中文大学出版社 2008 年版，第 14—16 页。

的。因此，围绕合法性资源的获取成为推动地方政府与住户以及开发商博弈的基础。在这种情况下，地方政府既要允许民众有进行一定的利益表达的空间和场所，以获取必需的治理性合法性资源，又要把这种表达限制在一定的范围之内，不允许民众的行动破坏现有的政治秩序和社会秩序，给自己的政绩造成不必要的麻烦。① 在具体的博弈"场域"中，政府、开发商与住户都会随着不断变化的局势，利用既有的政策和法律提供的支持，竭力寻找可能留下的空隙，以决定采用何种策略来处理相互之间的关系，以最好的方式达到各自最理想的目标。在此过程中，他们各自的行为策略是相互影响，即一方的策略行为往往是针对另一方的策略行为作出的。这样，在地方政府、开发商与民众之间就不自觉地形成了一种动态平衡。

另外，值得一提的是，在中国现有的社会环境下，房屋拆迁改造过程中的博弈困境在一定程度上反映了国家社会管理体制中存在的问题。经济社会的发展都是政府主导型，政府的力量无所不在。相对而言，法律和制度对政治过程的作用总体上是比较弱的，这样容易导致政治过程随意性比较强，制度化和规范化的程度不高，权力关系在一定程度上直接决定着政治过程。随着改革的不断深入，参与利益博弈的主体的日益多元化，特别是中央与地方实行分税制以后，博弈处于更加复杂的利益关系之中。由于缺乏程序化的基础和制度化的保障，地方政府在博弈过程中难以受到有效的权力间制约和监督，结果在一定利益的驱使下，地方政府往往能够在政治过程中超越制度和法律的规定进行寻租活动，从而形成地方权力统摄经济与社会的基本格局。

电表厂房屋拆迁过程中利益博弈的结果正是这种逻辑的体现。在地方经济发展中，一切都围绕"权力—利益的结构之网"而展开，具体的社会成员也往往因各自在这一结构之网中的位置而决定其特殊的地位与资源占有和分享能力。在这样的背景下，一般的经济活动是无法不受这一关系之网的影响的，而官民博弈即使出现，也同样无法不受这一结构

---

① 尹利民：《策略性均衡：维权抗争中的国家与民众关系》，《华中科技大学学报》2010 年第 5、27 期。

之网的约束,从而显示出对维权行为的重重阻碍。[①] 在电表厂的房屋拆迁改造纠纷中,住户们清醒地意识到,一旦维权过程丧失了合法性,维权运动势必受到破坏性压力,难以长久维续。因此,他们始终秉持着理性、克制的态度,从未采取过任何过激行为,严格按照法律程序来捍卫自己的权利。上访多次后,政府部门以当事人均调离或者退休无法当面对质为由搁置事件于一边,甚至房管局对当时的合同给出了不同的解释。看不到希望的住户们希望通过法律途径帮助他们增加行动的合法性,这似乎是住户们的合理选择。这种出牌风格不仅凸显出住户们能力不足的无奈,选择如此手段的更为根本的原因还是在于引起政府部门的关注,而不是真正地运用法律去维护自身的权益。正如住户们的维权律师所言:"这场官司从一开始我们就已经预料到了结果,我们之所以不放弃,就是想通过这种方式不断地引起政府部门的注意,为住户的维权行为寻求合法依据。真正的行动方案还是要在自己熟悉和可控的范围之内寻找。"在他们看来,政府才是真正的法律,政府拥有强大的权力,他们能使法院将其行政行为赋予合法性质,而置住户们于被动境地。所以与其绕着弯子去上诉,倒不如直接或间接地去找政府,而且上访不需要多少严格的程序,空间和时间的影响比较少,可以对各级不同的政府部门同时进行上访"喊冤"。正如吴毅所言,通过这种"喊冤"与悲情宣泄,将官民纠纷变成一种可以被言说、渲染和传播的"苦",这种"诉苦"的技术一向为民众所熟悉,它在此处又一度转换成了碰触而不危及稳定的赌注,以逼迫政府按照政治的逻辑——即稳定压倒一切,大事化小,小事化了——来思考和处理问题。但是综观这一过程,住户们的策略行动都必须限定在政治限制的范围内,以局部秩序的建构和普遍规则的遵循为基础,或者说,必须在政治限制的范围内来寻找机会。否则,民众的行动不仅存在可能性的问题,而且会面临合法性的问题。

[①] 吴毅:《"权力—利益的结构之网"与农民群体性利益的表达困境》,《社会学研究》2007年第5期。

第三节 反思：为何舍法求法？

有利益博弈就需要有一定的博弈解决机制来缓解博弈所导致的矛盾。不同的社会形态发展出了不同的解决机制，但是总结起来，大致有两类：一类是私力救济，主要是靠个人、家庭、朋友或邻居来执行；另一类是公力救济，主要是靠公共权力机构来执行。司法救济不过是公力救济的一种。中国的宪法和法律已经规定了许多解决纠纷的"正规渠道"，公民一旦觉得自己的合法利益受到侵害，便大可诉诸法律。从法律上讲，最正规，也是最后的渠道，应当是司法裁判。现行《宪法》第一百二十三条规定，人民法院是国家的审判机关。《人民法院组织法》、《国家赔偿法》、《刑事诉讼法》、《民事诉讼法》、《律师法》等法律以及相关司法解释对法院审判的管辖范围也有明确的界定。联合国《公民权利和政治权利国际公约》第14条规定："在裁定针对任何人的指控或确定他在法律讼案中权利和义务时，人人皆有资格获得由依据法律设立的有权能的、独立的、无偏倚的法庭所为的公正而公开审判。"也就是说，任何人在遇到纠纷后，都有权告到法院。选择到法院解决问题，最后由法院，而不由行政机构、民间组织来解决，是法治的基本要求，也是当事人的神圣的权利。[①]

新中国成立以后，中国形成了具有政治传统的法律治理模式，也就是说法律与国家的政治统治紧密联系在一起，司法审判工作与行政工作和基层群众工作之间的分工与相互独立性被抹杀，法律越出固有的边界，成为改造社会的工具。所以，中国共产党依靠法律的治理所想达到的目标是贯彻自己的路线、方针和政策，为国家对社会的全面治理找通渠道。（强世功，2003）这种治理模式对于推动革命时期的社会发展起到了巨大的作用，然而，随着经济社会的快速发展，当前的社会建设呼吁出现一种与之相适应的基于形式理性之上重视程序正义的现代法治。按照经典的司法理性，法官应该扮演社会的消极裁判者的角色，其主要活动是适用法律于个

---

① 夏勇：《依法治国——国家与社会》，社会科学文献出版社2004年版，第308页。

第六章 结论与反思

案,司法的技术就是通过法律解释和法律推理,或者通过一种法律的决疑术,进行法律上的权利义务演算。而当代中国的社会治理实际上仍然"依法而治"(rule by law),依法而治意味着统治阶级从上面将法律强加给民众,尽管有时并不完全武断,但是反映了少数人的意愿。① 依法而治是为了弥补人治的缺陷而出现的一种技术性手段。从这个意义上看,法律仅仅是国家治理的工具,也就是说,"政治通过法律治理技术渗透到社会生活,从而干预个人自由,这种政治力量对法律的支配性导致法律自主的丧失"②。从基层司法的过程及其所运用的法律技术来看,无论是优先于判决的调解技术,还是兼顾办案的法律效果和社会效果,其根本目标指向都是维系国家既定的社会秩序,在稳定压倒一切的政治局势下,司法审判工作必然要服从上级的安排,主动配合国家在不同时期的工作重点。③ 例如:要配合房屋拆迁、土地征用等政府启动的大型项目。这样导致法官对案件的研判与法律技术的难易程度似乎并无因果关系,而是以上级部门的意志为指导。就制度的设计而论,诉诸法律只是满足政治的程序要求,似乎体现政策才是司法的程序目的,因此,法律在某些"场域"中只不过是政治的一件"晚礼服"而已。

在这种背景下,尽管法律赋予了公民依法抗争的依据,但是当事人在选择救济方式时也会进行理性算计,他们首先考虑的是能否得到救济、救济机构是否诚信公正,以及获得救济要耗费多少成本。在这里,最要紧的,不是获得法院救济的可能,而是获得救济的可能;不是获得法院救济的权利,而是获得救济的权利;不是获得正规的正义,而是获得正义。④ 民众在维权抗争的手段选择过程中,也作出了理性算计,如果法外的救济手段能更好地满足当事人的意愿和利益,为什么非得走法律程序呢?在舍法求法的情形下,当事人依据的,不是关于权利行使的现行制度安排,而

---

① 谭兢嫦、信春鹰:《英汉妇女与法律词汇释义》,中国对外翻译出版公司1996年版,第265页。
② 强世功:《法制与治理》,中国政法大学出版社2003年版,第15页。
③ 丁卫:《乡村法治的政法逻辑——秦窑人民法庭的司法运作》,博士学位论文,华中科技大学,2007年,第156页。
④ 夏勇:《依法治国——国家与社会》,社会科学文献出版社2004年版,第310页。

是权利本身。在此意义上，舍法求法是行使一项保护自身权利的权利，是一种获享正义的权利。这种正义观念，无知而有觉，来自每个人的社会的习惯，来自每个人与他人既合亦分的社会本性，来自每个人之作为人都具备的对何为正当、何为应当的最低限度的共通理解。

美国学者塞缪尔·P.亨廷顿指出，一个国家的政治秩序的稳定取决于政治制度与政治参与达到的平衡状态。如果人治的因素占了主导地位，专断行为得不到有效的约束，社会秩序混乱，这个时候，事件的发展和人的命运最容易受到政治的影响，法律此刻有可能不会起到保护底层大众权利的作用。相反，完善的政治制度能够维持社会秩序的稳定，因为制度化具有适应性、复杂性、自主性和内聚力，它会排斥外部混乱力量的侵袭。法律制度化程度越高，则在日常司法实践运作中越独立，越能遵从自己特有的司法规则，不被其他政治机构和社会团体的观念和行为左右。在这种状态下，人的日常生活和政治命运因受法律的保障而得到安全。当然，最理想的状态就是政治制度与政治参与达到平衡状态，既有制度保障，又有参与的动力，社会秩序在稳定中持续发展。[①]

总之，法律制度化的程度越高，越能够保障人的政治命运。因此，在社会转型过程中如何通过司法改革，建立制度化的法律，扩大底层参与是推动当前中国政治转型的必然出路。

第四节 不足之处

本研究所展现的是一个有关"拆迁政治"实态的故事，故事围绕着一个国有企业破产后因为房屋拆迁改造而引发的若干相对独立而又相互联系的事件交织而成，这些事件虽然比较零散，但是又如一根大树的树冠，内部始终存在可以清晰辩理、回向根系的枝蔓结构（吴毅，2007），即基层社会治理的问题。笔者试图借用"社会博弈"这一概念，通过一项个案来对房屋拆迁过程中各方行动者的博弈策略与互动展开社会学的研究，希望

[①] 梁文生：《政治、司法与个人命运——对一起命案的深描》，线装书局2009年版，第240页。

第六章 结论与反思

能在某种程度上实现对于社会行动的某种解释性理解,以便由此得出对于社会行动的过程与效果的因果性说明。

研究主要通过对调查点的长期观察和对各方利益主体的访谈,在"过程—事件"分析中去呈现复杂社会关系的实践形态,从而探求过程本身对影响事件走向和结果的不可预知的把握和作用。所以,讲故事成了本研究所选择的方法归依。但是作为一本严肃的社会学研究著作,过多的叙事可能会冲淡社会学理论的味道,写作风格也可能稍微缺乏一些民族志的味道,这样可能导致笔者还不能自如地运用自我来理解另外的世界。另外,在研究中只有住户与地方政府、开发商的互动博弈,而住户们其他时间的生活被省略掉了。[①] 另外,作为个案研究,一个特殊事件的研究结论可能无法推论到其他方面。当然,这些都是笔者将来在后续研究方面需要进一步加强的,也是在理论素养方面需要提升的。

在论文的准备过程中,本人虽然对这一领域的知识进行了较长时间的学习、思考和感悟,但仍觉得社会生活如此复杂,我们的学术研究和探讨只是从某一个视角去观察和解释问题,故而容易走向以偏概全的误区,所以文中的一些想法更值得进一步商榷,笔者希望学术前辈和读者能够给予批评和斧正。

[①] 赵旭东:《从"问题中国"到"理解中国"——作为西方他者的中国乡村研究及其创造性转化》,《社会科学》2009 年第 2 期。

参考文献

一 著作

［法］埃米尔·涂尔干：《社会分工论》，渠东译，上海三联书店2005年版。

［美］艾尔东·莫里斯：《社会运动理论的前沿领域》，刘能译，北京大学出版社2002年版。

［美］艾尔·巴比：《社会研究方法》，邱泽奇译，华夏出版社2009年版。

［英］安东尼·吉登斯：《社会理论与现代社会学》，文军、赵勇译，社会科学文献出版社2003年版。

［英］安东尼·吉登斯：《社会学》（第5版），李康译，北京大学出版社2009年版。

［美］布劳：《社会生活中的交换与权力》，孙非、张黎勤译，华夏出版社1998年版。

［英］布赖恩·特纳：《公民身份与社会理论》，郭忠华、蒋红军译，吉林出版集团有限责任公司2007年版。

［英］布赖恩·特纳：《社会理论指南》，李康译，上海人民出版社2003年版。

［美］布尔迪厄、华康德：《实践与反思》，李猛、李康译，中央编译出版社1998年版。

曹操等：《十一家注孙子兵法》，中华书局1978年版。

［美］查尔斯·蒂利：《集体暴力的政治》，谢岳译，上海人民出版社2006年版。

程同顺：《当代中国农村政治发展研究》，天津人民出版社 2000 年版。

陈向明：《质的研究方法与社会科学研究》，教育科学出版社 2000 年版。

［美］戴维·波普诺：《社会学》，李强译，中国人民大学出版社 1999 年版。

［美］道格·麦克亚当、西德尼·塔罗、查尔斯·蒂利：《斗争的动力》，李义中、屈平译，译林出版社 2006 年版。

邓正来、［英］J. C. 亚历山大编：《国家与市民社会——一种社会理论的研究路径》，中央编译出版社 1999 年版。

董海军：《塘镇：乡镇社会的利益博弈与协调》，社会科学文献出版社 2008 年版。

［美］杜赞奇：《文化、权力与国家：1900—1942 年的华北农村》，王福明译，江苏人民出版社 2006 年版。

段玉裁：《说文解字注》，江苏广陵古籍刻印社 1997 年版。

费孝通：《乡土中国》，上海世纪出版集团、上海人民出版社 2007 年版。

［德］斐迪南·滕尼斯：《共同体与社会》，林荣远译，商务印书馆 1999 年版。

［美］裴宜理：《上海罢工：中国工人政治研究》，刘平译，江苏人民出版社 2001 年版。

风笑天：《社会研究方法》，中国人民大学出版社 2001 年版。

高宣扬：《布迪厄的社会学》，同济大学出版社 2000 年版。

［法］古斯塔夫·勒庞：《乌合之众》，冯克利译，广西师范大学出版社 2007 年版。

［荷兰］何·皮特：《谁是中国土地的拥有者——制度变迁、产权和社会冲突》，林韵然译，社会科学文献出版社 2008 年版。

黄宗智：《中国乡村研究》（第三辑），社会科学文献出版社 2005 年版。

何高潮：《地主农民共产党社会博弈分析》，牛津大学出版社 1997 年版。

胡联合、胡鞍钢、何胜红、过勇：《中国当代社会稳定问题》，红旗出版社 2009 年版。

［美］华康德：《实践与反思——反思社会学导引》，李康译，中央编译出版社 1998 年版。

［英］霍布斯：《利维坦》，黎思复、黎廷弼译，商务印书馆 1985 年版。

季卫东:《法治秩序的建构》,中国政法大学出版社 1999 年版。

[英] 杰西·洛佩兹、约翰·斯科特:《社会结构》,允春喜译,吉林人民出版社 2007 年版。

金太军:《村庄治理与权力结构》,广东人民出版社 2008 年版。

[匈牙利] 卡尔·波兰尼:《大转型:我们时代的政治与经济起源》,冯钢、刘阳译,浙江人民出版社 2007 年版。

[英] 克里斯·希林、菲利普·梅勒:《社会学何为?》,李康译,北京大学出版社 2009 年版。

[美] 肯宾默尔:《博弈论与社会契约》,王小卫、钱勇译,上海财经大学出版社 2003 年版。

李连江、欧博文:《当代中国农民的依法抗争》,载吴国光编《九七效应》,香港太平洋世纪研究所 1997 年版。

李琼:《政府管理与边界冲突:社会冲突中的群体、组织和制度分析》,新华出版社 2007 年版。

李培林等:《社会冲突与阶级意识:当代中国社会矛盾问题研究》,社会科学文献出版社 2005 年版。

梁文生:《政治、司法与个人命运——对一起命案的深描》,线装书局 2009 年版。

刘林平:《关系、社会资本与社会转型》,中国社会科学出版社 2002 年版。

刘伟:《难以产出的村落政治:对村民群体性话语的中观透视》,中国社会科学出版社 2009 年版。

陆学艺:《当代中国社会阶层研究报告》,社会科学文献出版社 2002 年版。

陆益龙:《嵌入性政治与村落经济的变迁:安徽小岗村调查》,上海人民出版社 2007 年版。

卢福营等:《冲突与协调——乡村治理中的博弈》,上海交通大学出版社 2006 年版。

[美] 罗伯特·D. 帕特南:《使民主运转起来》,王列、赖海榕译,江西人民出版社 2001 年版。

[美] 罗伯特·K. 殷:《案例研究:设计与方法》,周海涛、李永贤、李虔

译,重庆大学出版社 2004 年版。

吕万英:《法庭话语权力研究》,中国社会科学出版社 2011 年版。

《马克思恩格斯全集》(第 1 卷),人民出版社 2007 年版。

[美]曼瑟尔·奥尔森:《集体行动的逻辑》,陈郁、郭宇峰、李崇新译,格致出版社、上海三联书店、上海人民出版社 1995 年版。

[法]米歇尔·克罗齐耶、埃哈尔·费埃德伯格:《行动者与系统》,张月译,上海世纪出版集团、上海人民出版社 2007 年版。

[美]米尔斯:《社会学的想像力》,陈强、张永强译,生活·读书·新知三联书店 2001 年版。

[法]米歇尔·福柯:《规训与惩罚》,刘北成、杨远婴译,生活·读书·新知三联书店 2003 年版。

[法]米歇尔·福柯:《疯癫与文明》,刘北成、杨远婴译,生活·读书·新知三联书店 2007 年版。

[法]莫里斯·哈布瓦赫:《论集体记忆》,毕然、郭金华译,上海世纪出版集团 2002 年版。

[美]纽曼:《社会研究方法》,郝大海译,中国人民大学出版社 2007 年版。

[美]塞缪尔·P.亨廷顿:《变化社会中的政治秩序》,王冠华等译,生活·读书·新知三联书店 1998 年版。

[美]斯沃茨:《文化与权力:布尔迪厄的社会学》,陶东风译,上海译文出版社 2006 年版。

苏力:《制度是怎样形成的》,中山大学出版社 1997 年版。

[法]索菲·博迪-根德罗:《城市暴力的终结?》,李颖、钟震宇译,社会科学文献出版社 2010 年版。

孙立平:《博弈:断裂社会的利益冲突与和谐》,社会科学文献出版社 2006 年版。

孙立平:《失衡——断裂社会的运作逻辑》,社会科学文献出版社 2004 年版。

孙立平:《"过程—事件分析"与当代中国国家农民关系的实践形态》,《清华社会学评论:特辑》,鹭江出版社 2000 年版。

宋维强:《社会转型期中国农民群体性事件研究》,华中师范大学出版社

2009 年版。

［法］索菲·博迪-根德罗：《城市暴力的终结?》，李颖、钟震宇译，社会科学文献出版社 2010 年版。

谭兢嫦、信春鹰：《英汉妇女与法律词汇释义》，中国对外翻译出版公司 1996 年版。

强世功：《法制与治理：国家转型中的法律》，中国政法大学出版社 2003 年版。

王振寰、瞿海源：《社会学与台湾社会》，巨流图书公司 1999 年版。

王伟光：《利益论》，人民出版社 2001 年版。

［德］乌尔里希·贝克：《风险社会》，何博闻译，译林出版社 2004 年版。

翁定军：《冲突的策略——以 S 市三峡移民的生活适应为例》，上海大学出版社 2009 年版。

吴毅：《乡村中国评论》（第 3 辑），山东人民出版社 2008 年版。

吴毅：《乡村中国评论》（第 1 辑），广西师范大学出版社 2006 年版。

吴毅：《村治变迁中的权威与秩序》，中国社会科学出版社 2002 年版。

吴毅：《小镇喧嚣——一个乡镇政治运作的演绎与阐释》，生活·读书·新知三联书店 2007 年版。

夏勇：《走向权利时代》，中国政法大学出版社 2000 年版。

肖唐镖：《群体性事件研究》，学林出版社 2011 年版。

谢岳：《社会抗争与民主转型：20 世纪 70 年代以来的威权主义政治》，上海人民出版社 2008 年版。

应星：《大河移民上访的故事：从讨个说法到摆平理顺》，生活·读书·新知三联书店 2001 年版。

应星：《"气"与抗争政治当代中国乡村社会稳定问题研究》，社会科学文献出版社 2011 年版。

于海：《西方社会思想史》，复旦大学出版社 1993 年版。

于建嵘：《抗争政治：中国政治社会学基本基本问题》，人民出版社 2010 年版。

于建嵘：《当代中国农民的维权抗争——湖南衡阳考察》，中国文化出版社

2006年版。

翟学伟：《中国人行动的逻辑》，中国社会科学出版社1999年版。

翟学伟：《中国社会中的日常权威》，社会科学文献出版社2004年版。

[美] 詹姆斯·C. 斯考特：《弱者的武器》，郑广怀、张敏、何江穗等译，凤凰出版传媒集团、译林出版社2007年版。

[美] 詹姆斯·C. 斯科特：《国家的视角——那些试图改善人类状况的项目是如何失败的》，王晓毅译，社会科学文献出版社2004年版。

[美] 詹姆斯·R. 汤森、布兰特利·沃马克：《中国政治》，顾速、董方译，江苏人民出版社2007年版。

张慧卿：《乡村民众的利益调整与秩序变迁：以福建漳州岩兜村为个案》，合肥工业大学出版社2009年版。

张静：《基层政权：乡村制度诸问题》，上海人民出版社2007年版。

张静：《国家与社会》，浙江人民出版社1998年版。

张茂桂、郑永年：《两岸社会运动分析》，台北新自然主义股份有限公司2003年版。

折晓叶、陈婴婴：《社区的实践——"超级村庄"的发展历程》，浙江人民出版社2000年版。

郑杭生：《社会学概论新修》，中国人民大学出版社1998年版。

郑也夫：《代价论：一个社会学的新视野》，生活·读书·新知三联书店1995年版。

郑欣：《乡村政治中的博弈生存：华北农村村民上访研究》，中国社会科学出版社2005年版。

赵鼎新：《国家·社会关系与八九北京学运》，香港中文大学出版社2008年版。

赵鼎新：《社会与政治运动讲义》，社会科学文献出版社2006年版。

赵旭东：《权力与公正——乡土社会的纠纷解决与权威多元》，天津古籍出版社2003年版。

中国社会科学院社会学研究所：《中国社会科学》（第5卷），上海人民出版社2006年版。

朱光磊：《当代中国政府过程》，天津人民出版社2002年版。

朱力:《我国重大突发事件解析》,南京大学出版社 2009 年版。
朱国华:《权力的文化逻辑》,上海三联书店 2004 年版。
朱晓阳:《小村故事:罪过与惩罚》(1931—1997),法律出版社 2011 年版。
左卫民:《在权利话语与权力技术之间——中国司法的新思考》,法律出版社 2002 年版。

二　期刊与学位论文

包雅钧:《政治过程研究的兴起及分析视角》,《东方论坛》2006 年第 1 期。
陈峰:《国家、制度与工人阶级的形成》,《社会学研究》2009 年第 5 期。
陈鹏:《当代中国城市业主的法权抗争——关于业主维权的一个分析框架》,《社会学研究》2010 年第 1 期。
陈谭、刘兴云:《锦标赛体制、晋升博弈与地方剧场政治》,《公共管理学报》2011 年第 2 期。
崔劲松:《城市改造中拆迁方与被拆迁方利益博弈的法律分析》,《改革与战略》2008 年第 6 期。
丁卫:《乡村法治的政法逻辑——秦窑人民法庭的司法运作》,博士学位论文,武汉华中科技大学,2007 年。
杜赞奇、罗红光:《在国家与地方社会之间》,《社会学研究》2001 年第 1 期。
方耀楣、王兵团:《城市拆迁上访的社会学思考》,《中共福建省委党校学报》2006 年第 9 期。
裴宜理、郭台辉:《政治过程追踪应得到重视》,《中国社会科学报》2013 年 9 月 13 日。
冯玉军:《权力、权利和利益的博弈:我国当前城市房屋拆迁问题的法律与经济分析》,《中国法学》2007 年第 4 期。
高永久、左宏愿:《论社会转型期民族群体性事件的成因及其治理》,《中央民族大学学报》2011 年第 6 期。
郭彦森:《基于利益博弈视角的群体性事件剖析》,《郑州大学学报》2011 年第 1 期。
郭于华:《"弱者的武器"与"隐藏的文本"——研究农民反抗的底层视

角》,《读书》2000 年第 7 期。

鬼今:《什么叫势》,《谋略天地》2010 年第 5 期。

贺飞、郭于华:《国家和社会关系视野中的中国农民——20 世纪下半期西方关于国家和农民关系的研究综述》,《浙江学刊》2007 年第 6 期。

何虹:《完善我国城市房屋拆迁补偿范围的思考》,《城市发展研究》2006 年第 5 期。

户邑:《城市拆迁运作机制研究》,博士学位论文,重庆大学,2005 年。

黄冬娅:《国家如何塑造抗争政治》,《社会学研究》2011 年第 2 期。

蒋震、刑军:《地方政府"土地财政"是如何产生的》,《宏观经济研究》2011 年第 1 期。

李保春:《我国土地财政现象若干思考》,《财政研究》2010 年第 7 期。

李钟书、翁里:《论城市拆迁中社会利益和经济利益的博弈》,《安徽大学学报》(哲学社会科学版)2004 年第 4 期。

李怀:《单位空间环境与职工集体维权行动的建构》,《广东社会科学》2009 年第 6 期。

李怀:《城市拆迁的利益冲突:一个社会学解析》,《西北民族研究》2005 年第 3 期。

刘能:《当代中国转型社会中的集体行动:对过去三十年间三次集体行动浪潮的一个回顾》,《学海》2009 年第 4 期。

刘爱玉:《国有企业制度变革过程中工人的行动选择——一项关于无集体行动的经验研究》,《社会学研究》2003 年第 6 期。

刘燕舞:《基于利益表达的农民集体行动研究》,社会学视野网,2008 年 10 月 16 日。

卢洪友、袁光平、陈思霞、卢盛峰:《土地财政根源:"竞争冲动"还是"无奈之举"?》,《经济社会体制比较》2011 年第 1 期。

陆自荣:《观念是利益的表达——对集体行动困境的反思》,《马克思主义与现实》2009 年第 5 期。

罗强强:《近年来农村群体性事件研究述评》,《社会主义研究》2010 年第 3 期。

麦田：《中国基层权力运作新动向》，《金融时报》2010年1月20日。

丘海雄、徐建牛：《市场转型过程中地方政府角色研究述评》，《社会学研究》2004年第4期。

渠敬东、周飞舟、应星：《从总体支配到技术治理——基于中国30年改革经验的社会学分析》，《中国社会科学》2009年第6期。

彭小兵：《博弈论是解决社会矛盾冲突问题研究的重要工具》，《经济学消息报》2008年第8期。

彭小兵、谭亚：《城市拆迁中的利益冲突与公共利益界定》，《公共管理学报》2009年第2期。

彭小兵、唐川：《利益均衡导向：论城市拆迁中政府职能的重塑》，《云南行政学院学报》2009年第2期。

彭小霞：《城市拆迁中强制拆迁制度的反思与重构》，《城市发展研究》2009年第5期。

丘海雄、徐建牛：《市场转型过程中地方政府角色研究述评》，《社会学研究》2004年第4期。

施芸卿：《机会空间的营造——以B市被拆迁居民集团行政诉讼为例》，《社会学研究》2007年第2期。

石发勇：《关系网络与当代中国基层社会运动》，《学海》2005年第3期。

石磊、钱勇：《论中国传统社会超稳定结构中的道德博弈和生存博弈》，《上海财经大学学报》2005年第1期。

曙明：《法院不归政府管》，《中国青年报》2001年8月13日。

孙瑾、郑凤田：《关于中国农村社会冲突的国内外研究评述》，《中国农村观察》2009年第1期。

孙立平：《中国进入利益博弈时代》，《经济研究参考》2006年第3、7期。

唐军：《生存资源剥夺与传统体制依赖：当代中国工人集体行动的逻辑——对河南省Z市Z厂兼并事件的个案》，《社会学研究》2008年第2期。

唐丽敏：《当前我国城市化进程中征地拆迁矛盾研究——基于政策网络视阈》，博士学位论文，吉林大学，2009年。

佟新：《延续的社会主义文化传统——一起国有企业工人集体行动的个案

分析》,《社会学研究》2006 年第 1 期。

童星、张乐:《国内社会抗争研究范式的探讨:基于本体论与方法论视角》,《学术界》2013 年第 2 期。

王国勤:《西方关于当代中国集体行动研究述评》,《国外社会科学前沿》2008 年第 12 期。

王海卉:《乡村地区利益博弈与空间重组——以苏南为例》,博士学位论文,东南大学,2009 年。

汪晖:《改制与中国工人阶级的历史命运——江苏通裕集团公司改制的调查报告》,《天涯》2006 年第 1 期。

王庆明:《底层视角及其知识谱系》,《社会学研究》2011 年第 1 期。

王学军:《城市拆迁中的零和博弈:原因及对策》,《改革与开放》2003 年第 12 期。

吴长青:《从"策略"到"伦理"——对"依法抗争"的批评性讨论》,《社会》2010 年第 2 期。

吴清军:《国企改制中工人的内部分化及其行动策略》,《社会》2010 年第 6 期。

吴毅:《"权力—利益的结构之网"与农民群体性利益的表达困境》,《社会学研究》2007 年第 5 期。

吴毅:《何以个案 为何叙述——对经典农村研究方法的反思》,《探索与争鸣》2007 年第 4 期。

吴忠民:《公共投入的优先顺序不宜颠倒》,《科学决策》2005 年第 2 期。

肖瑛:《从"国家与社会"到"制度与生活":中国社会变迁研究的视角转换》,《中国社会科学》2014 年第 9 期。

谢岳:《从"司法动员"到"街头抗议"——农民工集体行动失败的政治因素及其后果》,《开放时代》2010 年第 9 期。

谢岳:《社会抗争:国家性变迁的民间反应》,《当代中国研究》2008 年第 2 期。

谢岳、曹开雄:《集体行动理论化系谱:从社会运动理论到抗争政治理论》,《上海交通大学学报》2009 年第 3 期。

颜毅艺、于立深、蔡宏伟：《社会变迁中的利益、权利、权力和制度——透视城市拆迁》，《法制与社会发展》2004年第2期。

杨灵：《社会运动的政治过程——评美国黑人运动的政治过程和发展（1930—1970）》，《社会学研究》2009年第1期。

杨瑞龙、杨其静：《阶梯式的渐进制度变迁模型——再论地方政府在我国制度变迁中的作用》，《经济研究》2000年第3期。

杨善华、苏红：《从"代理型政权经营者"到"谋利型政权经营者"》，《社会学研究》2002年第1期。

杨章怀：《国土资源部：征地拆迁成信访新热点》，《南方都市报》2011年7月30日。

叶依广、闵一峰：《城市房屋拆迁补偿制度创新的法律政策障碍分析》，《现代经济探讨》2005年第7期。

应星：《"气场"与群体性事件的发生机制——两个个案的比较》，《社会学研究》2009年第6期。

尹利民：《策略性均衡：维权抗争中的国家与民众关系》，《华中科技大学学报》2010年第5期。

于建嵘：《当代农民维权抗争活动的一个解释框架》，《社会学研究》2004年第2期。

赵旭东：《从"问题中国"到"理解中国"——作为西方他者的中国乡村研究及其创造性转化》，《社会科学》2009年第2期。

张世勇、杨华：《农民"闹大"与政府"兜底"：当前农村社会冲突管理的逻辑构建》，《中国农村观察》2014年第1期。

张向东：《城市房屋拆迁法律性质之定位》，《现代法学》2009年第5期。

张雨林：《学习费孝通教授的研究思路和方法》，社会学人类学中国网，2006年4月25日。

张志国：《城市被拆迁居民利益博弈的集体行动研究》，硕士学位论文，华中师范大学，2008年。

郑卫东：《"国家与社会"框架下的中国乡村研究综述》，《中国农村观察》2005年第2期。

郑欣：《田野调查与现场进入——当代中国实证研究方法探讨》，《南京大学学报》2003年第3期。

庄庆鸿：《须警惕"石头摸上了瘾，连河也不想过了"》，《中国青年报》2012年1月9日。

周飞舟：《锦标赛体制》，《社会学研究》2009年第3期。

周黎安：《晋升博弈中政府官员的激励与合作——兼论我国地方保护主义和重复建设问题长期存在的原因》，《经济研究》2004年第6期。

朱东恺、施国庆：《城市建设征地和拆迁中的利益关系分析》，《城市发展研究》2004年第3期。

三 英文资料

Beverly J. Silver. "Labour, War and World Politics: Contemporary Dynamics in World-historical Perspective." *Handbook of the International Political Economy of Production*, Kees Van Der Pijl, 2015.

C. B. Macpherson. *The Real World of Democracy*. New York: Oxford University Press, 1966.

Cai Yongshun. *Collective Resistance in China, Why Popular Protests Succeed or Fail*. Stanford: Stanford University Press, 2010.

Charles Tilly. "Globalization Threatens Labor's Rights." *International Labor and Working-Class History*, 1995, 47.

Carmen J. Sirianni. *Workers Control and Socialist Democracy*. London: Verso Editions & NLB, 1982.

Doug McAdam. *Political Process and the Development of Black Insurgency, 1930—1970*. Chicago and London: The University of Chicago Press. 1982.

Elizabeth J. Perry, Mark Selden eds. *Chinese Society: Chang, Conflict and Resistance*. Landon: Rouldege Curzon, 2003.

Fred Block. Revising State Theory Essays in Politics and Postindustrialism Philadelphia: Temple University Press, 1987.

Gareth Dale Double Movements and Pendular Forces: Polanyian Perspectives on the neoliberal age Current Sociology, 2012, 60 (1).

Ho-Fung Hung. *Protest with Chinese Characteristics: Demonstrations, Riots and Petition in Mid-Qing Dynasty*. New York: Columbia University Press, 2011.

James C. Scott. *The Moral Economy of the Peasant: Rebellion and Subsistence in Southeast Asia*. New Haven, C.T.: Yale University Press, 1976.

James C. Scott. *Seeing Like a State*. New Haven and London: Yale University Press, 1998.

James C. Scott. *Weapon of the Weak. Everyday forms of Peasant Resistance*. New Haven, C.T.: Yale University Press, 1985.

John D. Macarthy and Mayer N. Zald. Resource Moblization and Social Movements: A Partial Theory. *The American Journal of Sociology*, 1977, 82 (6).

Lars-Erik Cederman, Andreas Wimmer, Brian Min. Why do ethnic groups rebel? New data and analysis. *World Politics*, 2010, 62 (1).

Lee, Ching Kwan. *Against the Law: Labor Protests in China's Rustbelt and Sunbet*. Berkeley and Los Angeles, California: University of California Press, 2007.

Li Lian jiang, Kevin J. O'Brien, *Rightful Resistance in Rural China*. New York: Cambridge Uinversity Press, 2006.

Ira Katznelson and Aristide R. Zolberg. *Working-Class Formation: Nineteenth-Century Patterns in Western Europe and the United States*. New Jersey: Princeton University Press, 1986.

Michael Burawoy. From Polanyi to Pollyanna: The False Optimism of Global Labor Studies. *Global Labour Journal*, 2010, 1 (2).

Richard J. F. Day. *Gramsci is Dead Anarchist Currents in the Newest Social Movements*. London: Pluto Press, 2005.

参考文献

Richard A. Cloward and Frances Fox Piven. *Disruption and Organization: A RejoinderTheory and Society*, 1984, 13 (4).

Ruth Milkman. "Organizing the Unorganizable." in *LA Story: Immigrant Workers and the Future of the US Labor Movement*. Russell Sage, New York, 2006.

Willian A. "Gamson and Emilie Schmeidler." *Organizing the Poor. Theory and Society*, 1984, 13 (4).

附录一 事件进程表

2005年12月7日，Y市人民政府办公会议纪要2005年第49次，落实破产事宜。

2005年12月21日，YG房地产开发有限公司签字收购N电机有限公司部分资产的协议。

2007年3月29日，市政府下发《关于YG房地产开发有限公司建设商住楼项目用地的批复》（Y政土批字［2007］第11号）。

2007年4月6日，市国土资源局与YG房地产开发有限公司签订《国有土地出让合同》及《补充协议》。

2007年7月，YG房地产开发有限公司取得土地使用权证（［2007］第18115号）。

2007年8月30日，BF房地产开发有限公司向土地局申请将YG房地产开发有限公司土地使用权证转让给BF房地产开发有限公司，依据是二公司法人代表为同一个人。

2007年9月10日，YG房地产开发有限公司、BF房地产开发有限公司董事会决议同意合并。

2007年10月26日，BF房地产开发有限公司法人WBC为YG房地产开发有限公司、BF房地产开发有限公司两公司法人代表（正式文件）。

2007年12月28日，YG房地产开发有限公司、BF房地产开发有限公司签订吸收合并协议。

2008年2月4日，国土资源局将YG房地产开发有限公司土地使用权转让给BF房地产开发有限公司。

2008年7月14日,BF房地产开发有限公司出台了第一次拆迁安置方案。

2008年7月31日,市住房保障局发放第一次拆迁许可证([2008]第026号)。

2008年8月8日,Y市经委召开调解会,BF房地产开发有限公司表态执行收购协议。

2008年10月22日,BF房地产开发有限公司出台了第二次拆迁安置方案。

2009年2月12日,BF房地产开发有限公司进行强制拆迁,矛盾激化。

2009年4月7日,×××报报道此事,BF房地产开发有限公司表态,安置职工是政府的事。

2009年5月6日,BF房地产开发有限公司申请对YWK等4人进行行政裁决,调解未果。

2009年5月15日,市住房保障局下达对YWK等4人行政裁决书。要求YWK等4人在规定时间内与开发商签订协议。

2009年6月5日,住户向XQ区法院起诉,要求撤销房改局拆迁许可证。

2009年8月20日,XQ区法院开庭(此时两房地产公司仍为两独立法人单位)。

2009年8月24日,住户起诉市国土资源局。

2009年9月,XQ区法院开庭前主持召开协调会,调解未果。

2009年9月16日,住房保障局下发第二份拆迁许可证([2009]第20号)。

2009年10月20日,XQ区法院开庭审理住户起诉市国土资源局案。

2009年12月1日,XQ区法院行政判决书Y兴行初字[2009]第75号。

2009年12月22日,住户不服判决,向Y市中级人民法院上诉。

2010年1月16日,BF房地产开发有限公司发布公告,通知CQY等4户限期搬回居住。

2010年1月30日,BF房地产开发有限公司公告,通知CYJ等10户限期搬回居住。

2010年2月1日，BF房地产开发有限公司公告，通知HZD等10户限期搬回居住。

2010年3月，住户多次上访有关部门，问题没有得到解决。

2010年4月2日，Y市中级人民法院下达行政判决书Y行终字[2010]第17号（市住房保障局案）。

2010年4月2日，Y市中级人民法院下达行政判决书Y行终字[2010]第15号（市国土资源局案）。

2010年6月20日，住户不服中院判决，递交行政申诉状。

2010年8月9日，XQ区法院对YWK等4人行政裁决案开庭（至今未宣判）。

2010年10月12日，在BF房地产开发有限公司六楼会议室由市工信局副书记、房改办主任、BF房地产开发有限公司经理、住户代表等人召开座谈会。相关部门传达市政府意见，电表厂的拆迁安置一律按65平方米的房改房政策进行安置。

2010年10月15日，BF房地产开发有限公司出台第三次拆迁改造安置协议。部分住户与开发商开始签订协议。

2010年10月15日，针对第三次拆迁改造安置协议，住户内部发生意见分歧。部分住户代表发布澄清公告，认为房屋拆迁改造性质发生了变化，成了纯粹的商业开发。既然如此，就必须与开发商按市场价格进行等价交换。

2010年10月16日，市住房保障局对拆迁许可证[2000]第20号作出延长一年的决定。

2010年11月8日，未签协议者CYQ房屋部分被开发商强拆，引发冲突。

2010年11月13日，最新统计未签协议者，还有CYQ等81户。

2011年，开发商正式动工建设，"钉子户"开始与开发商进行斡旋谈判。

2011年11月，最后的几位住户与开发商达成协议，搬离了拆迁现场。

附录二　部分访谈资料

1. 对 YWK、WWC、LXY 的访谈，地点：社区棋牌室

我们向市里有关部门——政协、人大、信访等都写了很多信，我们多次找市长，但连他的秘书都见不到。我们甚至找到市经委，因为他们是这个协议监督方，他们又推到房管部门。我跟他们那个头［注：部门负责人］谈过一次，他说他当时不在场，这是前任干的事，与他没关系。要是他在场他不干这个事。我说我们对的是一级组织，而不是个人，不管谁出来都要管这个事。他叫宋主席找房管部门，叫他们把政策拿出来，看他们拆迁的其他部门是怎么搞的，到时候他们亲自再到下面来看，保证让我们满意。结果说了不兑现，不了了之。

他们［拆迁办公室］先是哄骗你。他们承诺，谁早签订合同就给谁优惠价格，这样就使有些人签了。还有一种说法是前十户给 80 平方米。这样下来可能有二十来户人家签了协议，有的搬走了。当时的标准是已经享受过房改政策的住户每平方米补偿 900 元，没有享受过房改政策的住户每平方米补偿 1100 元。在外面有房子的住户按照政策是应该退出公房的，但是这些人住几十平方米的话，算下来也能补偿几万块钱。他们占了便宜，拿了钱直接走人。但是对没有参加房改的住户来说，根本就没这个安排，他能按这个弄吗？这不就有问题了吗？

从 2005 年，住户们就开始四处闹，找领导。最后连自治区上的领导都找，领导都回避。在没有办法的情况下，按照行政程序解决我们这个问题已经行不通了，因为我们连电话都打进不去。在没办法的情况下，我们走了司法程序，去年先是起诉到城区法院。在那里拖的时间长。在城区法院，我们主要不是告开发商，是行政诉讼。主要告住房保障局把拆迁许可证给了 BF 房地产开发有限公司，你这个行政行为是违法的。另一个是告国土资源局，你把土地证发给 BF 房地产开发有限公司也是违法的。我们的观点是：第一，行政机构实体违法，不该给没有申请资格的申请人实施行政许可。我们认为 BF 房地产开发有限公司没有开发这片土地的资格。它不是收购协议的签字方，收购协议的签字方是 YG 房地产开发有限公司，而不是 BF 房地产开发有限公司。你可以给 YG 房地产开发有限公司发许可证，它是合同里面的主体。第二，因为他们的行政行为跟他们的切身利益有密切关系。按照行政许可法的规定，他们有告知我们听证的义务，我们享有听证的权利。这样的话我们可以在听证会上陈述我们的意见进行审理，可是他们没有告诉我们。这一点他们在法庭上承认了。就这两条来说，第一条是实体违法，第二是程序违法。这样就侵犯了我们的权利！

再用我们老百姓能理解的话来说。他们给 BF 房地产开发有限公司许可证以后，第一从法律上来讲，BF 房地产开发有限公司没有履行收购义务，以合法的形式掩盖非法的目的。企业之间土地使用权是可以转让的，但是它必须符合相应的法律法规。首先这个转让本身违犯了合同法，在转让之前有约束条件。因此这个转让本身是违法的。

BF 房地产开发有限公司不是这个协议的签字方，因此从法律上讲它没有履行这个收购协议的义务，这说明政府部门把许可证给了 BF 房地产开发有限公司之后，我们的权利得不到保障。我们找 BF 房地产开发有限公司，他们说法很简单："我没有签字我为什么要履行义务？" BF 房地产开发有限公司也没有这个意愿。他们跟我们下面的人说，安置职工是政府的事，可是协议明明确定职工就是要你开发商安置。他不仅对我们说，而且对×××报的记者也这样说，人家公开说安置职工是政府的事，我们不是慈善机构。而且吸收合并协议上没有我们收购协议上的内容。这样一来，法律上，意愿方面和吸收合并方面都没有体现我们住户的权益。打官司我们也没法打，所以我们告了住房保障局和土地局。下一步我们打算告经委，因为经委是这个收购协议的监督方，又是破产清算组组长。你不履行监督职责，不站出来说话。比如说人家在报上说了，安置职工不是开发商的事，是政府的事。难道你不看报呀？说个不好听的，连个屁都不放！但我们今天去找市长也没找到。

为什么要去找政府？

第一点，在这次纠纷当中政府脱不了干系，他们不能置身于外。现在政府也好，法院也好，都想把自己脱身到外面去。他们把这个纠纷纯粹看成我们跟开发商之间的事。这个我们是不能同意的！你政府必须加进来，当时的协议是你政府牵头弄的。

第二点，我们现在都是些老职工，是20世纪支援边疆建设的，我们为这里的建设付出了自己的青春。他们现在这么做难道我们不心寒吗？打官司呢，我给你说，法官不能独立行使。在城区法院还没开庭之前，法官给我们说，我们的经费是上面划拨的，我们的编制是上面给的，好几层管他们。他们还举例给我们说，法院里有个法官遇到了拆迁问题照样没法维护自己的权利。这个话说出来的意思很明白，如果我们对法院这个判决不满意，希望我们不要埋怨。结果判决他们[具体政府部门]是程序合法，行政机构没问题。而且里面讲人家 BF 房地产开发有限公司承认这个协议，讲了这句话。承认协议有证据吗？没有证据嘛。在法院人家也参加调解会了，人家根本不让，完全背离事实。我们不满这个判决，告到中院，中院开庭了，开庭之后法官给我说，他的意思还是调解协商。他们说在一两个星期之内通知我，他们先找 BF 房地产开发有限公司谈。法官说了话，我们不好再说啥。按我们的意思，我们跟 BF 房地产开发有限公司谈都不能谈，因为他是违法的。但是人家法官说了这话，我说可以。但是如何谈，我们也有自己的考虑。

那么为什么这样一个正常的拆迁变得如此复杂呢？

开发商、法官、政府部门很清楚我们的诉求，非常清楚这里的矛盾在什么地方。现在法院还没有通知我们。但是我们现在对这个判决不抱多大的希望。在当前这个体制下，绝对是不公正。因为民告官，就算法官想同情我们，想公正地来判决他也做不到。今天这些住户要找市长，武警呀什么的都出动了！

现在记者都不愿意加入。就拿 L 记者来说，她是十佳记者，就我们这个事做了好几次报道。第一次开庭她也参加了,以后基本上回避了,本来她要做连续报道,结果写了两篇文章就停了。现在可以说,我通过媒体在咱们这个地方反映我们的诉求希望不大。而且有些记者我也了解,人家跟我说,就拿报社来说,人家法院还有些人跟人家达成口头协议,有关这件事不要报道。

你们跟开发商亲自交涉过吗?

这块生活区可以盖 41000 多平方米的建筑,总投资 1 平方米 1000 元钱。而解决我们这些住户实际不到 10000 平方米。那么他 4 万多平方米的房子,1 万多平方米给了我们,还有 3 万多平方米可以出售。出售的价现在是 1 平方米多少,五六千元。原来这边才 2000 多元。你想想看嘛,开发商给我们这些住户每人 60 平方米也好 70 平方米也好,一分钱不掏,开发商还是暴利,还没算他们在厂区里面建的大楼。政府是站在什么立场说话呢?你是维护开发商的暴利,连我们这点微薄的利益都侵犯。我们是通过这场官司,通过律师调到这些资料,人家不提供给我们。所以通过这些资料我们一分析更清楚。当然还有一些没有根据的话,人家开发商说我掏的不是 1650 元,我掏的还比这多呢。但是这个钱是放不到桌面的。所以他在下面说:"你去告政府吧!"他这个话也有道理,如果政府没跟他有什么瓜葛的话很容易解决。人家有的开发商一听说,如果你们有本事让我得到这块地,我给你们每人 70 平方米,一分钱不用掏。人家也很好算账嘛!我说我们是老百姓,没那个本事。你说老百姓能愿意吗?

我们这里是边远地区,跟南方不一样。南方有些报纸可能还能登出来,我们得不到舆论支持,但是普通老百姓都很同情我们,连公安部门都同情我们。今天我们去了市政府,公安部门也出动了,不过他们说如果我们闯进政府他们就要负责任呢!那些武警私下说都很同情我们。我们的政府不知道怎么回事,这也不是一件难事。难在暗箱的一些东西我们不知道,背后的一些东西我们不知道。

我们的主要领导应该说知道这件事情,因为电表厂的事现在已经闹得满城风雨。不是说他不知道,他主要是回避,这里面可能有复杂的人事关系。说点儿没根据的话,可能里面有"猫腻",可能有些问题他们都参加了，可能 Y 市的有些做法区上领导是认可的。

我们现在等于都是垃圾，都是厕所。到处是垃圾！物业管理科什么的都归 BF 房地产开发有限公司管理了。他说管子坏了，水也给我们停止供应了。我们这里有一个人以前是动力科的，他说如果管子坏了我帮你们去修嘛，他们不让修。结果街道办主任来了，我们也找了，他说可能是过井了，人家街道办的说他不走了，结果不到五分钟就好了，他［BF 房地产开发有限公司的工作人员］把里面的一个闸门给关掉，这个我们还不清楚。现在他不敢对我们进行威胁。比如说，有些人因为天冷了没法在这里住，就到外面租房子住去了，有些有子女的就到子女家去住了，人家［BF 房地产开发有限公司的工作人员］公告说三天之内必须回来，否则负法律责任，说我们住他们的房。这在逻辑上是矛盾的，你不是国有企业，是个私营企业，你哪有公有住房？公有住房怎么给你了呢？你是买了 38 亩地，厂区上的东西是给你了，可是生活区上面的房子怎么说给你了呢？我 1964 年就开始在这里住了。

你自己住在哪里？多大面积？

我现在住简易楼，55 平方米，1980 年建的。没有上下水，没有卫生间。

企业破产的时候房子是如何处理的？

企业破产的时候，好多人交来的公房，物业管理科一人占两三套。如果按房改政策走，一人只能一套。有的人占有 80 平方米，所以他来个拆一还一。正因为这里有人钻空子，有的人根本不是厂里的职工，但是他们占着厂里的空房。就拿我们厂里的门卫来说，就像你这样一个小伙子，他上班不到 7 年，他现在占一间半房子，跟我一样。企业破产时他在物业管理科是管电的，物业管理科的人又给他 80 平方米。他把 30 平方米的卖了，80 平方米房子等着拆迁的时候他再拿补偿费。厂子破产的时候由物业管理科的科长报的，他报的 196 户，实际上也就是一百六七十户。

他这是跟中央的精神完全背道而驰的。中央处理好多事电视上公布了，没有给二三十平方米的房子住吧。不是老职工，就算农民工也没这样弄的。这是过河拆桥嘛！我来这里的时候城市全是泥泞路，我们以前住的平房每年还要上房泥，下雨还要漏雨。

如果"民"跟"民"好说，但是涉及官员的事就不好办了。因为开发商很牛，他肯定是跟上面有什么关系。他以前也是农民。

另外，最新的条例马上要出来，我们估计这次人大常委会要通过，这里面不叫拆迁，叫搬迁。一类叫公共利益，包括危房改造、旧房改造。搬迁首先要启动征收程序，征收就要涉及补偿。另一类是非公共利益，采取自愿原则，这就跟市场上买东西一样，谈不妥我不卖给你。

2. 对 LXY 的访谈，地点：LXY 拆迁屋

平时你们怎么组织大家呀？

现在就我们这几位代表，如果真正弄起来了，院子里的外头的人我们会打电话通知，他们都跟来了。这几次我觉得给他们形成了一定的压力。儿不哭娘不喂嘛！人家谁不说我们应该这样弄腾？起码有个法在那里放着呢，怕什么？以前他们（被拆迁户）不敢，刚开始有些人觉得人家对着呢，感觉跟着我们是犯法着呢！

你如何看待法律诉讼？

你看我们的律师调出来的资料显示，他们是两个公司。前一次打官司的时候 YG 房地产开发有限公司还没有注销，还在营运着呢，就这么我们都打不赢。法官直接告诉我们，他们的经费呀编制呀还靠上面呢。我们对区内的官司［胜算率］都不敢在外面［公开场合］跟我们自己的人说，但我们自己心里清楚，该走的法律程序要走，就像我们没这么弄之前，合法程序我们走，等我们的合法程序走完我们才到那边闹。我们现在也不指望中级人民法院能给我们判个什么，我们只是给法院配合着。我们现在这么折腾一是趁两会，二是给法院做配合。这样给法院，给他们（具体政府部门）一个说话的平台。

能讲讲法庭上的一些事情吗？

我们的律师在那个法庭上的表现特别稳，她的话的词语分量够着呢！我们去问他（政府部门）的话，他说："法官，我们能不能选择不回答？"法庭刚一结束，这一帮子老婆子大喊大骂，撵着 BF 房地产开发有限公司、土地局和房屋保障局的领导糊里糊涂地骂。也不知道为什么，我觉得难是难，但是我感觉会胜的。我感觉只要我们能坚持，我们一步一步抗衡，好像也能赢。你分析分析，这个王八蛋，他把地卖了呀，外面还有一部分人等着他要房子呢！人家要回来呢！这部分在外头的人也折腾他，你说他咋整呢？

除了法律诉讼，你们还采取什么行动没有？

房屋保障局态度特别强硬地压我们，我们晚上写上大字报，在房屋保障局的门口、垃圾筒上四处贴。

刚才这位老奶奶跟着你们去上访了吗？

刚好去她家的时候还说，你们下次去的时候我也要去，你让人把我搀着。我说你要是去了有人敢碰你，你就往地上躺，你就要有歪风邪道呢！他们那么流氓的行为都有呢，我们这算啥？我让他们挡你也不好挡，拉你也不好拉。

3. 对 HYY 的访谈，地点：HYY 租住房内

你家的拆迁安置啥时候解决的？

去年 9 月到 10 月给解决的。到今年还没有正式办完。

你一直在电表厂工作吗？

我是 1969 年到电表厂的。我原来在农业机械化学校。我从那个学校毕业就留在那个学校，后来学校没有多大希望了，而且孩子他妈在电表厂，所以我就到电表厂去工作，一直到现在。工厂本身不行，再加上服务于地方，弄得职工各方面都不行，工资工资上不去，福利条件都不行，最后重工厅把电表厂合并了，但是没过几年也干得不像样了。那个厂长因为作风不正呀各方面影响不好，最后职工闹得不行，他就干不下去了。换了两个厂长都干不下去，后来就把这儿卖给开发商了。卖的时候，那是 2005 年，当时我在西安。我回来以后，我说哎哟，咱们卖了不行，有单位好办一点儿，没有单位将来开发商不会管你。当时的党委书记和厂里其他的厂长，他说给我们解决了。"他将来把你那房子按照房改房解决。"我说："那房改房将来按多大面积？""那房改有个面积规定，像你是工程师享受 80 平方米的房改房。按照成本价，然后减掉你的工龄，再加上 10 平方米的优惠

价。""我说这个落实不落实？你看，协议上写着呢！"协议都拿给我看了，里面说这些住公用房的没有参加房改的住户按照房改进行拆迁安置。

一直到 2008 年，开发商才着手开发。咱们原来就年纪大了嘛，想着能早点住上房子算了。嗨，结果人家呢，从 2005 年一些老职工一直找，找到 2008 年才开始开发。第一次方案最便宜的 1 平方米 1380 元。你原来住多大面积，你住 50 平方米 1380 元，住 40 平方米也是 1380 元，住 30 平方米也是 1380 元。超过面积 10 平方米按 2000 多元，再超过的按市场价。我说这个东西就违背了当时的协议。闹了一次上访。在信访局那个地方，我当时给他们工作人员说，我说你看这个协议。我一看他就是下面干活的人，是个糊涂蛋。我说跟你说不清楚，把你们头儿叫来。哎，他把他们头儿叫来了，我说韩主任，你看我们这个当时的收购协议是这样写的。然后他们的安置方案你再看一看。人家一看，那到底还是有点水平的，人家说那这个安置方案就把你们那个〔收购协议〕撤掉了。没有按照你们那个协议上的办嘛。你们那是按照房改房安置，他〔开发商〕是按照他们的最低价。房改房有个成本价，房改房的成本价是 1 平方米 800 元，或者 700 多元。他这都 1000 多元钱，还不减掉工龄。我说我们为这个东西跑了不知多长时间。他说这个不行，你们找市经委，现在叫那个工业与信息化委员会。我说不知找了多少次了，人家不给我们解决。"那他们想不想干？"我说你在这个岗位上，我们是老百姓呀，没办法！他给他们那个下面的工作人员说："你给他们通知，叫开发商、房改办以及经委、房管局几方面把人找来召开个会议。"2008 年 8 月 8 日，召开了六方会议，当时开发商在会上表态可好了，他们当时承诺的是坚决按照房改政策安置，他们就算砸铁买锅也给大家安置。可是到了 2009 年 9 月，快 10 月，出了第二次方案，按原来住多大面积给你补多大面积。我说那也不对呀，房改有个规定，对不对，那个东西当时分给我们的是公用住房，是平房，这本身就不合理嘛！实际这个问题在哪里？就是房管局，房管局在这里面作梗。房改房就是按照你享受的面积，你住够那个面积才能享受那个面积，是这样解释的。所以说，他们出了那个文件以后，给我们上访的人下了个文。所以开发商就理直气壮地按那个弄。我们一直不干。楼房 30 平方米、40 平方米你咋住？

这个东西本身就是不合理的。干了一辈子,他妈的到现在你叫他拿几十万元能买得起房子吗?现在房价那么高,你给人家多少工资?过去无私给国家奉献,当时工资确实很低嘛!他就没有那个钱,这个钱是国家提的,我们应该享受这个为啥不给我们呢?最后还算是解决得好。

我看房管局文件说,平房和简易楼不享受房改政策,这个是为什么?

人家这个说法也对,我们那是公有房。房改的时候,简易楼、平房不能参加房改。我们厂 2005 年破产的时候,因为人家盖了楼房的已经房改了,就在 2005 年。我们因为住的平房、简易楼那些,他们都是不参加房改的,所以就由开发商在开发的时候按房改房安置。是这个意思!他这个说话也对,平房和简易楼不进行安置这是对的,但是以后政府给弄的时候按房改房进行安置。你拆人家的地方你按搬迁这就不对,按房改房政策这就对了,但是平房和简易楼确实不属于房改的范围。

最后解决得满意吗?

最后解决得还算可以,一般职工按照 65 平方米房改房,因为我们厂里很多人都住 40 多平方米、30 多平方米。我才住了 40 平方米。住了 4 间房子。他这个院落什么都不给算。我们那个院也大,你盖的火房他也不给你算面积,所以说他这个可亏这些人了。

你们是不是还找过市长呢?

找过嘛。找了以后,市长没见到。反正一天找的部门多,建设厅都找过。当时去了很多人都想见市长,保安人员把人家老的拉拉扯扯。

现在住房子的家是谁出的?租房子的钱?

租房子的钱一年才给 4700 元。我现在一年要交 7000 元。这个到期了可能还要涨,可能要涨到 10000 多元。所以我们希望他们早点盖好。我们门前那个盖得快,人家挖那个地下室,比我们挖得迟,已经浇铸地基了。

你怎么看待那些钉子户?

有些人要求太过分了!我们当时说你给我们按房改房解决就行了。我们干一辈子了,也不是那种胡来的人。可他们的有些要求过分了,不过人家能顶上也行,那他开发商现在政府不允许强拆,所以人家借这个机会占了些便宜。像 YWK、JZ 呀。不过这个影响开发速度呢!当时我们也没办法，反正我当时太固执，对政策比较正办些，只要按政策给了就行了。人家按房改办了咱们不搬没有道理。我说我们应该享受的权利咱们必须享受，咱不做余外的事，但是不合理的事情咱不行，过分的事情也不做。我就动员他们，我们都年纪大了，年轻人还可以顶。像我们都快八十岁的人了，说不定哪天完了连个房子都住不上，但是我说这些人家根本不理会。

开始不按房改政策走，后来为啥又按这个办？

我听说有个副主席主持几方面的会议，对我们这个问题进行了解决。因为我们上访几年了嘛，区上、市上的领导都知道。反正我们没见到市长，但是市长也知道这个事。一提起电表厂这个事基本上大家都知道。我们有个孩子在英国说，电表厂的事在网上都看到了。这个事影响比较大，所以政府把这个事作为一个专题来处理。当时那个干部都相当硬，你不给解决，不按政策我们就是不干，要求开发商按每人65平方米的房改面积，再给10平方米的优惠价。就这样有些人还是不愿意签合同。

通过这些拆迁，你有什么感受？

政策在他[政府]手里，他想咋办就咋办，解释权在他那里。他要这样说也行，他要那样说也行。他要想给你解决就解决了，不给解决也就这样。所以没有个监督机制，老百姓有苦难言。我们在法院因为这个事打官司打了一两年，法院也没办法解决。所以，这个东西明明写的是房改房嘛，房改房有个面积要求，你们写那个是干啥的嘛？价格又没有个规定。他就不按那个东西[协议]，他说那个房改的面积应该是你住够的那个面积，我住够的面积我要你那个房子干啥？分配公有房的时候是按人口分的。所以说咱们中国在这个监理机制上有问题，但是我们这个电表厂在Y市还是安置比较好的。房管局的领导说，开发商买了那个地方，开发商叫你东你就东，叫你西你就西。他们以为我们是杨白劳？杨白劳还要按个手印。我们当时连个手印都没有按，谁帮我们卖？当时说卖那个房子，我们在这个地方干了一辈子，住了一辈子，他叫我东就东，叫我西就西？他说我们没权利，我说没权利等着。他不向[替]着我们说话，人家向着开发商。人家有钱，我们是老百姓。这些老百姓气的，见了他就骂他，最后法院开庭几次他都不敢去。

你看人家西方的议会制，像咱这一党制，没有监督机制。"文化大革命"时老百姓还能贴个大字报，现在老百姓没个说话的权利，你闹了以后还不行。干部为非作歹，靠纪委起不了作用。我们跑了多少次纪委，那根本给你推脱，没有为老百姓说话的。上面说一套，下面做一套。当时人大、纪委、工会我们都去了。反正信访部门的干部说，你就一天耗着，反正你们人多，不是一户两户，退休了也没啥事。我们代表意见不一致，我说我们倒可以与开发商谈。我单独找了开发商几次，他倒说得好听。他表面上的话说得多，具体执行不了。最后开发商还说是他努力的结果。我说算了吧，我们闹了几年你也没办。

拆迁办公室与房管局是什么关系？

拆迁办公室是房管局的一个部门嘛。

BF 房地产开发有限公司请的拆迁公司是不是也是房管局的拆迁办公室的？

BF 房地产开发有限公司请的是房管局下面的一个机构，所以他们当时是强行拆。你不配合拆迁，他们就弄了四五十个社会闲杂人员强拆。当时我们打 110，派出所来人，拆迁办的把那些社会闲杂人员支走，他也怕出事。

你们签协议的时候还开了会，是吗？

开发商跟我们代表开了个会，他们起草了一个方案，大体上是每人 65 平方米的房改房，成本价 800 元/平方米，大的条件已经定了。但是一些详细的内容，他们的一些安置条件我们还不同意，他们说那你们起草。我们就让小胡帮我们起草。后来经过跟开发商的几次协商，租房费是按原来面积 6 元/平方米。我说这个根本不够，比如我住 40 平方米，开发商每月才给 214 元钱的租房钱。214 元你住人家一间房都不够。我说那不够，最后开发商让了一下，最后都按 65 平方米，每月 390 元的租金。他规定的时间是两年给盖好。去年的 9—10 月到明年的 9—10 月，到时候如果建不好房子，房租加倍，就是每月 780 元。现在我租的这个房子已经涨到一年 1 万元了。像现在住的房子，小一点儿的还真没有。因为咱这年龄大了，上楼不行，只能住一楼，但一楼现在还不好租到。

回迁以后住几楼？

现在也没有通知这个事情嘛。最后大家年龄大了，也没有精力跟他闹这事，等房子盖好了再说。交了房子后，两个月拿出房子结构图，大家要求面向哪，哪一栋楼，几单元。我是坚持时间最长的，最后大家都没信心了，后来也没人闹了。

上访代表是怎么出来的？

开始是自发的。像我这人觉得不公平的事情心理不平衡。后来大家觉得应该推选代表，最后形成了五六个代表。开始我们自己出钱印材料，后来慢慢人多了，送发的材料也多了，所以活动费可能收了一点儿，当时印个材料呀什么的。后来老唐管钱的时候给大家说不清楚，可能中间出了点问题。当时那人管钱，通知大家开会什么的也花钱，人家提点要求也正常。当时我们还想上北京去呢，可是年纪大了，也舍不下了。

4. 对 YWK 的访谈，地点：YWK 返还房内

这是他们给你的房子吗？

要现金没有，要二手房可以，他这叫二手房。

后来给大家解决这个问题是个什么过程？

这件事情说起来很复杂，应该说是多方因素的结果。我今天告诉你，电表厂比 Y 市所有拆迁安置都要好。这里面有各种各样的，补偿标准不一样。为什么没有统一标准，这是有原因的，实际上是政府决策错误。因为从 2005 年来说，实际上是属于棚户区改造。因为从收购协议来说，以及收购协议定下来以后，发改委都有相关批文，建筑面积都有规定，90 平方米以下要占到百分之七十，90 平方米以上要占到百分之三十，这实际上是针对这些老职工的，但是后来不知为什么变成了商业开发。商业开发这种情况就不一样了。按照中央今年 1 月 21 日《国有土地征收条例》，拆迁实际上是两类，一类是公共利益，为了公共事业而由政府来进行征收，启动征收程序。如果我们属于棚户区改造就属于公益事业。为什么呢？棚户区改造实际是企业安置一些老职工，他们在这个厂里都待一辈子了。棚户区改造实际上属于公共事业，按照公共事业来弄那是有标准的。棚户区改造都有文件。这个文件我没有见，但是报纸上登了。棚户区改造是有标准面积的，棚户区改造是70平方米，廉租房是50平方米。如果按照公共事业启动，首先70平方米，大部分人同意，比如说百分之九十的，那就可以启动，少部分人不行的话按照条例来说就是给做动员工作，如果不行可以申请强制。这在条例上是明确规定的。当然，现在最高法院出台了新精神，就像这种性质的拆迁也不能强制执行。但是我们现在不属于这种性质，属于商业开发。商业开发实际上按照市场运作，我房子不卖给你，我不违法。收购协议上说的是房改，但是作为企业它没有资格说房改不房改。你开发是赚钱，房改牵涉到国家政策的问题，这是由政府部门管辖的范围。现在它的性质是商业开发，所以我们因为这个打官司打了两年，找市长，找书记找了两年，而且还冲击市政府。当官的，始终没出面，连市长的秘书都没出面。因为他没法回答这些问题。我不是说我自己，除了我以外其他人还没法理解这些事情，讲不清楚。正因为我是诉讼代表，我对这个问题比较清楚，我自己爱学习了解这个事情，所以人家经委呀信访都没法回答。上次我找经委去，他说我不跟你辩论。我说我不是来陪你辩论的，我有其他事情。他们知道，他们没法挡着我。所以这种情况就是五花八门，五花八门到什么程度？有的两三万元打发掉了，有的七八万元打发掉了，也有十几万元的，要二手房的也有。我们那边有个叫CZP的，他最早也是弄了二手房，二手房就是电表厂里的四合院。他这个房子是50多平方米，他自己住的房也是50多平方米。当时把他弄过去了，弄过去他自己还掏了四五万元。这套房子呢，人家房主要的价也就是十五万元，实际是就是给他补了十万元钱。但他本身住的简易楼嘛，跟我一样。你看这个要跟我比就差多了。这是什么问题呢？就是因为性质决定了，并不是政府征收的范围里面，它是商业开发。我们为什么要盯着商业开发这个东西呢？像我现在年纪大了，我也不愿意闹这事了，也就算了。实际上我要不卖给你你也没办法。我不卖也有我的理由，因为你利用我的地赚了大钱，因为你拿到的地价非常低，一亩地才20多万元到30万元，现在地价起码150万元。这是一个方面。另一个方面，开发商现在盖的是二十几层的楼。以前最早规划是五六层的，这五六层实际是都是让我们工薪阶层来住的，所以这个首先要界定拆迁的性质，这个很重要。好多人稀里糊涂地被弄进去。人家跟我谈，我说你不要跟我谈房改不房改的，你现在要我这套房子给我补偿多少？你要谈"房改"找政府去。为什么说这个话呢？就是它的性质并不是政府征收的范围，是纯粹的商业开发。

最早协议按照房改政策来弄，实际是按照棚户区改造，以后变成了纯粹的商业开发。是政府变还是开发商变？

政府变。怎么变呢？就是把它这个东西转让出去了。本来是YG房地产开发有限公司的，又转给BF房地产开发有限公司了。这里面转手到底是什么名堂，我们现在也搞不清楚。实际上YG房地产开发有限公司的法人代表跟现在的BF房地产开发有限公司的法人代表是父子关系。尽管是父子关系，但它毕竟是独立的法人。所以YG房地产开发有限公司签订了协议，应该对里面的义务负责任。不能说他是你的父亲就可以在法律权益上随便转让……所以我们在法院辩论时他们没话说。

法院开庭的时候是怎么个过程？

人家法官给我说得很清楚。第一次开庭在XQ区法院打官司。在没开庭之前人家法官就跟我说，经费人家上面控制，除了XQ区的党委，还有市政府，还有上面的。他们全是人家管着呢，他们没有权力。他讲这话我们当时还没理解，结果判我们败诉，认为政府的不职称也好，不作为也好，都是依法行政。按照收购协议来说，里面有一条叫"不得转让，不得联合开发"。我们告政府部门没有依法行政，结果法院就判他们依法行政。这就背离了这个事实，回避这个事实。为什么呢？因为这有政府原因在里面，所以在开庭之前人家法官就这样给我们说了。但是没说得那么明确，只是说他的苦处，没有权，我的经费都是市上控制的，意思我明白。但是我们当时就是不太理解。后来到了中院那就更明确了，也是一样，开庭之前找我们谈话，建议我们跟开发商协商，要是协商通了这官司就完了。如果协商不通他们也没办法。那个法官还说了，这个房子不公平嘛，在法院里也有，人家工作时间长，资历还老。人家还年轻，刚进来，但是房子分给他了。他们一字不改地把城区法院的判决搬过来了。这样也是拖了好长时间。

BF 房地产开发有限公司向住房保障局申请行政裁决，意思是我们达不成协议，要求住房保障局裁决。结果没调解成。我们对他的裁决不满，告到城区法院。这是我们以个人名义告的，结果到现在还没有判，他们就做工作。最后其中三个人弄通了，就留了我一个。XQ 区法院行政庭有个海庭长和王法官多次找我。他们没其他话说，他们说："你看，老了老了，走吧！"当时我是看了一套房子，他们说是二手房。我给法官说，二手房也好，现金也好，我要现金也完全符合规定。后来他们给我说二手房，我说也行，你给我现金我也要买二手房。当时我看了一套二手房要 41 万元，80 来平方米，一楼。我看了以后提出来，我一分钱也不掏。他们说："给你 40 万吧，你看你老人家。"他们当着法官的面说："你如果愿意，我当场把三十六万元打到你的账上去。人家房改啦，给你算这账算多少面积啦什么的，折腾来折腾去的。"后来他们也不找我了，没法跟我们谈。我说我们这都是扯淡，你别给我说这些，就说给我补多少钱。我满意我走人。你们这个东西是商业开发不是公用开发。另外，这个房子是我们的私产，尽管我们没有房产证。因为在计划经济时期国有单位的职工的住房实行实物分配。在上面没有给我更换之前都是我自己的，我有住房权、使用权，所以这就是我们的地方，就跟现在的国有单位的职工国家实行货币分配一样，每月给你几百元钱。我说这个货币分配到时候你还能把这个要回去吗？就是他的，归他所有。你租房也好，买房也行，人家不管。唯一的区别是你是货币我是实物嘛！政府当时的国有单位如果盖了新房，把我搬到新房去，我这房子就交出去了。就这种情况我可以走人！弄到最后，他们说给我弄一个二手房，我说可以。找来找去就找到现在这套房子。连税金算下来是 50.5 万元。开发商就跟我谈了，人家说你掏多少呢？我说我掏三万元。人家说不行，我说 3.5 万元，我再给你加 5000 元。后来那个给我说，老爷子我给你磕头作揖了。没办法！你掏 4 万元吧。我说行，4 万元就 4 万元。很干脆。弄好了他们第二天就跟我签了个拆迁租房协议、拆迁补偿协议。50.5 万元，开发商掏 46.5 万元，我掏 4 万元。但是通过中介过户如果少了，税金少了或者什么少了以后少的这部分钱归我。超过 4 万这个拆迁补偿协议无效。房价在 50.5 万之内才行，超过了，比如超过 5

万，这个 5 万元谁掏，要重新写方案。那天房主算下来也在 50.5 元万之内，所以这个拆迁补偿协议有效。实际上给了我 46.5 万元。但是，我给你说，我在电表厂不是最多的。最多的是 ZJ。我给你说，这里面很复杂，牵扯的事情很多。有政策方面的，有个人利益方面的、经济学方面的。ZJ 家房子大，因为他有个女儿也在电表厂工作，但是在 196 户名单里没有。他们现在提出，将来回迁的时候，开发商一套房子 3 万元钱给他们，人家开发商可能不干。后来他找了一套 104 平方米的，算下来可能是 58 万元还是 57 万元。补了 53 万元，实际上是给他女儿补了一些。还有一个 XJY，比我多了 2000 元；还有一个 DH，他住一间半，他可能弄了一个 102 平方米，可能自己掏了 3 万元。这几个是以后走的。留下来的有 WGC，他牵涉到 3 套房子。YWZ，还有 WYL，人家把房子都拆了。WYF 走了，她是居委会主任，她走了，是给她 120 平方米回迁房。实际上这是他［开发商］收钱的一种幌子。有些咱搞不清楚，有的说按这种方式上面还会给开发商补贴一些。因为是以棚户区改造上报。有可能呀！听说，但是我们没有证据。这 196 户，余下的 WGC 他们，从 PK 来说，如果不考虑时间因素，应该这些走的人都是满意的。你不满意你不会走。如果考虑时间因素就不好说，因为有个对比。现在回迁的好多后悔了。回迁的以 65 平方米房改，再加 10 平方米的优惠价，每平方米 3600 元。如果你要住 80 平方米的房子，可能还要交 8 万块钱才能住进新房。但这些人在当时是满意的。原先的政策是拆一还一。后来一变，这样一个方案比起 Y 市所有厂矿都要好。因为其他厂矿都是拆一还一。连经委的书记都跟我说了，我也经过拆迁，我住的是 40 平方米的，这个 40 平方米给我，超过部分按市场价计算，结果他要了 50 平方米。你要是说跟我们比那就有差距了。在当时人们来看是很好的。WWC 和 SGH 是老乡，而且 W 的弟弟还在那里工作。所以当时签协议我不同意，我就贴了一个澄清公告。

　　WWC 他说你不知足。现在不是知足不知足的问题了。他这里面有问题。他第一步让你走人，第二步签补充协议，图纸出来了再确定你在哪个单元，第三步才签买卖合同。按照拆迁方案这种合同是不行的，人家有人咨询过律师了。

人家现在给你这个房子你满意？

当然满意了！

后来好多回迁的不愿意，拿了钱的不愿意。他们找了，人家政府说你们签了协议。当然严格来说，也可以，因为这个协议本身不合理。但是现在没有人闹这个事。这种情况变数很大。从大环境看，中央对房地产的贷款控制非常严。开发商给我说了，货不上款嘛！四号楼、五号楼预收，团购，拿预收的钱干。但是干的过程中资金链会不会断？所以变数很多。将来住哪个层，房子是朝阴还是朝阳呀，什么价格呀，这一连串的问题相当多。如果顺利的话可能两年才能盖成，如果里面资金出现问题三四年甚至四五年都拖下去了。我都74岁的人了，还不如住一个这个。再拖几年，别说住房子了，甚至连房子的影子都见不到。

后来为啥又给大家解决？

因为它本身没有理。因为它是首府，它不像下面的县城，它这样做对他有约束的东西。中央三令五申地强调不能暴力拆迁，它也忌讳这个，特别是首府。因为你这个的确从法理方面讲得通，从情理方面也讲得通。我们支援宁夏多少年，我们住二三十平方米，你给我30平方米，超过按市场价购买，我们这里好多职工工资连1000元都不到，他能承受得了吗？这里面问题很多，作为政府部门，有的工作人员不懂法，有的懂法律他也给你胡搅，他要听上面的。就像法官一样，我们有依法审判。通过这个拆迁，可以看到好多问题。我们[国家]虽然说是依法行政，这个体制实际上还是人治。像经委我找去，人家就说了："你们都破产了，连单位都没有，还什么房改不房改？"还有这个说法呢。"你住多少平方米给你多少平方米就不错了。知道吗？"连房管部门，他们都懂政策，就像这个裁决，本身这个裁决是错误的。签协议签不成才裁决。他们要求我们在多少天内跟人家签协议，不签协议他们就裁决向法院申请。既然是协议，协议的定义是当事人平等自愿协商，你现在叫我签协议是叫我按谁的标准签，是我的标准还是开发商的标准？这里面就含糊。因为协议的本身是双方自愿的，合同法里有规定，不是威胁强迫。你这个协议能行吗？行政机构也好，司法部门也好，不依法行政，老百姓最后就靠这两个部门维护自己的合法权益。这两个部门都不能维护他们的权益，社会能不乱吗？你还靠谁呢？那不就乱了吗？从现在看中东不就是这种情况吗？工资工资，贫富差距。

你像破产，怎么不给职工打招呼，不听听职工的意见？以后才知道的，到最后等人家转让出去了，BF房地产开发有限公司进来了我们才知道。我们连起码的知情权都没有。

BF房地产开发有限公司也开了几次会。有几次开会，开得不多。有一次开会，BF房地产开发有限公司给我们停水停了20多天。因为我们平房本身用自备井。后来自备井不用了，就给我们停水了。这20多天我们找政府，找法院，都没人管，找房管，他们说这个我们管不了，你们跟开发商协商吧。没办法，我们就堵马路，就是电表厂前面那条路。当时是我组织的。我们很简单，我们不牵涉其他问题，我们要喝水。我们在JZ的院子里面搞了个自备井，花了好几千元钱呢。大家就在他的院子里面打水。

这个登了见报，能登出来不管效果不效果，它是有作用的。人家知道了，电表厂的事家喻户晓了，这个无形当中就对政府有压力。他管不管是另一回事。所以这个舆论要讲有理有据，不能胡闹。有些说我们多苦呀，工作一辈子呀。人家很简单说那是你一个人吗？好多人干了一辈子，连经委的书记都说，你看连刘少奇国家主席都……我反驳说，你们就是维护正义，过去有不公平正义难道能成为现在不公平正义的理由？后来他们变口气了。

现在还有很多变数，回迁的人能不能较快地住上房子，会不会拖上四五年，还有将来的分配问题。但是这些问题对我们［选择二手房的住户］来说没有什么。现在有些回迁的后悔极了。WWC做工作，说你看现在都给65平方米了，许多人都去签合同了，签了合同反过来后悔了，拿二手房的也有找去的，要了两三万元的也去找，人家说你协议都签了。

我们找BF房地产开发有限公司之前开了全体会议，去了看他们是什么方案，什么意见，把他们的方案拿回来再召开全体会议，律师也参加了。大会都讲清楚了，我们这次去的目的是看他们什么态度，大家提意见，分析该怎么样，看哪些地方需要修改。可是回来会都没开就说同意了，说我也同意了。当初拿回来他们几个说还行，就签。我没有表态，包括律师的妈都签了字。签了合同的百分之八九十的人都后悔了,而且变数比较大。那天我碰见他们的工程监理,他说如果没有什么问题两年完工。两年是比较顺利的,如果资金不到位,弄成还有个房子分配公平不公平的问题。现在有些回迁的说房子盖了将来我们抢房子,我一分钱不掏直接住。这反映出他们的不满情绪。人家的理由很简单,你签了协议。政府说了,不管你骗也好哄也好,那是你的本领,只要你把人弄走,不要给我出事,不搞暴力拆迁就行了。

听说8月31日WWC家闹了?

听说当时开发商找了二三十个社会闲杂人员,WWC他也找了二三十个人来,他们家人、亲戚家外甥呀。挖的时候可能WWC用瓶子里装的汽油把人家的车给烧了。这样不了了之。因为WWC说我没有同意你来拆,拆的人说你家前面的院子不是属于你的,要切掉。

WWC家有三套。他父母的一套要60万元,他的要回迁。这是一个说法。另一个说法是他父母的要80万元,他的要60万元。人家开发商给他的补偿价是一套46万元,三套总100多万元。开发商的意思是你不影响我施工,但是按照有关规定的话,像这种要施工先要把住户清理掉。但是具体我们不清楚。

他们在海南做生意,他们都有房子,所以他们就简单地在这里先一住。

那个澄清公告是怎么回事?

我们去BF房地产开发有限公司之前还开了会,就把他们的方案带回来,大家商量一下,哪里行哪里不行。可是会都没开他们就说同意了。说我同意了,我也没同意嘛!本身在去之前我们都是开了会的。律师也参加了,诉讼代表都参加了。大家都讲清楚了,我们这次去是什么目的,主要是了解他们的方案,等拿回来大伙再商量。当时他们几个说还行,我就没有表态。回来以后结果他们都签了。我说我作为诉讼代表要对大家负责,我就贴了一个澄清公告。一贴大家都看到了,但还是有一批人签了,也有一小部分人没签。而且有些人也是拿了这个方案找了律师。人家合同是一次性签的,就是回迁也麻烦。合同里没有明确的楼层、户型、价格,其实这些也应该附在合同里面,到变更以后也应该按这个价格。

WWC 得了好处，"我给你担保，肯定能住上房子的"。［开发商的承诺］开会订下来的程序，到那边看看人家的方案，拿着方案再回来经过大家审查后再签字。SGH 到了法院，一个电话把我叫去，我就去。他一去没法跟人家说，结果我一说人家法院的接待人员、副院长还是啥人家就愣住了。等我讲完了人家没话说，人家给 SGH 说，你们这大学生有水平呀。我是不知道这事，人家回来亲口给我说的，HRH 和 SGH 两个人弄这个事，把我叫上，我从家里打的过去的。说完以后我就走了，走了以后人家接待的说你们这大学生水平不一样。结果回来他们给我说的。他很清楚，我在这里面一分都没拿。我为了写文章好几个晚上都没睡。做了好多工作，我自己还搭了一个录音笔，到最后给我报销了。WWC 管钱呢嘛，我说还有钱没有？有钱给我把这个录音笔报了。他说还有，我把发票拿过去报了。等于我占了一个录音笔。你想想看嘛，我干啥嘛？SGH 给我说，你找开发商说说嘛，你是高级工程师，你去给说说嘛。我说我不会找他去的，我高级工程师是给共产党干的，我没给他干过一天。他们那个高副经理也说那个意思，我说我不用你们照顾，我没有给你干过一天活儿我要你照顾我干什么？我干是给共产党干的，对吗？要是共产党找我，政府找我，我可以说哪一年到这里来的，我干了多少，放弃了上海的优越条件，我还可以说说，我给你开发商说啥？我一分钱都不要你照顾。我们还有几个要人家照顾，谁给了五平方米几平方米了，我一平方米都不要。很简单，你给签了我就走人。我是你啥人，我也没在你这里工作，对不对？你尽管有几个臭钱，我还看不上。

有些回迁的都说多亏了你，感谢你。我说你不要感谢我。我原先也是电表厂职工，以后才到经委的。连开发商都说，他们都沾了你的光，要是没有你，他们能有今天吗？而且上法院的话，上诉律师写了个东西，让大家签名。法院以我为主，以我的发言为主。而且写的东西交给法院都是要大家签字画押的。我图了个啥？我从来不说我是高级工程师，在法律上不说这个，我不把我个人事情提出来。我 40 多岁就是城区人大代表、城区政协委员，到后来是市人大代表、市政协委员、民主建国会 Y 市委员会主任委员、民建自治区常委。

你能否把你的人生经历再给我讲讲？

我是西安交通大学毕业的。西安交通大学当时要搬到上海去的，但是当时的一些教授闹事不愿意去，所以后来分成了上海交通大学和西安交通大学。我是第一批在交大的学生。毕业以后分到这里来了，这里的书记很看得起我，培养我入党。我不是党员还让我参加党的组织生活。后来才知道在我的档案里有黑材料，后来人家给我说有黑材料。我在上海的中学组织了一个文学社，每周写点文学方面的东西，可能就在这方面出了点问题。因为当时把这种文学组织叫青锋，我倒没写几篇。1961年大学毕业，1964年从WZ来到这里，一机，第一工业机械部要筹办电表厂。当时我是三个筹建人之一，一个厂长，一个搞机械的——清华大学的，一个搞电气的——就是我。原来这个电表厂是个制药厂，挺大的。把制药厂弄到YN去了。当时书记还培养我入党呢。我们来的时候连马路都没有。

经过这次拆迁事件后，你有何感受？

实际上，政府是管家，地方政府是小管官，主人是老百姓。实际上是个管家的作用，老百姓雇你来的，你是为老百姓服务的。

我们给中央巡视组也写了信。政府决策错误与商业开发是两码事了，我要四十万五十万元，你给不给，不给拉倒。人家商业开发是赚钱的，那我们就要考虑赚多少了。政府没法出面，一出面不好说了嘛。

最早的2005年就有一帮人，现在已经死了好几个。这里面牵涉到房子的问题，他们找东找西［找各个部门］弄房子的事。但是关于住房问题，到了2008年，他们有人推荐我，有些人不同意，我不在电表厂，后来没办法了来找我。那个时候我对电表厂的许多人不认识。因为我是1986年离开电表厂的。

自己也学了好多东西，对社会及人，对人间百态、世态炎凉看得很清楚，对普通老百姓也看得很清楚。这里面的许多东西牵涉到经济学，经济学的第一篇讲到理性经济人，所以人，包括企业主追求利益最大化。但是说归说，你不能犯法，还有个法律，首要因素。还有个信息问题。种蔬菜的例子……尤其是资源的稀缺性。

好多问题是信息不对称。比如说我们的拆迁，信息不对称。开发商知道，开发商到底有没有实力把这个工程连续干下去，这个你不知道，政府对这个开发商的支持力度到底有多大不清楚。所以我们被蒙在鼓里，只看表面现象比以前好了。但这能不能兑现，好多人都七八十岁了，再拖几年说不定连房子见都见不到。不确定因素太多，所以你这个合同是不能签的。我的观点就是这样的，当时好多人说我不支持。我支持不支持，这里面变数太大了，现在反过来后悔来不及了，只能听天由命了。像我不动，你非得动我。同时我确定你这是商业开发，政府管不了。商业开发是平等自愿，你出多少价，我要多少价，谈成了立马走人。

政府违法。协议里确定了由发改委负责企业破产时的土地出让合同和补充协议，里面讲了多大面积建筑，而且集中70%要盖成90平方米以下。现在远远超过4万平方米。那就根本不一样了，我们都算了。性质首先定为商业开发了，我要100万元也不违法。商业开发的话，你开发商没有资格来跟我说房改。我啥都不说，你给我赔一套二手房就行了。那四户人家 ["钉子户"] 在等着，人家也在给他们使压。如果他们找法律依据，找住房建设厅，在什么样的条件下能建起来，在什么条件下可以预售，这都是有规定的。现在连地基都没打起来就预售。这些都是违法的！民不告，官不纠。没人管这事。因为这些人也有个心态，他们很清楚贷款贷不上，但是开发商你不盖搁 [放] 在这，他们也等不及，所以预售违法不违法他们不管，你拿了钱先盖房再说。你有钱了嘛，先把我们的问题解决好。另外，搁到以后，因为与官员关系密切，官员不密切的话人家到时候收回去都有可能。预售有几家退款的都没给人家退。人家不给退，原先说好的预售是要动工的，最后缴了预付款的人催着说3月动，人家3月来，根本没动。为什么要退呢？房价可能要降。另一个我把几十万元搭在里面了。而且还有一个问题，将来真的房价上去了，最后他要提高预售，你不买吧，开发商把钱退给你，把银行利息补给你。相当于他借了你的钱，而且支付你的是银行的存款利息，贷款利息比它高出许多倍呢！

我在这次拆迁中不争第一。JZ100多平方米，XJY100多平方米，我92平方米。我不要了，我现在声明了，我现在只要我老伴满意我就行了。你现在给我46.5万元，你将来给人家给50万元我也不管。我虽然不争第一，但实际上我是第一。我的房子是单位盖的，没有公摊，还增加了 5 平方米，物业管理费一平方米才 0.15 元，电话内部打不要钱，他还给我留了电视柜、茶几、洗澡的、抽油烟机，而且水费、电费留了好几百元，是四星级的小区。门是实木的，卧室是木地板。

5. 对 SGH 访谈，地点：SGH 家

您是啥时候来到厂来的？

我来的时候还不到 90 个人。原来是个制药厂。这个院子里天津人多，我是 1966 年来的。

你们这里的拆迁纠纷到底是怎么回事？

吃亏的就是开发商，开发商从 YG 房地产开发有限公司买来不知花了多少钱，花了多少钱他不敢公开，实际是政府把钱贪污了。就这样最后来了个不管，最后 BF 房地产开发有限公司的老总把钱掏了，开会一刀切，20 平方米也是 65 平方米。电表厂的拆迁是最好的，YWK 他自己订的条条框框，最后他又带了一帮子，打井呢，最后和 JZ 一起要了个二手房走了。谁占便宜，说实话，这个便宜不好占，也付出了骂名，他也付出了。所以 W 大夫这个人不知道，谁爱沾上这个名，能富到哪点呢嘛？YWK 他弄个二手房住着能舒服吗？他儿子一月花几千元钱〔好像是有病〕！

一开始是拆一还一，破产的时候厂长都不知道情况，由物业管理科的科长往上报，报上来啥样就啥样。有发财的，电表厂发财的多的是。厂子破产的时候光说房改政策，那个材料你有呢嘛！这是公房不是私房，所以闹起来了。也有拿 3 万元也有拿 4 万元的，还有拿 40 万元的；有要期房的，也有要二手房的。DSH 死了，老婆和儿子霸着讹，和开发商打架，被别人打得缝了十几针。我们这里天天来 110。正好那个时候把 WGC 的房子给推了。有一次海原的一个老回民来，是捡砖的。他一看房子推倒了，也没有什么可捡的砖。WGC 以为是开发商叫来捡的，把人家老汉打了，车都砸了。

有的人一次都没去过，现在我们要来了他们还不满意。像这些人在外面搞传销，哪里参加过？我和 LXY，还有律师他妈，我们三个人写大字报

— 205 —

嘛，对准 YWM，光 YWM 在电表厂贪污了三四百万元，不是说对准开发商。厂子破产以后人家在 BF 房地产开发有限公司嘛，一个月拿三四千元钱的工资。破产时把这里的物业呀什么的全交给了开发商，人家是原来的物业管理科的科长，对电表厂的情况比较了解，就让人家搞拆迁嘛！我们写上厂里的事实，YWM 大贪污，为啥有些人没有名，厂里的房子总有个数子嘛，为啥 10 套房子不见了？我们要求 YWM 撤离拆迁办，后来一次都不敢来了。电表厂破产你捞了多少，你还在拆迁中要捞。要是 BF 房地产开发有限公司的早拆掉了，房管局搞贪污，ZJ 嘛，强行拆迁嘛，人家骂的。到现在这几户拆不掉他现在就麻烦，到现在都还没拆完。太复杂了。最后为啥答应给 65 平方米，把低层改成高层？盖低层 BF 房地产开发有限公司就亏本了。

前面的有人拿了 4 万元，有的人拿了 40 万元。这个事哪有个公平呢？弄得晚上窗户也被扒了，这会儿 ZJ 后悔那个时候没有都推倒。现在不是中央政策下来了吗，所以这些王八蛋也不能再强拆了。这个房地产公司的老板太善良了，人家是一个政协委员，他们儿子是人大代表。他要注意身份，拿点钱把这几个赖皮子打发走。要是其他开发商早就弄走了。条条框框的给你给着呢。拆迁队 ZJ 人家有人家的道理，可这个老板不同意，他就愿意出钱呢，他为了他的名声他愿意出钱。这个老板他家跟我娘家紧挨着呢，而且他奶奶还是我的姐姐呢！说起来还是亲戚。这个人特别善良，把他队上的人全带出来了。

YWK 要是不跳出来，大家就都解决了。他跳出来跟着有十几户。有的要二手房，有的要期房，到现在还有四户在后面呢嘛！房子盖了三年，房租老板加倍地给着呢，老板也着急。听说现在马上要动工呢！

我和刀子，还有 HRH，晚上坐上车往重工厅、房管局、法院门上贴，我们主要提 YWM。他那个时候在拆迁办，我们写就要让他滚，他哪有资格嘛？电表厂的 10 套房子哪里去了？老板现在不管你谁占房子，真名字还是假名字，我只认 196 户。厂子没人生产了，报上谁就是谁，有人没人但是还占着房子，所以矛盾就在这里。JZ 的女儿原是厂里的，C 大姐调走的时候把房子给了 JZ 的女儿。C 大姐都调走多少年了，按理说是要收回的。结果那个时候她就给了 JZ 的女儿,就住在旁边。JZ 也是个老实人,也应该闹个呢嘛!破产的时候人都不知道嘛!有谁的名字,人家 YWM 一手办的,别把 C 大姐写上了。后来有人家的名字,人家来把房子交了,领了 3 万多元钱走人,JZ 的丫头没有名字。实际这个房子当时厂里给了 JZ 的女儿。人家开发商只认名字不认人,最后我觉得 JZ 老实,我就说你给开发商说好,C 大姐领了 3.5 万元嘛,你把这个钱交上,把名字改成你的名字。就多出 3 万多元钱,他个傻损他不嘛,他说这个房子是我的,我就占着。你光占着起啥作用呢?不解决问题,最后亏了嘛!但是 JZ 最后住的房子也是 100 多平方米,因为有这个房子的事,又是个高级工程师。

6. 对 YWZ 访谈,地点:YWZ 拆迁房内

你怎么看待这场拆迁纠纷的?

拆迁教育了人民,开发商得到了利益,政府丧失了人心。就这么简单。拆迁是一个恶法,在全国提起这个拆迁,大家都知道非常非常*,但是党中央不是搞了一个新拆迁吗,新条例一出似乎也就万事大吉了嘛!但是经过拆迁的人,去他妈的,谁都不会相信。警察来了,强拆!姐妹两个哭着让警察别走,人家要强拆,警察说我们也没办法,就这样开着车走了。旁边人说,哎,正规八路不行了,土八路说了算。一会儿社会上的二十几个闲杂人员把他们架起来,把他哥的房子拆了。姐妹俩哭着看着房子被拆了。

现在这里还有几家人?

一二三四,住四家人。

一个一个拆迁,最后你发现,拆迁全他妈是扯淡。什么房改呀?开发商一句话。

我看刚开始在收购协议上说按房改政策享受是吗?

收购我们的公司两年以后因为没有业绩被别的公司兼并。你说收购我们的公司有实力吗?没有实力怎么能成为当时 Y 市唯一能够收购我们这块土地的中标者呢?我们电表厂这伙人整体素质是向东七步走。什么是向东

七步走呢？LYG（也是这里的拆迁户）的老婆，走在街上几个人说她的儿子最近有血光之灾。结果呢，他老婆说那咋办呀？人家说你把钱都拿来，拿到那个地方。她回来翻箱倒柜包括她儿子存的零钱都拿了，就到那儿去了。那几个人告诉她，你现在把钱放在佛爷身前，你向东七步走，慢慢走，一步一步，走一步念一句阿弥陀佛，必须心诚，不诚就不灵了。直到七步时念三遍。转过头来再走回来，把钱拿回去儿子就好了。结果回过头来人没了，钱也没了。这就是拆迁！

我写一篇小说，叫《向东七步走》，因为中国经历了拆迁之后，到现在为止还没有人完全点出里面的实质，而这个实质我认为是向东七步走。实质和所有的事一样，拼的是什么，拼的是你的势力，你的勇气，你的智慧。这家你看，那天强拆三次，20多人在底下，先爬了上来，想把他们家人全部控制住。三五个人抓一个，三五个抓一个，拉开以后再拆。原来的院子进不去，狗咬，就从底下开始。这家人就用砖头砸，用燃烧瓶砸，把他们的挖掘机给烧着了。"110"来了，拆迁队才全部退下。派出所来了，这帮人看派出所来了立刻强拆。我给派出所的说，你们这帮人要么跟他们是一伙的，要么是他们极度蔑视你。"110"来了他们不敢动，你们来了他们就这么强拆。那儿有一个挖掘机差点把WGC的妹妹给挖下去。那天差点出事，晚上九点钟WGC的家人拿的炮、满天星，往拆迁队的车和人身上扔。

是拆迁公司还是房地产公司？

家有千口，主事一人。明白吗？拆迁公司是受谁的委托，谁给他出钱？我们只能说，开发商对利益有一种顽强不懈的追求；我们只能说，能达到百分之三百的利益他就敢践踏人家的一切。这叫资本的作用。他买的时候一亩地才20万元，现在你知道这一亩地多少钱？这也是黄金地带，400万元。你看他挣了多少倍？他就那么一块小地方盖27层就把所有的人都安置了，剩下的全是他的，你看他赚多少钱。他跟我已经说好要签了，就因为我多说了几句话他就撕毁协议了。

你说啥话了？

我当警察的面说的，警察回去给他说的。我就说，你们要么跟他们是一伙的，要么是他们极度蔑视你。这个地方，从拆迁到现在，派出所报案可能有上百次。9月1日，有个近80岁的老太太的两间房子也被扒了。他们先放火，他们说消防车进不来，他们就用挖掘机灭火。

这种事情你们不给上面反映反映？

给哪里反映，谁管？很多资料给区上，包括自治区主席，都石沉大海。我干女儿还是中央台的记者呢。如果要去信访，必须有两个，这个地方要么出人命，要么你有的的确确的证据。这两点都必须有。中国人，要是能在你这个年龄经历一次拆迁，你就会把人性看得清清楚楚。我那里有好多照片，纪实的。我当过几年记者，也发表过不少小说。我是省作协的老会员，在省文化系统里一提起我大家都知道。这里的住户刚开始让我帮着闹这事，我说可以。我说有两个条件，一是舍得出力，二是舍得出钱。出多少，一家1000元，196户，10家1万元，100家10万元，这事成了。你到网络上嘛，给地方出钱，先给他2.5万元，让他点击量达到100万涨1万，要是网络上有1000万点击量那就大了，政府早就解决了。没有润滑剂，点击量怎么能高？我们现在是个商品经济的社会，没有经济的动力在后面是不行的。我们有个女同志问我，老Y，能不能出一半。我就问她："你是个女同志，你生孩子没有？""生了。""生了几个？""两个。""都活着呢吧？""你问这话啥意思？""你能不能生一半。想出一半那就证明想吃热的又怕被烫了。"

老百姓能怎么应对？只能忍气吞声，实在忍不下去了就以命相拼，燃烧瓶嘛！开发商在8月31日强拆了三次，住户扔上了满天星，我们把他的挖掘机玻璃砸了，他们就急着灭火了。

YG房地产开发有限公司和BF房地产开发有限公司合并，我们这边的人打官司没头脑，你要抓住政府。你为啥以这么低的价格给它了？公司两年没有业绩被合并了，你调查过它吗？你为什么要给它？给了BF房地产开发有限公司，第一次宣布政策，第二次宣布政策，到底是什么政策？有政策没有？

7. 对 WGC、YWZ 访谈，地点：WGC 拆迁房内

你们家现在啥状况？

WGC：我们家要的条件，比低的稍微高些，比高的稍微低些。就这种状态他不知怎么搞的就是不答应，就不给你弄。你开始就没好好地商量，他对这个人这个样，对那个人那个样，没有一个统一的标准。这个人在法院工作，一个价钱。那个人是公安局的协警，一个价钱。这个人打官司打到法院了，一个价钱。凭啥？

我们老百姓要求又不高，只要求给我们一套房子，合适了就行了。大半辈子过去了。我父亲是军人，1958 年来的，我今年都 56 岁了，到这个时候了，一套房子是应该的吧！

政府当初向开发商少要了钱，他说他要帮着安置我们这些人。签协议的时候按房改政策签的。我们的领导都是猪领导，在协议上没写清楚 60 平方米，结果他下来按平均居住面积安置。居住面积我们都二三十平方米，这样弄了两年拆不动了。这就开始了，去年说给 65 平方米了。

他们的拆迁资格证已经过期了，这月 16 日，第三次过期了。现在很难说，根据新的房改政策，再没有拆迁许可证这一说了。因为过去的他还没有干完，说不定他还可以延续。

YWZ：土地财政的根本特征之一是我们的政府没啥资源，只能出卖土地。

WGC：你开发商跟我们是平等的。你开发这块地的话，我们先在这儿住着，你先应该跟我们谈。但是他现在来强硬手段。

YWZ：挖掘机往那儿一放，你签不签字？WGC 家也来了十几个小子，同学呀啥的，他们家泼开水。那天可好玩了！实际好好地一说，挖也就挖了。后来来了个张经理跟我们在这儿，说散了吧。现在就这样，只要好好地谈，差不多就解决了；不好好地谈，小命跟你拼。反正出去也是死，你没有钱买不上房子，也是死。住大街上去？我们都是外地人，本地也没有什么亲戚。

战争教育了人民，人民赢得了战争。拆迁这场战争赢的永远不是人民，赢的只是开发商，但它确确实实也教育了人民。现在已经是个社会问

题，延伸的话是对共产党的一种信任。经过拆迁的人，政府你再让他干啥，他会说去你妈的×！

刚开始一户拆迁给 3.6 万元，最好的给 4.5 万元。现在给多少？10 倍以上，四十五六万元。

去年看大家很团结，今年好像分化了？

我们的党委书记拿着铜锣在院子里敲，组织大家护院子呀，跟开发商抗争。等到开发商给了他一点儿利益，第一个走的人就是他。结果接下来的这些干部，一见到利益就跟跑。现在也是一肚子的气，为什么？当初给他们的利益在当初是利益，但是跟现在一比少得多了。他们现在闹啥闹，不要脸的事他们干了，他们跟人家签了协议，钱也用了，房子也住了。他们闹啥？

LXY，她总共 20 平方米嘛，给了她 65 平方米，也不跟我们说话了。上次她到院子里骂我："你们不要脸在这儿赖什么？"我差点踢了他一脚。她一天跑到公安局局长家里，恨不得睡到公安局局长床上。

WWC 是这个院子里最早叛变的，所有的人都在骂他。因为他是最早组织上访的，组织上诉。好多人的联系方式在他那儿，开发商答应给他一定的好处之后他把名单交给了人家，他打一个电话劝一个人，结果一半的人被他骗了，可是现在这些人又不愿意了，所以 WWC 成了叛徒。他不愿意把他提到里面，第一，怕得罪开发商；第二，他作为叛徒的嘴脸在全电表厂有目共睹。去年抓一个像你这样的不花钱给他办事的人，结果他啥也办不成。今年一看你还是啥也办不成嘛！

你们现在怎么吃水呀？

WGC：到外面提，上厕所是外边跑。实际上我们是最低的要求。到现在还是一人一个政策。前一阶段走的一家补偿了 46.5 万元。这个不按面积，另一家是 46.7 万元，还有 50 万元的。他想怎样就怎样，没有统一标准。我们现在提出来的是给 48 万元，其余的我自己掏。如果答应的话我自己去买二手房。我家主要牵涉到三套。可能嫌三套一下子 100 多万元呢，不愿意掏。本来讲好的是 46 万元，我们觉得没法承担，给人家一讲人家火了，要硬拆！

YWZ：你看看清华、北大一些教授写的有关拆迁的文章，提出的建议。他们已提出了一个很强有力的论点，拆迁是一个恶法，应该是中国社会的耻辱！另一个，你用文字出现，你必须打着红旗反红旗，不能打着白旗反红旗，那你成反革命了。小说可以用形象语言说这么个事，"向东七步走"。我们的人民就是这样的人民，这样的素质。

WGC：我们那套房子人不在家，他没在，他姐在呢。挡着抱着哭着给警察说别拆。拆的那个也没有说个价。

YWZ：中国老百姓好在这儿，给个馒头，馒头没有了给个馒头皮，馒头皮没有给个老玉米。但是拿老玉米的看着拿馒头皮的就不愿意了。拿馒头皮的看着拿馒头的就不愿意了。你要是在美国，家家就开枪了！人家是私有财产神圣不可侵犯。我们这里哪有私有财产？房屋分配一共两种形式，一种是实物分配，一种是货币分配。实物分房是毛泽东时代的，给老子就是老子的，老子不搬看你怎么说。像他家那种情况，如果我在这儿看着不说话就不是个人。特别是自以为还懂得一点儿道理的人，你能不出去说话吗？说两句公道话他就撕毁协议，正好我对协议也不是太满意！你撕了，老子瞌睡你送了个枕头，叫我谈去，谈你妈的×。你把人逼到那个份儿上了只能玩命。玩命的基础是什么？光脚的不怕穿鞋的，老子啥都没有，只有小儿子是我惦念的。

现在能帮我们的，就是我们脚上这块地。我就在这儿放着呢，我看他给老子动动。今天早上来了一个人，过来到 WGC 家说，他家谈不下来，就等着政府来强拆！可能是安排了一个人来搞心理战术了。

政府根本没有拆迁权，没有强制权。他只能下一个裁决，裁决到法院。高级法院有规定，凡是涉及拆迁的事，第一要有妥善安置，第二要有听证，第三要有方案。这些事做完了才行。YWK 那不是，WWC 那不是。房管局下了裁决。裁决是个屁。法院聪明着呢，他才不会当拆迁法院，所以高级法院判了个慎重执行，到现在为止还没有一个强拆。先是妥善安置，我们现在特别希望到法院去。到法院就好了，实际他的目的不是强拆，而是利用法院的当个杠杆翘一下，还是调解。YWK 那个诉讼案到现在还没判。所以他也想把我们弄到这个地步。

帮助别人维权要有过人的智慧，要有让市委书记眼睛转一转的钱，要能动用黑社会势力。根据规律,在两三家的时候,是开发商最仁慈的时候。谁的心理状态好,谁就能把这个事参悟到。你看市场上买东西的。"这块木头两块钱卖不卖?""不卖。""五块钱?那边才一块钱。""那你去那买去吧。"过两天,"五块钱卖不卖?""不卖。""为啥?""涨价了,八块。"然后再过两天:"八块钱不卖,要十块。你给不给?""不给,木头在我家呢。反正是你要用不是我要用。"

8. 对 YWZ 访谈,地点:YWZ 拆迁房内

前面那家的房子是他继母的,协议签了,但就是不腾。按照法律,房屋的主人是继母,他说房子是他住。他们家庭内部的事,如果不腾,你到时还得安排,你政府也不敢强拆。这人也特别难缠,他也是当时带头闹事的。

今天能否详细谈谈你对拆迁的认识?

突然有一天你起床发现支持你的人都在嘲笑你,或者成为攻击你的人。还想要多少钱?这是中国人的悲哀!团结的目的是获得共同的利益。"为人进出的门紧锁着,为狗爬出的洞敞开着,一个声音高叫着,爬着出来吧,给你权利!"嗨,我们现在就是一个声音高叫着,爬着出来吧,给你利益!让你爬出去,给你利益,不是权利。权利我认为是这样,你要买我的房子,就跟我谈判。谈判的时候挖掘机架在我前面,在我门口挖沟,剪掉我的电线、电视线,无所不为。强迫我跟你签,去他妈的!让人受不了。为啥呢?他不理解,他越这样,就证明他越加急迫地需要你的房子。当他越加急迫的时候我就不能着急,凭什么给你?这又体现了一个市场经济的原则,你需要就出钱。你家萝卜两元,我家八元,就这么回事。可这没有一个后面根本支持你的东西。新拆迁条例下来,要没新拆迁条例这些房子早被全部强拆了。

我觉得拆迁条例本质是一个所谓的建设需要,另一个是政府是为资源,唯一的资源就是这点地。

拆迁这个事在中国历史上恐怕会留下一笔。像"文革"呀,好说但是不敢说。第一,你首先要认清拆迁是个啥事。第二,让全体人民住到楼上去。一般的人都喜欢上楼。"楼上楼下电灯电话",这是一个共产主义的所

谓理想。但是你说上楼有什么好？几百户挤在一个阁笼子里，弄不好今天那个把天然气给你弄得炸了，那个明天放点火，再给你漏点水。我们把这么多的人集中到一起进行城市化的时候，人的整体素质还没有达到那种程度。你看那个小区里，弄得失地农民一大群，人都到一起了没正事干了，干吗呢？光华门有一个队，那个队里的年轻人都干嘛呢？吸毒，然后几十个小伙子又偷又抢。我们家是军人出身。

凡是经过拆迁的人，对我们的政府彻底失望，但是我觉得它是一个过程。你看我们的大作家雨果呀，那个时候骂资本主义，资本主义到现在还存在。这也是一个必然的存在，所以说，当它是个必然存在的时候，那就要分析清楚，那就要分析我们这个党，原先是穷人党，现在是富人党。就这么简单。哈哈！从古代来说，秉德者昌，持利者亡。你看蒋介石比他［毛泽东］更厉害，但他是持利者，毛泽东持德，你看他用德把全国人民聚在一起，他用很多硬办法把农民固定在土地上，把工人固定在工厂里，让你各有所业，义务劳动唤起了人民的巨大热情。现在呢？毛泽东要的是一代人，塑造了一代人。我爹当官一辈子，从未收过人家的任何东西，他那一辈人什么都不稀罕。有什么样的领导就有什么样的人民。为了点儿私利，你看这个院子里都是一个工厂的同事呀，朋友呀，为了一点儿蝇头小利，这个出卖那个，那个出卖这个。闲话！像LXY那样的人，可以称其不为人。她就住着20平方米的房子得到了65平方米的补偿。得到了你走你的，结果她又转过来骂这边的［钉子户］："你们是什么东西？"我当时告诉LXY："你再说一句我就扇你。"

他［开发商］先是按住的实际面积，一比一，要现金赔偿一平方米1000元钱，伙房500元吧，补偿下来4.5万元吧，就这样走了好多户。又这么个法这么个规定，装神弄鬼弄了一大圈，什么都不是，什么"法"、什么规定都没有。所以就成了过去的形式化：能说会道的一等奖，能打能闹的二等奖，老老实实的没有奖。他［拆迁户］不仅对政府产生了怀疑，而且对法制产生了根本的怀疑。他亲身经历了这些，你再说"法"什么的，他根本就不相信。从根本上说，中国没有法，要有法的话你凭什么把这些土地不进行招标公开拍卖给了一家开发公司？这家公司两年以后因为没业绩而被兼并，他自己〔地方政府〕肯定在中间把钱算是挣够了。

不管是什么家，在登记上是两家〔形式上〕，这是第一；第二，你是两个法人，两个公司。为什么能换给它，我们的政府怎么同意换给它？然后同意以后，先是骗了一帮人，等大家清醒过来以后，熬不住了，据说市长给开了个会，给补到了65平方米，WWC呀、LXY呀高高兴兴地走掉了。其实没想到这又是一个骗局。给你65平方米，公摊呢一去掉，起码15平方米没了，成了50平方米，也就是多给你10平方米。多给你这10平方米，是不是说能给到你手里？天知道。因为等房子盖好了是他说了算，等他说了算的时候你能算过他？中国有个特点，在桌子底下比国民党还国民党，但是摆在桌子面上他还要说他为民做主，他利用这50平方米为党解决了一个破产企业的下岗职工，他捞了不计其数的好处。把这好处捞到手之后，他对大部分回迁的人不是慈善家，他也不会对大家网开一面，他也会把钱收得足够，他应该付出的代价早赚够了。然后这些人一辈子，这么多人从外地来到这里支边，几十年过去了，一直挤在这么一个小房子里，所以叫最后的平房。我想明天也去买一个五星红旗，像WGC家一样插在房顶上，但是我要下半旗，我为中国有这样的事下半旗。如果你还说你是共产党的话。

他们如果来拆你家房子咋办？

到这时候应该怎么办呢？个人和组织的对抗很难取得成功，个人与国家的对抗直接是找死。他们之所以没动我，是因为我还具有相当的影响力，再一个是我还不处于他们的风口浪尖，房子不在他们非常需要的位置。两个方面才使得他们对我网开一面。什么时候对等的谈判随时欢迎，他派一些马仔来，我既不接待也不谈。他已经把我的一套房子强拆了。那边那套房子是1987年离婚的时候法院判给我的，2003年的时候他们想在我房子那里盖一排房子。冬天先是闹我，我连理都不理，一把钢管，两把锁子，敢进我的门就是保家卫国，砍！闹了几次闹不动他们就到法院告我。

那我另一套房子被强拆了。也看不住！他〔开发商〕说："拆了就拆了嘛，不要紧。你的房子在嘛，到时候给你安排。"我们去找 BF 房地产开发有限公司的老总，他说只要判决书是真的，我给你按两套房子的面积计算。我就到法院去调档，就按两套补偿。咱也不能说两套都按 65 平方米，也不太合时意。我就说这样吧，我也没过高的要求，只要能住个房子。这个房子不拆，我一辈子就住着。因为我相信我该吃不该吃这二斗红高粱，你放心我吃不了多少时间。我该吃这二斗红高粱，那我看一斗红高粱没有的人多着呢。咱西吉的那些山民过的是什么日子？

你家签订的协议为什么又撕毁了？

我爹当年在西吉开一个什么会的时候驳了 WZQ，他们说西吉是资本主义，我爹说："你看那些农民，一到秋天的时候连门板都拿出来卖。屋前屋后你不让他种点树和草他冬天怎么过？这也算资本主义？"所以那次召开县委书记会议，十六个县委书记简报全发了，就我爸的没发。我爸一看就不干了。后来上面说调到海原当县委书记他不去。我父亲就是这样一个人，我也是。那天 WGC 家被强拆的时候很危险。第一趟来了二十几个小伙子翻墙进去，让 WGC 出去，他没有出去。让 WGC 家烧的开水、泼的汽油就全吓跑了。那天如果他们家没有那条狗，肯定两间房子都拆了。挖掘机也来挖他家房子，挖掘机被燃烧瓶给烧着了。"110"来了，拆迁队的人全撤了。第一次就这样闹跑了。

"110"走了之后，派出所一来，他们〔拆迁队的人〕全上了。派出所一个所长抽的烟是软中华，BF 房地产开发有限公司的老总抽的也是软中华。另外，他在坐着抽的时候 BF 房地产开发有限公司的老总跟着他。派出所肯定是被买通了，这事没一点儿含糊！那天当着面 WGC 的妹妹差点被挖掘机挖下去。看到这种情况我也是很气愤，我就说了几句话，说得他们没话可说。我还说 WGC 没血性，要是我是你这样，我先打退了再说，然后我要告你派出所，你再不走我就炸你。这是第一。第二，我告诉你 BF 房地产开发有限公司的老总，让你有命挣没命花。拼命！这话说出来给派出所也形成了相当的压力。这样出了人命全落！所以那天我说了以后派出所就给 BF 房地产开发有限公司的老总汇报了。BF 房地产开发有限公司的老总就把跟我达成的协议撕毁了。撕毁了更好。

现在怎么打算？

你要把形势认清楚了，心态好，你要能经受得住折腾，你也不怕苦，走一点儿路去打水，待在这儿挺好的。开发商总会找你的。如果他说你不要我的房子了，不管我了，只要他写个东西来，我立即翻建我的旧房子。你要知道，他绝对不会容许你一户留下来的。

后 记

　　本书的基础是我在2012年完成的博士学位论文。2013年有幸获得宁夏大学优秀出版基金资助，打算在中国社会科学出版社正式出版我的第一本著作。本书原本打算当年送审出版，可是三年过去了，仍然没有达到我期待的修订效果。幸好，2014年我以国家留学基金委公派访问学者身份前往约翰霍普金斯大学进行为期一年的学术访问，这为我静下心来修改书稿提供了难得的机会。在查阅和学习国内外相关研究的基础上，我对原来的论文进行了一些修改和补充。另外，本书的分析部分在建立在博弈论分析之上，涉及许多经济学的术语和专业知识，我边学习边不断地进行修订，试图从博弈论视角在社会学领域作出一点尝试，以达到抛砖引玉之功效。

　　其实，博弈论的分析方法在社会科学领域得到了广泛的应用，尤其是在经济学领域已经了取得显著的成绩，针对房屋拆迁博弈分析的成果也是汗牛充栋，但是社会学领域运用博弈论来分析这一社会问题的研究较少。而这些年来，随着中国经济社会的快速转型，维权抗争则越来越引起学者和政府的关注，一时间"抗争政治"成了研究的热点问题。不同的学者和学科针对这一现象发表了大量的研究成果，但是总体而言，这些研究大多参照西方的集体行为和社会运动理论来检验中国问题，其结果往往是治"标"不治"本"，研究过分地强调了维权抗争一方的特点、动机和策略，而往往忽视了这一维权抗争所发生的大的历史环境，不能跳出"抗争"看"抗争"。

　　立足于当代中国社会结构变迁的历史大背景，以国际视野和世界眼

后 记

光，对当前的社会问题进行系统深入的调查研究，把分散的经验材料提升为较为系统的理论观点、形态，为社会治理提供必要的学理支撑，这是中国社会学义不容辞的使命。正是本着这样的态度，我在进行个案深入调查的基础之上，针对房屋拆迁这一具有普遍性的社会问题，运用新的分析框架和研究方法，去探索这一社会现象的实质性问题，揭示出那些难以被现有理论所解释的深层次的制度问题。具体来讲，研究采用一种多元话语的分析框架，试图从宏观结构和制度变迁来观察和解释当前房屋拆迁领域的社会博弈现象，展现出个人行动策略背后的制度逻辑。同时，还尝试着注入历史和文化的因素，从历史的维度去分析日常生活中那些非制度性的博弈技术与逻辑；既想从国有企业改革的宏观背景中去理解制度变迁对个体生命历程的影响，也想通过对微观的策略性权力关系的分析，揭示结构和制度因素对个人行为的刺激、指引和限定，以及个人在这种结构与制度下的策略行动，从而在这种利益博弈过程的动态分析去发现各种社会因素、事物与环境之间的并非必然的联系，展现博弈过程中国家与社会各种因素与力量之间的隐秘与微妙的状态；既想通过分析提供研究中国社会与国家政治互动的基本概念和途径，又想比较恰当地揭示中国社会转型中社会矛盾频发的真实原因，并提出解决这些问题的有效办法。但愿这不是我个人的一厢情愿，而能够给读者提供一种深入理论博弈论与社会学研究之间关系的一种视角。

本书的研究，凝聚了许多人的心血，有太多的人值得在此感谢。首先，我要感谢我在中央民族大学的博士学位论文指导教师包智明教授。博士学习期间，包老师和苏老师在学习、工作和生活上为我提供了诸多帮助。包老师严谨的学术作风、独立的学术追求、淡泊名利的品格，时时激励我勤于思考，勇于探索。从他身上，我学到了许多做人和为学的道理。每当我在研究过程中遇到困难时，包老师往往会挤出休息时间在电话中鼓励和指导我这个初涉学术的年轻人。为了能够引导我尽快地融入社会学，他在关键时刻都乐于对于一些关键问题提出尖锐的批评，使我受过哲学训练的思维在短时期内转换到了社会学的研究路径之中，为我后续的研究打下了良好的基础。

中国人民大学赵旭东教授曾经给我们讲授社会学理论，赵老师的博学、睿智给了我颇多的学术灵感与启迪，他身上发散的那种亲和力，以及他对社会的深刻反思都给我的研究提供了许多思路。每当我有学术困惑前去请教时，他都愿意对我这个年轻人给予知识上的引导和帮助，促使我回去仔细思考。正是在这样的互动中，我慢慢发现自己对问题的理解和分析能力在不断地提高。

论文的完成离不开学术共同体，包老师每周主持的社会科学经典案例选读课给了我论文选题的灵感，老师和同学们经常披星戴月地一起阅读经典，相互鼓励，对于最终确立研究议题起到了很好的作用，也成为博士学习阶段一段美好的人生回忆。中央民族大学的王旭辉教授带领我与几位同学深入我的家乡调研，半个月的时间内不仅收集了大量的资料，而且从他身上学习了不少难以在课堂上学到的东西，同时也建立了深厚的学术友谊。开题阶段，周拥平教授、高丙中教授、徐平教授、丁元竹教授都对论文的选题和写作思路提出了中肯的修改意见，也同时感谢刘世定教授、赵旭东教授、任国英教授、贾仲益教授、王晓莉教授在论文评议和答辩过程中给予了宝贵意见和真诚鼓励。在此，我向他们深表谢意！

我当然还要感谢我在中央民族大学民族学与社会学学院的同窗好友。他们的帮助和友谊，使我在中央民族大学不仅顺利完成了学业，而且可以苦中有乐。他们是陈锋、付广华、袁洁、张阳阳、王卫平、李霞、陈占江、陈晶、庄弘泰、张岳、赵锦山和廖鑫等。他们热心地向我推荐论文写作的各种文献，提供论文写作思路。我会毕生铭记他们的真诚与友情。

我所在的单位——宁夏大学政法学院的领导们都一直很关心和支持我的学习和生活，这才使我得以安心学习，顺利完成书稿初稿。我也要特别感谢美国约翰·霍普金斯大学社会学系教授 Joe Andreas，是他的热情接待与真诚相助，才使我有缘前往约翰霍普金斯大学访问，为我在一年的时间内查阅相关资料和进行学问交流提供了十分便利的条件，也让我在异国他乡度过了学术生涯中难忘的一年。也要感谢约翰·霍普金斯大学的教授 Ho-Fung Hung、Lingxin Hao、Ryan M. Calder、李瑶博士、博士生董一格、于潇、梁国伟及婷婷,还有张春满,以及中国人民大学联合培养博士生兰永海、孔国书等,他们不仅在生活中给予了我不少的关心,而且为我提出了很有用的批评或推荐给我一些值得一读的著作,这都有助于我完善我的论点和论据。

本文的研究和写作,得到过下列项目的资助:国家社会科学项目、教育部人文社会科学研究项目、美国普度大学 CSSP 项目。对这些资助机构和项目我表示衷心感谢。特别是美国普度大学 CSSP 项目,它不仅给我提供了研究机会,而且让我走出国门,打开了眼界,接触到了国际前沿的学术理论与方法,这为我后期的学术研究奠定了基础。另外,我要特别感谢我的访谈对象。在论文调研阶段,他们非常信任和支持我的研究,不仅积极地配合我的访谈,引荐相关当事人,帮助我还原事件的全过程,而且为我提供有关文件、大字报和上访材料。部分老人身体每况愈下,但是依然在前后两年多的时间里一直与我保持联系,他们追求真理、乐于奉献的事迹和精神时刻都在激励着我。由于各种原因,我无法在此列出他们的真实姓名,但他们的言谈举止永远珍藏于我的心中。正是他们的坦诚相待使得本文的写作不至于成为空中楼阁,正是他们的普通实践在谱写着一个真正的中国社会。

对于社会博弈领域的全面而深入的研究,在很多方面超出了个人的学识与能力范围。作为一名社会学初学者,我同样处于一种不断学习和实践的过程之中。因此,本书中肯定存在这样或那样的缺陷、错误和不足。当然,对于这些缺点和不足之处,我自己要负全部责任。在将本书奉献给读者的时候,我真诚地希望读者能够对本书中的缺点给予批评指正,督促我在后续的研究中不断地完善和提升。

最后,我要感谢将我抚养成人的父母,与我一起在艰难岁月中长大的弟弟妹妹,还有一直陪伴我的妻子。在我的人生历程中,他们对我的影响是至关重要的。过去父母一直不遗余力地支持我上学,为此他们牺牲了青春和健康。现在妻子又不遗余力地支持我发展,经常一个人担负着家庭重担。在她怀孕期间我还在准备博士学位论文,没有过多地关心与照顾她;儿子出生的当天恰恰是我到达美国的第一天,很遗憾没有与他们一起分担痛苦与喜悦。现在儿子已经上幼儿园了,可是我时常东奔西走,很少有时间陪他。如果没有他们在多年家庭生活中默默做出的奉献和牺牲,我不会有足够的时间和精力来从事教学、研究和写作工作。

罗强强

2015年5月1日于约翰·霍普金斯大学